桐城文庫

桐城派名家年譜

（第二輯）

皖江歷史文化研究年刊（二〇一九）

汪長林 主編

北京师范大学出版集团
BEIJING NORMAL UNIVERSITY PUBLISHING GROUP
安徽大学出版社

圖書在版編目(CIP)數據

皖江歷史文化研究年刊. 二〇一九. 桐城派名家年譜. 第二輯/汪長林主編. —合肥:安徽大學出版社,2020. 6

(桐城派文庫)

ISBN 978-7-5664-2055-8

Ⅰ. ①皖… Ⅱ. ①汪… Ⅲ. ①文化史—研究—安徽—叢刊②桐城派—作家—年譜 Ⅳ. ①K295. 4—55

中國版本圖書館 CIP 數據核字(2020)第 095630 號

皖江歷史文化研究年刊(二〇一九)·
桐城派名家年譜(第二輯)　　汪長林　主編

Tongchengpai Mingjia Nianpu(Di'er Ji)

出版發行:北京師範大學出版集團
安 徽 大 學 出 版 社
(安徽省合肥市肥西路 3 號 郵編 230039)
www. bnupg. com. cn
www. ahupress. com. cn
印　　刷:合肥遠東印務有限責任公司
經　　銷:全國新華書店
開　　本:170 mm×240 mm
印　　張:23. 5
字　　數:292 千字
版　　次:2020 年 6 月第 1 版
印　　次:2020 年 6 月第 1 次印刷
定　　價:66. 00 圓
ISBN 978-7-5664-2055-8

策劃編輯:李加凱　　**裝幀設計**:李　軍
責任編輯:李加凱　錢翠翠　　**美術編輯**:李　軍
責任校對:程中業　　**責任印製**:陳　如　孟獻輝

前言

桐城派名家年譜整理乃我校皖江歷史文獻整理之『桐城派文庫』之一部分。桐城派發源於皖江，波及全國乃至海外，在清代文壇以至中國文學史上均屬最有影響之文學流派。其影響延及近代，在當代亦不無借鑒之用。近年來，桐城派已然成爲皖江文化研究之熱點。我中心作爲皖江文化研究的一個平臺，在條件允許的情況下，對桐城派文獻有計劃地進行整理和研究，使這批珍貴歷史文獻服務於促進中國優秀傳統文化的傳承，增强中華民族的文化自信心的偉大實踐。

據不完全統計，桐城派名家中有舊譜存世者二十餘部。有鑒於此，我們依據工作計劃對其分批點校整理，以專刊之形式出版。整理的原則是：以桐城派名家年譜或生平事略爲主體，與其有關之資料，如行狀、傳記、墓志銘、墓表等，酌情選擇作爲附録。校點包括以下幾項：①桐城派名家年譜及序跋；②桐城派名家年譜正文部分；③附録（包括譜主行狀、傳記、墓志銘、墓表等）；④校勘標點，依據『皖江文獻叢書』校點體例；⑤編排順序，以譜主生年先後編排。

『皖江文獻叢書』校點體例

一、總則

(一)皖江文獻乃指以安慶爲中心的涵蓋長江之安徽段區域裹孕育、發展所産生并傳存於世之各種文獻。史稱皖江『上控洞庭,下扼京滬,分疆則鎖鑰南北,坐鎮則呼吸東西』,有『萬里長江此封喉,吴楚分疆第一州』之美稱。皖江地區不僅地勢顯耀於東南,且歷史悠久,人杰地靈,文化薈萃,爲後人留下諸多文獻資源。

(二)本叢書以皖江文獻爲主體,與其有關之資料,可酌情選擇作爲附録。

(三)本叢書校點包括以下幾項:

①整理説明;②皖江文獻原刻本序跋;③皖江文獻正文部分;④附録(包括皖江文獻編纂者傳記資料、墓志銘等)。

(四)本叢書包括『方志叢書』『桐城派文庫』和其他文獻三部分。

二、校勘

(一)整理之前,應盡力搜集文獻之各種傳本,并確定底本與參校本。

(二)於同一事實之載記,凡底本不誤而他本誤者,一般不出校記。

(三)底本明顯刊誤,如因形致誤之『己』『已』『巳』之類,可以依據上下文予以辨識者,徑改而不出校記。

(四)底本之訛脱衍倒,可以斷定者,於訛倒處加圓括號『( )』標示,改正之字置於括號後;於脱漏處添補之字加方括號『[ ]』標識;於衍處加尖括號『〈 〉』標明,以示删除。凡底本原缺字以空格表示者,以『□』表示;底本字迹不清、無法辨識者,以『■』表示。重要校改應出校記簡要説明理由。若疑爲訛脱衍倒,而難以確認者,則不加校勘符號,仍存原文,必要時可出校存疑。

(五)凡所載之事實,底本與他本文异,但義可兩通、難斷是非者,以校記説明。

(六)個别虚字有异而文義無殊者,仍存原文不改,可不出校。

(七)凡作者原文避本朝名諱及家諱者,一般不改,缺筆者補足筆畫。引用古書而避當朝名諱者,應據古書及原書改回,并於首見處出校説明,餘皆徑改,不出校。

(八)對書中引用之文字,要進行覆核。若引用文字與原書小异但不失其本意者,則存原文不改,亦不出校;若節引文字與原書大异且失其原意者,應出校説明。

(九)校碼用漢字數碼加六角括號置於所校字句之後,校記附於文末。

(一〇)校記力求簡短,摘引正文僅舉所校詞語,不引全句。

(一一)本書采用繁體豎排。

(一二)文中通假字、异體字一般保留。

（一三）文中如有譯名與現行譯法不同者，仍存原譯。同一譯名在文集中前後互异者亦存其异。

三、標點

（一）標點符號使用依照二〇一一年國家頒布之標點符號用法，但具體使用時應注意古代漢語特點，如標點一般不用省略號、連接號與着重號等，冒號、感嘆號、問號儘量少用。

（二）韵文一般在押韵處用句號，若爲詞曲，還應考慮譜讀。

（三）凡名詞并列而易引起誤會者，用頓號分開。雖爲名詞并列但不引起誤讀處，可不加頓號，如『漢唐』『江淮』『巴蜀』等。

（四）引文不完整，末尾不宜用句號者，引文前不用冒號。凡引文衹用引號不加冒號者，引文末尾標點放在引號之外；引號、冒號俱全者，其末尾標點放在引號之内。

（五）作者與書名簡稱連用時，用引號標示，如『班書』（指班固漢書）。書名與篇名簡稱連用時，則標書名號，如漢表（指漢書諸表）。

（六）書名號内又有書名或篇名時，裏面一層可不標明，如吴汝綸辯程瑶田九穀考之九穀考，可不再標書名號。并列關係的書名或篇名連用，按如下方法處理：賈誼傳、司馬遷傳、東方朔傳。包含關係的書名與篇名連用，按如下方法處理：漢書司馬遷傳。

（七）機構名中含有書名時，該書名不標書名號，如續三通館。

四、其他

（一）整理時，應依據内容，適當劃分段落。段落劃分宜從大層次着眼，無須過細。
（二）整理説明應力求簡要，最多不超過一萬字。
（三）整理者撰寫整理説明、簡介、校記時，應注意下列各點：
①凡人物一般均稱名，不稱字、號或别署。如方苞，不稱方望溪等。
②凡地名一律用當時名稱，需要加注今名時用圓括號標示注文，但一般不必加注。

目録

清王述庵先生昶年譜……一
述庵先生年譜上……三
述庵先生年譜下……五〇
附録……八七
一、顯考述庵府君遺事狀……八七
二、資政大夫刑部右侍郎致仕王公行狀……八八
三、王蘭泉侍郎事略……九〇
四、王昶列傳……九三
五、王昶傳……九六
六、禮部奏請已故原任刑部右侍郎王昶入祀鄉賢祠……九七
七、江蘇巡撫臣林則徐謹題爲公舉鄉賢……九八
八、計開履歷事實清册……一〇二
九、王蘭泉先生……一〇八
十、王昶傳……一一七
十一、王昶傳……一一八
十二、王昶傳略……一二一
十三、王昶小傳……一二三
十四、蘭泉學案……一二四
十五、王昶列傳……一二五
十六、王昶列傳……一二七
十七、王昶列傳……一三〇
十八、王昶傳……一三三
十九、誥授光禄大夫刑部右侍郎述庵王公神道碑……一三六
二十、刑部侍郎蘭泉王公墓志銘……一三九
二十一、其他載記資料……一四二
覺生自訂年譜……一五七
附録……一八四
一、詹事府詹事鮑公行狀……一八四

二、皇清誥授資政大夫詹事府詹事原任工部右
侍郎覺生鮑公墓志銘 …… 一八六
三、黄海雪漁傳 …… 一八八
四、鮑桂星列傳 …… 一八九
五、鮑桂星列傳 …… 一九一
六、鮑桂星傳 …… 一九二
七、鮑桂星小傳 …… 一九三
八、鮑桂星小傳 …… 一九三
九、鮑桂星傳 …… 一九三
十、鮑覺生先生事略 …… 一九六
十一、鮑桂星象傳 …… 一九七
十二、鮑雙五侍郎 …… 一九八
十三、《安徽通志藝文考》史部集部提要
摘録 …… 一九八
啖蔗軒自訂年譜 …… 二〇二
附録 …… 二三一
一、東歸日記 …… 二三一
二、師子岡阡表 …… 二五三
三、論方士淦詩 …… 二五七
吴竹如先生年譜 …… 二六四
附録 …… 三四〇
一、吴廷棟列傳 …… 三四〇
二、吴廷棟列傳 …… 三四三
三、吴廷棟傳 …… 三四五
四、吴廷棟傳 …… 三四七
五、吴先生廷棟傳 …… 三四八
六、光禄大夫刑部右侍郎吴公神道碑
銘代 …… 三五〇
七、予告刑部右侍郎霍山吴公墓志銘 …… 三五三
八、吴竹如侍郎舊聞十則 …… 三五九

清王述庵先生昶年譜

清 嚴榮撰　汪長林　吴義江點校

王昶（一七二四—一八〇六），字德甫，號述庵，又號蘭泉、琴德，上海青浦朱家角人。乾隆十九年（一七五四）進士，官至刑部右侍郎，揚歷中外，典領兵、刑。工詩文，早年即與王鳴盛、吴泰來、錢大昕、趙升之、曹仁虎、黄文蓮並稱『吴中七子』。其於學無所不究，名滿天下而不立門户，前賢謂其一生『蓋文學、武功、政事三者兼長，卓然爲一代名臣，非止以著述傳也，而著述亦自足千古』。所著有春融堂集、滇行日録、征緬紀聞、蜀徼紀聞、商洛行程記、重遊滇詔紀程、雪鴻再録、使楚叢譚、臺懷隨筆等；輯有金石萃編、湖海詩傳、湖海文傳、明詞綜、國朝詞綜、天下書院志等；纂修陝西舊案成編、雲南銅政全書、續修西湖志、青浦縣志、太倉州志等，熔資料、學術於一爐。

王述庵先生昶年譜上下兩卷，爲乃婿嚴榮所撰。是譜記其仕歷、交游、學術及著述頗詳，兼及家事等。

今據北京圖書館藏珍本年譜叢刊本整理點校。

序

先生自通籍登仕途四十餘載，揚歷中外，文事武略，皆能以功名自顯，而學問、文章之業，未嘗一日忘。鞅掌之餘，更勤著撰纂緝，積至數篋。迨七十歲乞身歸田，又復兩入京師，還主婁東、敷文兩書院，兼修志乘，故前所著撰，久欲詮次而未果。及在敷文，目漸眚，乃亟請同志者考定編纂，而春融堂集亦以次編成。綜計先生編撰春融堂集而外，若金石萃編、琴畫樓詞鈔、青浦詩傳、湖海詩傳、明詞綜、國朝詞綜，俱已剞劂行世；其餘尚有四十餘種，稿藏於家，等身之富，不足多矣。

今先生已歸道山，諸同志請將年譜刻於詩文集之末，以資讀者瀏覽，録譜寄示。榮忝在館甥，已將三紀，先生事蹟，固已熟志之；而乾隆辛巳、癸未、丙戌間，先生門下士景孝廉人龍，嘗叙先生籍貫、履歷以爲譜；越十餘年，先生在蜀，族弟啟焜又續譜之；更十餘年，今泉州太守王君紹蘭又爲增撰。然此三本所載，間有參差出入，而各人紀載之法亦殊。榮不自量，竊欲合爲全譜以示來兹，乃於公餘之暇，詳悉考核，釐爲二卷，附諸集末。其中稱謂，皆以榮爲定。

蓋先生同朝之侣暨同學之士，多與榮兩世科第、親戚相關也。昔唐李侍郎漢爲韓文公壻，且出其門下；今榮奉侍周旋日久，固與受業者同，而見聞親切，較之前三君所紀爲詳。將來徵文考獻，知人論世，或有取於此焉。

賜進士出身浙江金華府知府前翰林院編修兼撰文充實録館纂修官子壻嚴榮謹序。

述庵先生年譜上

先生名昶，字德甫，號述庵。又因有蘭泉書屋、琴德居，故時亦以爲號焉。先世居浙江蘭溪縣。高祖懋忠，字思罔，始遷江南松江青浦縣西珠街甪鎮〔一〕。曾祖之輔，字幼清，貤贈資政大夫大理寺卿，晋贈光禄大夫刑部右侍郎。祖璵，字魯淵；父士毅，字鴻遠，皆敕贈文林郎内閣中書舍人，再贈奉直大夫吏部考功司主事，三贈資政大夫大理寺卿，晋贈光禄大夫刑部右侍郎。曾祖母雷氏、祖母沈氏、嫡母陸氏、生母錢氏，皆晋封至一品夫人。三代事實，詳馬庶常曾魯所撰行狀及盧學士文弨墓志、錢少詹事大昕神道碑中。

雍正二年甲辰（一七二四），〔一歲。〕

先生以十一月二十二日未時生。時光禄公年四十有五，尚乏嗣。春游杭州，禱於靈隱寺，夢人授之蘭。明日，市蘭以歸。逾兩旬，蘭茁笋二：〔其〕一纔出土，殞；其一長尺五六寸許，葉森森如巨竹狀。及夏，沙燕〔二〕栖於楹，同窠而異穴，人以爲祥。至冬，陸太夫人孕男，不育；而錢太夫人生先生。

三年乙巳（一七二五），二歲。

四年丙午（一七二六），三歲。

五年丁未（一七二七），四歲。

光禄公授以宋周伯弼所選三體詩〔三〕，兩月而畢。

六年戊申（一七二八），五歲。

讀楊用修廿一史彈詞〔四〕，粗知歷朝事及古今名賢崖略。

七年己酉（一七二九），六歲。

少羸善病，是年尤劇。

八年庚戌（一七三〇），七歲。

就傅，從同邑姜受百秀才鵬源受業。

九年辛亥（一七三一），八歲。

十年壬子（一七三二），九歲。

十一年癸丑(一七三三),十歲。

十二年甲寅(一七三四),十一歲。

十三年乙卯(一七三五),十二歲。

乾隆元年丙辰(一七三六),十三歲。

從同邑胡墅東貢生王道受業。時初學制舉義矣。

先是,光禄公撰集史記屈原以後迄於明季,凡正人君子一百二十人爲百世師録。塾中歸,每日授二三十行〔五〕。

二年丁巳(一七三七),十四歲。

三年戊午(一七三八),十五歲。

從崑山蔡文舟貢生瓏受業。

四年己未(一七三九),十六歲。

光禄公年六十。

五年庚申(一七四〇),十七歲。

從同邑陳穎傳貢生麟詩受業。

秋,試於府。爲知府山西劉君堯裔所知,拔置第一。

六年辛酉(一七四一),十八歲。

二月,應院試。學政工部侍郎桐城張公廷瑑以第一名入學。

先生先於蔡貢生館中得東野堂韓集、歸震川集、張炎山中白雲詞,讀而愛之。至是,乃始學爲詩詞。

七年壬戌(一七四二),十九歲。

秋,游神、佘、横雲諸山,汎泖湖,作詩多效陶、謝、王、孟體,同里張行人梁劇奬賞之。

八年癸亥(一七四三),二十歲。

先生曾祖阡在吴縣靈巖山後硯山西獅峰,以春日祭掃,遂游支硎、光福、石湖諸勝。

九年甲子(一七四四),二十一歲。

正月,娶鄒夫人。

夫人爲宋龍圖閣直學士鄒忠公裔申蕃先生維翰之女,居元和縣章練塘。其閥閱世德,詳無錫鄒氏家譜。

二月,從光禄公游西湖。

入靈隱、天竺,抵韜光寺,得詩十數篇。乃彙前所作,編爲蘭泉書屋集〔六〕。

四月,光禄公病,八月二十二日逝。

時先生侍疾日久,哀勞彌甚,瘧痢交作。

十一月,生子肇春。

十年乙丑(一七四五),二十二歲。

正月,肇春殤。

十一年丙寅(一七四六),二十三歲。

十一月,服除。

先生居喪,讀禮〔七〕,不作詩文。

十二年丁卯（一七四七），二十四歲。

褚左峨秀才廷璋，見先生詩詞，屬先生族兄鳳喈秀才鳴盛移書相贈。

三月，在長洲謁蔣迪夫恭棐、楊文叔繩武兩編修。勸學古人，以宋文憲爲法〔八〕。

八月，應江寧鄉試。國子監祭酒尹公會一爲學政，録科第三。

長洲吴企晋教諭泰來，來定交。

報罷後，往宜興游西氿、罨畫溪諸勝，因摹國山碑以歸。金石之好，蓋自此始。

十三年戊辰（一七四八），二十五歲。

二月，學政兵部侍郎莊公有恭歲試，取第六，補增廣生。

乃與張策時秀才熙純、趙升之秀才文哲、凌叔子秀才應曾輩十六人，爲文酒之會。

三月，游虞山。還訪陳見復進士祖範。

五月，見惠定宇秀才棟。因識沈冠雲貢生彤、李客山布衣果。

定宇博通經術，於漢學最深；冠雲通『三禮』，又與客山並以古文稱，自是潛心經術。吴下詩人年齒倍於先生者，亦多爲忘年友。

十四年己巳(一七四九),二十六歲。

巡撫宗室雅爾哈善課所屬州縣諸生能文者,取入紫陽書院肄業,先生試第一。監察御史王公次山峻爲院長。同院中如褚搢升秀才寅亮、錢曉徵秀才大昕、曹來殷秀才仁虎,皆以經術、詩、古文互相砥礪。

十五年庚午(一七五〇),二十七歲。

四月,學政國子監祭酒蒲坂崔公紀科試,取第一,補廩膳生。

五月,禮部侍郎沈公歸愚德潛,以年八衺予告歸,鳳喈、曉徵、來殷及先生,皆游其門〔九〕。

十六年辛未(一七五一),二十八歲。

王公次山以病歸常熟,沈公歸愚爲院長〔一〇〕。

春二月,鑾輅南巡,曉徵、搢升獻賦行在,先生以病未及與試。

秋,沈公甄録先生、鳳喈、企晉、曉徵、升之、來殷及上海黄芳亭孝廉文蓮詩爲吴中七子詩選。企晉别業遂初園在木瀆,擅花木水石之勝,清瑶池館,小查山閣尤幽秀。先生、定宇、鳳喈、曉徵、來殷及張古樵岡、沙斗初維杓諸公往游,文酒之盛,爲吴中數十年來所未有。

自庚午至是兩年詩,編爲三泖漁莊集〔一一〕。

十七年壬申（一七五二），二十九歲。

恭遇皇太后六十萬壽，以春二月舉鄉試。

正月，偕企晉赴金陵。

寶山朱覲宸孝廉桓，復大會諸名士於秦淮，凡二百四十餘人，爲江南、友聲二集，先生與焉。

四月，銅山周貢生毓崙以經學薦，抵吴來相見。

九月，莊公復任學政，歲試第六，試詩賦第一。

十八年癸酉（一七五三），三十歲。

先生館於朱適庭上舍昂疏雨樓，其弟肅徵菘恭，子孟容履長、仲霖用雨，皆受業。

三月，學政通政使寧化雷公鋐科試第三，試詩賦、經學皆第一。

七月，赴金陵。與陶蘅川秀才湘、嚴東有秀才長明及程魚門秀才晉芳定交。

鄉試中式第十一名。正考官，内閣學士禮部侍郎蒙古夢公麟；副考官，翰林院檢討定興王公太岳；同考官，如皋縣知縣海寧陳公琨。

十一月，由鎮江、揚州至如皋。陳公以公事出，偕族弟南明啟焜留於署者十餘日。

邑中姜静宰孝廉恭壽、宫篤周貢生增祐輩，皆舊交，同游水繪園，弔辟疆遺跡，爲詩以紀其事。

時夢公已任學政[一二]。十二月，還至江陰，往謁。公出午塘集[一三]屬序，且詢吴下諸文士。先生

以企晉、升之、策時、東有告焉。

江陰翁霽堂徵君照，年七十餘，夙與先生交好，至是訪之，盤花旋竹兩日而行。

是冬，刻鄭學齋集〔一四〕。

十九年甲戌（一七五四），三十一歲。

正月，北上。

二月，抵京師。禮部侍郎無錫秦公蕙田方仿徐氏讀禮通考之例纂五禮通考，屬先生修吉禮。

三月，會試。內閣學士鄒公一桂知貢舉；正考官，大學士海寧陳公世倌；副考官，禮部侍郎滿洲介公福、內閣學士武進錢公維城。榜發，先生中二十四名，鳳喈、曉徵皆中式。同考官，爲給事中臨川李公友棠。

時先生名滿輦下，秀水諸襄七贊善錦、嘉興鄭炳也編修虎文、保昌胡靜園御史定，以文章風節名，皆愛重先生，而內閣學士仁和金公德瑛尤數招往談讌，因與秀水錢坤一編修載、王受銘舍人又曾、鉛山蔣心餘孝廉士銓友善。

四月，試於太和殿。讀卷官爲大學士滿洲來公保、大學士溧陽史公貽直、協辦大學士刑部尚書滿洲阿公克敦、協辦大學士户部尚書常熟蔣公溥、刑部尚書諸城劉公統勳、户部侍郎武進劉公綸、兵部侍郎安溪李公清芬、刑部侍郎漳州蔡公新、工部侍郎新建裘公日修及陳、介、錢三公。

先生以莊君培因榜二甲第七名成進士；又朝考於保和殿，欽定第三名，因驗看揀選入三等，不得

用，歸本班候銓選，仍寓秦氏味經軒。

月餘，山東吴凌雲運使士功以書幣來請，乃赴濟南。運使使其子廷韓玉綸及楊星標懷棟受業。

署中經史頗具，又濟南山水名天下，先生益殫心經術，暇日偕其徒游大明湖、趵華橋、柳絮諸泉之勝。

光禄寺卿沈公子大起元，爲濼源書院院長，號善言易者，見先生如夙契也。

十月，以辭家久歸省。

抵蘇州，而陸太夫人已於是月二十四日逝矣。先生既痛不能侍疾，又不及躬視含殮，終天之恨，慟不欲生云。

是年詩編爲履二齋集〔一五〕。

二十年乙亥（一七五五），三十二歲。

居憂。夢公約往校文，兩淮盧雅雨運使見曾邀往揚州，皆不赴。吴縣汪心揆秀才爲善，偕其弟應奎奂，受業於先生。

沈公歸愚所刻七子詩選流傳日本〔一六〕，大學頭默真迦見而嗜之，附書番舶以上沈公；又每人寄憶一詩，寄先生云：『新吟兩卷重麻沙，海雨江風入齒牙。洵有詩書歸典則，偶將煙月鬭芳華。人如句曲陶宏景，詞比新宫蔡少霞。我欲據梧同詠嘯，滄溟何處覓靈槎？』

二十一年丙子(一七五六),三十三歲。

冬,將釋服,乃赴揚州運使之招。

二十二年丁丑(一七五七),三十四歲。

運使使其子及孫受業。

時程午橋編修夢星,馬秋玉同知曰琯、佩兮曰璐兩兄弟,江賓谷貢生昱、于九恂兩兄弟,及其家橙里昉、聖言炎、汪對琴秀才棣、臨潼張榆山貢生四科,爲地主,酒坐詩場,於斯爲盛。

二月,鑾輅南巡,召試獻賦諸生。兵部侍郎李公因培任學政,以先生所獻迎鑾詩賦進呈。

三月〔一七〕,召至江寧,試精理亦道心賦〔一八〕、賦得『鴻漸於逵』得時字五言八韻〔一九〕、經義制事異同論〔二〇〕,命乞養在籍協辦大學士吏部尚書錢塘梁公詩正、兩江總督滿洲尹公繼善、左副都御史諸城竇公光鼐閲卷。欽定一等第一,賜内閣中書舍人,即用。同賜官者,爲曹仁虎、韋謙恒、吴省欽、褚廷璋、吴寬、徐曰璉,凡七人。

四月,歸里。

六月,復往江寧。寓袁子才明府枚隨園。

見總督尹公。時程綿莊徵士廷祚通易,頗不喜象數,先生與之申鄭、虞之説,無以難也。訪新建吕青陽布衣泰,得其十學薪傳〔二一〕以歸。

八月，赴錢塘。

謁梁公於里第。天台齊次風侍郎召南方爲敷文院長，杭大宗編修世駿亦家居，先生往見之。佛者讓山篆玉居萬峰山房，大恒明中居净慈寺，以詩畫名，先生過精舍，盤旋移日。居二旬，至吴下，寓蘋花水閣，歸。

九月，鄒夫人病瘵日久，不離牀蓐，扶掖湯藥，左右需人，錢太夫人謀置篷室以供指使，於是納許孺人。

踰月，將爲北行計，因往江陰辭學政李公。遂出大江，泝圖山而下。過焦山，鐵機上人留信宿去。抵揚州，仍寓運使署中，而紅橋、篠園、平山堂，亭榭花木，風景益勝。運使屬撰紅橋小志以紀其盛焉。

是年，在揚州度歲。

二十三年戊寅（一七五八），三十五歲。

正月，無錫顧震滄司業棟高來揚州，以所註尚書屬考定。居數日，東還。奉錢太夫人北行。

四月，聞座主陳公予告南還，薨於途次，謚文勤。

五月，抵京師。寓椿樹衚衕。

八月，夢公以兵部侍郎卒於位。

梁元穎侍講同書，梁公長君也。工詩，善書法。性幽澹，不妄與人往還，而獨與先生甚密。

十一月，補授中書。

編丁丑、戊寅詩爲述庵集〔一二二〕。

二十四年己卯（一七五九），三十六歲。

先是，梁公以工部尚書召入都，旋改兵部。二月，招先生館於邸第，校勘續文獻通考。

大學士溧陽史公、常熟蔣公，皆以國士相待。

是秋，回部平，奉旨加一級。

都中以經術文章名者，莊方耕閣學存與、申拂珊府丞甫、盧紹弓中允文弨、楊二思編修述曾、紀曉嵐編修昀、朱美叔編修筠、石君珪、馮君弼寺丞廷丞、祝豫堂舍人維誥、吴荀叔舍人烺皆來，數晨夕，連茵接軫，聞者慕之。

四月，考試差於乾清宫。

閣部、翰詹、科道各衙門進士出身者，凡一百五十餘人，上定先生第一。

八月，充順天鄉試同考官。正考官，錢塘梁公；副考官，左都御史滿洲觀公保。

先生分校詩經五房，得彭光斗、吴璜、夢吉等十一人。

九月，協辦内閣侍讀。

十一月，直軍機房。

是月，詔修通鑑輯覽，以先生爲纂修官〔一二三〕。

二十五年庚辰（一七六〇），三十七歲。

皇太后萬壽開科，四月試各衙門諸臣於圓明園正大光明殿。太倉邵鴻箴編修嗣宗第一，嘉興謝崑城編修墉次之，先生第三。

八月，復充順天鄉試同考官。正考官，户部尚書武進劉公綸；副考官，禮部侍郎介公福。

先生分校詩經四房，得申兆定、白麟等十人。

是月初七日，鄒夫人卒，年三十六歲。

十月〔二四〕，遷寓教子衚衕，趙給事吉士寄園故址。

屋内古木八九章，皆數百年物。先生署其室曰『蒲褐山房』、曰『聞思精舍』。境地深靚，市塵隔絶，先後與趙雲松編修翼、翁振三編修方綱及族子蓬心宸爲鄰。蓬心，麓臺侍郎原祁曾孫，爲作圖以贈。良朋萃止，黄葉盈除，爐香斷續，翛然如在世外也。先生作八絶句〔二五〕以紀之，後門人烏程張漢宣彤，書之而刻置於壁。

十一月，萬壽恩詔加一級。

詔輯同文志〔二六〕，以蒙古、額魯特、回部三種字，合於國語，證以漢字，凡天地、山川、器物等名，用三合切其音，又爲註釋而疏通之。先生兼充纂修官。

時秀水尚書錢公陳群，以祝釐入都，造訪寓齋，輒譚藝竟日。

二十六年辛巳（一七六一），三十八歲。

春三月，充會試同考官。正考官，諸城劉公統勳；副考官，户部侍郎金壇于公敏中及觀公保。

先生分校詩經三房，得孫嘉樂、馬曾魯、吴興宗、黄楷等十一人。是年，於會試薦卷中，録其佳者爲中書舍人、學正等官，得沈世燾等四人；而吴廷韓、汪心揆亦成進士，授庶吉士。

五月，京察一等，奉旨加一級。

七月，心揆歿於京邸。

是年春，納陸孺人。

二十七年壬午（一七六二），三十九歲。

三月，座主介公卒。

四月，復試各衙門諸臣於乾清宫。翁振三編修第一，張懷月舍人霽次之，先生第三。

五月，生女粹卿，名慧仁，陸孺人出。

八月，又充順天鄉試同考官。正考官，梁公詩正；副考官，觀公保。

先生分校尚書三房，得景人龍、施朝幹、達勇等十一人。

冬十二月，大學士公傅恒奏請以主事用，刑部尚書舒公赫德請爲其屬。

時人士造謁者甚衆，而先生閑静狷介，非文行有志節者謝弗見，以是入其室，研席蕭然，風味不啻書

生也。

二十八年癸未(一七六三),四十歲。

二月,充會試同考官。蓋自己卯、庚辰、辛巳、壬午,連年五次點充同考,論者謂自來名翰林所未有,可入李文公卓異記也。正考官,刑部尚書秦公蕙田;副考官,户部侍郎仁和王公際華、吏部侍郎滿洲德公保。

先生分校春秋二房,得吴霽、楊慰、蔣鳴鹿、寧有誠等十一人。

是年,廣西、湖南、雲南、貴州文鮮佳者,秦公彙諸房遺卷,屬先生合校之,緣是同考者頗不悦。

五月二十一日,上啟蹕幸熱河,先生從。

八月十六日,隨輦進木蘭較獵。

九月二十二日,還京師。

十一月,梁公薨於位,謚文莊,晋贈太傅。

二十九年甲申(一七六四),四十一歲。

二月,補授刑部山東司主事,兼辦秋審處。

隨駕詣泰陵,往還凡十九日。撰西陵扈從記〔二七〕一卷。

四月,京察一等。

七月初八日，又隨往木蘭。

陳星齋通政兆崙以上書房隨蹕，途次恒有倡和。

九月，還京師。

十月，充方略館收掌官。

十一月，紹興商寶意太守盤授雲南知府。寶意老詩人，先生集同人餞於畢秋帆修撰沅疏雨樓，以詩送行，寶意稱先生詩爲最。

先是，三藏聖教中頗有俚俗猥瑣者，上命諸城劉公詳加删定，公以屬先生與汪康古舍人孟鋗。取經、律、論，按日排閱，凡六閲月而畢。擬删唐智昇開元釋教録略出五卷〔二八〕、因開元釋教録已入藏。元僧祥邁辨僞録六卷〔二九〕、辨道士邱處機、李志常等非毁佛法之僞，而稱述楊璉真伽。明永樂製序讚文〔三〇〕一卷。奏進，上從之。先生素通禪理，及是三乘七部，窮源溯流，於宗教性相之旨，益淹貫融洽矣。

自己卯至是六年詩，編爲蒲褐山房集〔三一〕。

三十年乙酉（一七六五），四十二歲。

五月，京察一等，奉旨加一級。

六月，充方略館提調官。

七月，復隨往木蘭。

是秋，彭君光斗爲福建永定知縣，鄉試分校，得森崑瓊等七人。

三十一年丙戌(一七六六),四十三歲。

二月,上詣東陵,還駐盤山,先生從視河澱。

三月,還京師。

四月,西域同文志告成。議叙,奉旨加一級。是月,升授刑部浙江司員外郎。

户部員外郎西紳,素以譎獷稱,與兄西慶有郄。會其三月幼孫死,孫之乳嫗,西慶妾之嫂也,欲藉以誣西慶主謀故殺,刑其乳嫗並及其夫,酷甚。將誣認,先生不可。大學士諸城劉公暨署刑部尚書李公侍堯,乃使諸司十三人覆驗,果無毒狀,於是僅坐乳嫗壓斃罪,餘皆得釋。

七月二十九日,陸孺人歿。

三十二年丁亥(一七六七),四十四歲。

春,升授刑部江西司郎中。

上幸天津,先生從。

七月,復隨往木蘭。

陸璞堂秀才伯焜來京師,寓蒲褐山房。璞堂,文定公樹聲七世孫,而再從兄本蕃之女夫也。

十月,兼校經咒館。

上稽古右文,尤深梵筴,開經咒館,令章嘉國師偕其徒重譯首楞嚴經及諸經秘密咒語。凡漢唐文

字，番僧所未通，須講解之，故有是職。

是年，納黄孺人。

自乙酉至是年詩，[編]爲聞思精舍集〔三二〕。

三十三年戊子（一七六八），四十五歲。

四月，京察一等，奉旨加一級。又奉旨交軍機處，以道府記名。

開續三通館，凡纂修條例，屬先生與諸君左峨撰定而奏進之。

七月，兩淮鹽使提引事發，先生與趙君升之坐言語不密，罷職〔三三〕。時緬甸未靖，詔以伊犂將軍阿公桂爲兵部尚書、定邊右副將軍，總督雲南、貴州。阿公，文勤公克敦子也，素知先生學問幹濟，由是請以從，詔許之。

十月初十日，發京師。

十二月二十四日，入滇境。

二十七日，始抵雲南府。

先生所歷楚、黔諸境，搜奇覓險，詩益富，取韓詩外傳『饑者歌食，勞者歌事〔三四〕』之意，名曰勞歌集〔三五〕，迄於凱還而止。蔣舜游檢討鳴鹿序之，以爲屈子之騷、問，杜陵之詩史，彙而成此。

三十四年己丑（一七六九），四十六歲。

正月初三日，由雲南府起程。

十一日,過下關。
十八日,抵永昌。
阿公已出萬仞關,往止丹山襲擊緬夷村寨。
三月初三日,往騰越。
赴阿公招也。頃之,得旨命大學士忠勇傅公恒爲經略。
四月初八日,傅公由龍陵赴騰越,巡閱沿邊形勢;而阿公赴大理,簡視馬匹,先生從。
十八日,還至永昌。
二十一日,還至騰越。
七月初,猛拱土司遣其頭目脱猛烏猛來降。
請早發,而右副將軍以二十日啟行,二十三日抵盞達。酷暑。明日,出銅壁關,抵野牛壩。時連旬大雨。
八月初十日,抵蠻暮。
九月十八日,水師出江口。
賊來,逆戰,擊敗之。
十月初一日,傅公、阿公里衮至江西岸。
初十日,合擊賊於江中。
殲其頭目賓啞得諾,獲軍械器物無算。

十一月九日，緬酋懵駮以書乞降〔三六〕。

經略副將軍乃屬先生偕孫補山侍讀士毅草檄諭懵駮〔三七〕，允其降，而上先以將帥士卒染瘴病歿者甚衆，不宜冒昧進兵，下詔班師。

十二月，還永昌。

三十五年庚寅（一七七〇），四十七歲。

先是，傅公還至省城，得旨令同阿公籌安邊善後事宜，乃以正月初四日啟行，十二日抵省定議入奏，而各省兵之在邊者尚未盡撤。阿公復還永昌，先生同行。至趙州，取道詣雞足山謁大迦葉尊者道場，止於石淙。遍游悉檀、傳衣五大寺。由猢猻梯陟金頂，望西域雪山，杳渺雲際。

二月初三日，至永昌。

乘暇游金雞村，云是吕凱故居也。浴於温泉。又登太保山諸葛忠武侯祠、沙河寶山寺及龍泉亭諸勝；而上以撤兵三月緬酋貢表未至，令彰總督寶遣守備蘇爾相持檄往責之。緬酋留蘇爾相，阿公乃復馳赴邊徼。

九月，緬酋遣夷人具稟阿公，請暫止襲擊之舉。

分兵駐各關隘。

十一月，如騰越。

先生暇時，過毘盧寺，觀疊水河懸瀑。又城中有魯家梅甚古，城南有金家松屈曲如蟠螭，恒攜酒榼，

吟嘯其下。金氏子弟出見者,爲指示文章流别。

是年,浙江石門知縣黄楷鄉試分校,得莫大邦等七人;江西弋陽知縣吴興宗分校,得戴心亨等八人。

自戊子從軍至是年正月,凡山川風土、行軍調發,一一紀載,成滇行日録三卷〔三八〕、征緬紀聞三卷〔三九〕。

三十六年辛卯(一七七一),四十八歲。

時大兵久撤,幕府清閒,乃借性理大全、語類、或問、王文成公集讀之,求天人性命、修身立行之要。

六月,阿公罷用,理藩院尚書温公福代之。

八月,温公至永昌,復奏留佐軍事。

會四川小金川土司澤旺之子僧格桑指沃日咒詛發兵盡佔其地,並侵據明正土司濃等(塞)寨;而金川應襲土司索諾木亦併革什咱,殺其土司。上命温公移師赴四川督辦,温公請以先生行。

九月二十五日,與趙君升之暨中書舍人王君丹宸日杏發永昌,行次合江。諸生段雲程午夜來送,先生惘然,占一絶贈之。四川鄉試,孫君嘉樂爲副考官,得葛良杰等六十人。途次來謁者甚衆。

十月初九日,奉旨賞給主事,隨往四川軍營辦事〔四〇〕。

二十日,抵成都。

二十四日，選授吏部考功司主事。

十一月，萬壽恩詔加一級，赴西路進討。

自過灌縣，路皆在山腰，峭折如綫，下俯絶澗；又連日冰雪凝凍，騎馬險滑無比。

十二月初二日，僧格桑遣人訴沃日詛害狀，温公屬先生作檄斥其罪。

十五日，師克斑斕山，抵達圍，破斯當安，進攻日耳寨〔四一〕。

除夕，烽火滿山，鎗礮如雷雨，聞呼戰聲殷山谷也。

至此，著蜀徼紀聞四卷〔四二〕。

是年，吴興宗分校，得黄壽齡等八人；黄楷分校，得張敬止等七人。

三十七年壬辰（一七七二），四十九歲。

正月，在日耳。

二月，參贊大臣五公岱與温公訐訟，詔罷五公，命阿公往北山木雅斯底代統其衆。先生從阿公督兵，緣山而下築卡〔四三〕，斷日耳賊人來往路。

三月初九日，賊遁，退據阿喀木雅。十一日，賊復棄寨去。

温公從中路攻木闌壩，阿公循北山攻美美卡。卡北有東瑪、色渠諸碉，爲别思滿賊人來路，與美美互援應，亦次第攻之。

科爾沁親王色布騰巴爾珠爾及兵部尚書果毅豐公昇額，以鞫五公事來於軍。

時南路總督桂公林統兵次達烏，賊據險，久不能克，乃以兵三千屬參將薛琮從墨龍溝經郭舟山，欲出賊後。既行，大雨雪，兵無繼者。金川賊人由格六古來援，絶後路，糧盡，全軍皆没。

上削桂公職，趣阿公督南路兵，阿公奏以先生從。

五月十八日，自阿喀木雅啟行。

二十三日，抵成都。

六月初四日，抵卡了。

接到部咨，於進勦小金川、攻克斯底葉安案内議叙，軍功加一級，紀録二次。八月，接到部咨，於攻克東瑪案内議叙，軍功加一級，紀録二次。十月，接到部咨，於攻克資哩案内議叙，軍功加一級，紀録二次。時計達烏久不攻，賊必無備，乃於十一月初四日子刻，潛師渡溪，據其碉卡。翁古爾壟之賊亦恇駭，遂破其柵。

二十四日，復以皮船渡水，破僧格宗。

番人來降，皆釋勿殺，共得户口六千餘。

十二月初五日，克美諾，僧格桑走占固。

温公亦克蒙固寨，屆美諾會師。僧格桑遁入金川；澤旺降，械送京師。

十三日，進討金川。議分三路：温公偕參贊哈國興由空喀，阿公偕參贊明亮由當噶，豐公偕參贊舒常往綽斯甲由日傍俄坡。

先是，阿公奏先生獨子，母年七十有餘，深明大義，勗以殫心軍事，今從軍已五年矣，請量加拔擢。

至是，得旨以吏部員外郎升用。
二十一日，哈君病歿於占固。哈君，本回人，勇敢識兵機，善馭邊夷，軍中皆惜之。奉旨以海蘭察代焉。
二十四日，還至僧格宗。
二十九日，進次郎車爾宗。
臘杪，聞座主錢公以十一月病卒。
是年四月，許孺人病歿。

三十八年癸巳（一七七三），五十歲。

正月初一日，從師由美諾進發，次當噶山。
山脊長幾二十里，賊排十四碉於上絶險處，鎗礮可互相援也。
二十日，攻最西山峰，克之。二月二十六日、三月二十一日，攻中兩大碉，又克之。官兵營壘與賊錯處山脊上，兵少弗能徑下。自春徂夏，雨雪甚，賊碉在雲霧中，碉下徑仄而陗，雨久泥滑如餳，故久之未盡克；而將軍温公自空喀移兵木果木，屢攻不得利；賊煽小金川人各反其地，先侵登達、占固，提督董君天弼赴水死，遂分寇登春、八卦碉。海君與總督奪隘出。温公兵潰，出營數里而歿。吴君璜、趙君升之、王君丹宸歿於事。蓋六月初十日也。
是月，接到部咨，於攻克翁克爾壟案内議叙，軍功加一級，紀録二次。

金川既得，美諾乃悉其衆以犯當噶，兵皆力戰，賊不能逞。參將劉輝祖率一百四十餘人拒之，自亥迄寅，殺傷賊二百餘；而領隊大臣奎公林，於色木則隘口拒賊，日十餘接，皆有殺傷。賊畏當噶兵堅，遂乞降。阿公知當噶不可守，姑如其請。

七月初一日，撤至翁古爾壟。

阿公奏沃日係進討正路，請往視師。

十五日，自翁古爾壟行，先生從。

抵成都，署按察使顧君晴沙光旭，先爲死事諸大臣立祠草堂寺側，名『慰忠』，且索先生撰碑文，先生往奠哭之。

二十八日，西行。

接到部咨，於攻克僧格宗案内從優議叙，軍功加二級。

時晨夕得警報，而詔旨詢問無虚日，先生日行三四站，夜則具章奏、治文書，以是得疾。八月初七日抵日隆關，稍瘳。

是月，接到部咨，於攻克美諾案内從優議叙，軍功加二級。

上發吉林索倫及京城健鋭、火器兩營，又陝、楚兵共一萬六千，南路以明公亮爲副將軍，故侯副都統富公德爲參贊大臣；其綽斯甲路副將軍、參贊如故。

十月二十七日，分兵進討烏什哈達等。

先進襲美美卡，據之。額君森特由資哩克阿喀木雅及沃日，海君蘭察克北山之碩藏噶阿克爾布里，

合兵上據兜烏。

十一月初八日，兵至大板昭。

僧格桑復竄入金川，蓋八日，而小金川地悉平。

是月，補授吏部稽勳司員外郎。

議攻金川，以明年正月三路合力進攻。

是時得家書，具知京城冬暖，太夫人聞收復小金川捷，爲加餐飯。

三十九年甲午（一七七四），五十一歲。

正月朔，自美諾啟行。初十日，抵谷噶駐營。

時大雪，賊拒喇穆，都統海君等督兵進攻，克之。

九月，接到部咨，於收復美諾案内加一級，紀録二次。

時都統兵又攻遜克爾宗。

十月，潛以兵旁上穆果爾山，遂克日爾巴、當噶，抵達爾札克，與參贊大臣五公岱兵合。

十一月，克格魯古，出滅金嶺後，賊人遁，乘勢下至江岸。

明公亮至宜喜，與參贊舒公出賊不意，攻破數碉。賊堅守，又移兵攻日旁，克之。距大江不遠，與西路兵煙火相望也。

刑部侍郎袁公愚谷守侗，四月中按事來川，詔令便赴軍營睬狀。

袁君知軍牘皆先生一手所辦，回奏，上嘉之。有旨垂問，阿公覆奏，得旨擢吏部郎中。

是年七月，户部郎中孫嘉樂督學雲南。

八月鄉試，侍講白麟典試河南，得劉師柔等七十人；中允夢吉典試山西，得閻安寅等五十人；浙江蘭溪知縣耿學模鄉試分校，得唐燦等七人；慶元知縣熊珍分校，得沈景熊等六人。

前任分巡廣東肇羅道彭君樂齋端淑，蜀中靈光也，以詩、古文稱，教授成都，寓書來與先生定交。

四十年乙未（一七七五），五十二歲。

正月，在密喇噶喇木軍營。

四月，明公等由宜喜下攻，盡克達爾圖、基木斯丹、當噶、俄坡、甲索；而西路官兵亦於十五日克擦庸群尼，十九日克木思工噶克，二十一日克下巴木通，五月十二日又克遜克爾宗。

六月，先生補吏部文選司郎中。

七月十二日，進攻勒烏圍。

八月十六日，克勒烏圍賊巢。

九月初七日，克莫古魯及達烏、達圍各碉。

閏十月十四日，克西里。

十二月，官兵上格隆古山梁，科布曲碉寨悉下。十七日，克則朗噶克，下壓雍中喇嘛寺，取之。

索諾木之母阿倉及姑阿青時在河西，甲雜路斷不能歸，二十日來降，於是移大營於噶喇依之上；即

乾隆十三年金川方略内所稱『刮耳厓』。而北路官兵亦進取河西之地，兵至噶喇依對岸。南路官兵取馬邦、曾達，進至噶喇依南，移巨礮，築長圍，合力攻擊。

是年編勞歌集〔四四〕成。

四十一年丙申（一七七六），五十三歲。

正月，在噶喇依軍營。接到部咨，於攻克勒烏圍案内議叙，軍功加二級；又於攻克噶喇依案内從優議叙，軍功加二級；又於金川蕩平案内奉恩詔，加一級。

時西、南、北三路官兵會合，四面力攻，横橋長塹，水陸俱斷。索諾木兄莎羅奔岡達克、索諾木明楚克等相繼投出。

二月，合攻益急。

初四日昧爽，索諾木率其兄爽爾瓦沃雜爾、弟斯丹巴、妻巴底土、妹得什安木楚及大頭人丹巴訛雜爾，並餘衆二千餘人，齎印出降。僧格桑先病死，並以其首獻。是晚，用八百里馳奏紅旂告捷，兩金川地悉平。先生在軍營前後九年，和平簡易，自科爾沁親王及副將軍、參贊大臣等，無不親而重之。

三月初二日，自噶喇依班師，道路皆設戲棚燈彩以志凱樂。

十四日，抵省。

吴沖之學使省欽、曹荔帷員外焜、顧晴沙臬使，排日置酒；楊笠湖刺史潮觀、沈太守清任、彭樂齋觀察，裙屐畢至，頗盡譚讌之樂。

二十日，自成都啟程。
四月初四日，抵西安。
袁侍郎愚谷方從甘肅使回至此，王夢樓太守文治、嚴東有侍讀皆在巡撫畢公署，置酒觀劇，二八遞進，逮更餘始别。
初六日寅刻，抵臨潼。浴於温泉。
二十三日，至良鄉之竇店。
二十六日，上令王大臣等賜凱旋諸將佐飯。
二十七日，駕至黄新莊郊勞，先生用戎服行禮，賜茶。
次日，至京師。
見太夫人康强如故，喜心翻倒，不覺流涕被面也。
二十九日〔四五〕，上遣皇子獻俘太廟。
五月初一日〔四六〕，上御午門。受俘。
訊於瀛臺，刑部以逆酋兄弟久抗顔行，罪不赦，磔死，懸首藁街。
是日，上幸紫光閣，賜宴，作四裔之樂〔四七〕。
宴畢，復被白金、緞匹、朝珠、荷包之賜。
初五日，得旨：『吏部郎中王昶，久在軍營，著有勞績，著升授鴻臚寺卿，賞戴花翎，在軍機處行走〔四八〕。』

是時由科甲出身賜花翎者，惟大學士金壇于公及先生而已。謝恩召見，詢軍營前後八年事甚詳。
是月，上命纂金川方略〔四九〕，充總纂〔五〇〕官。
月杪，濕瘡發，臥牀第者三旬餘。
七月，擢通政使司副使。
時上已幸熱河，乃馳往謝恩。召對，問蘇、松風俗及王鴻緒、張照各家事，並九峰三泖形勝若何，詳對久之。命隨獵木蘭，復蒙召見，再詢温福軍營潰亂南路何以獲全軍而出，對以副將劉輝祖、劉俸及奎林等力戰之功，且奎林能與士卒同甘苦，致士心堅定，故然。上笑曰：『奎林原有成勞，但性情怪異耳。』獵畢，命入大樹園筵宴，觀煙火。回至京師。
先生自庚辰秋寓教子衚衕，凡十有七年，至是移寓爛麪衚衕。
京洛名流，如陸健男學士錫熊、金輔之殿撰榜、周書昌編修永年、戴東原庶常震、任幼植吏部大椿、洪素人刑部朴及其弟舍人榜、張商言舍人塤、吴泉之助教省蘭、吴竹橋上舍蔚光、吴胥石孝廉蘭庭及門人張漢宣彤、黄仲則景仁、胡元謹量，執經譚藝，文酒之盛如初。
四十二年丁酉（一七七七），五十四歲。
自丙申小除日瘡疾復發，呻吟牀蓐者二旬餘。
正月二十三日，孝聖憲皇后仙馭上賓，力疾而起，入直哭臨。
上命同尚書梁公國治、副都統博清額、給事中劉謹之，恭繕一切典禮，蓋以會典中有列后大喪儀，排

日紀事，仿而志之。

四月十四日，葬泰東陵，先生從。

二十五日，恭奉神御還京。

五月初一日，升祔太廟禮成，奉旨隨往諸臣加一級。

先生已於三月擢大理寺卿，又以升祔覃恩，得封三代，曾祖、祖、考皆贈資政大夫如其官，妣皆封二品夫人。

十一月初十日，奉旨磨勘各省鄉試中式卷。

是秋，寧君有誠爲江西奉新縣知縣，鄉試分校得陳曰芳等八人；楊君慰爲福建詔安縣知縣，分校得邱立人等七人；凌君夢曾爲四川南部縣知縣，分校得李傑甡等八人。

先生素甘恬退，仕宦非其所尚，自蜀歸即有乞身之意，故是年以後，總以『杏花春雨書齋』名其集，蓋取諸虞道園詞[五一]云。

是年四月，納謝孺人。

四十三年戊戌（一七七八），五十五歲。

正月十八日，上恭謁陵寢，先生從。

二十二日，先謁泰陵，次謁泰東陵。

二十三日，祭泰東陵。從臣皆於門外行禮。

二十六日，回京。

先是，大清一統志成於雍正四年。至乾隆二十三年，平定準噶爾及回部，拓地二萬餘里，且府、州、縣添置改析者多，上命重修，迄十餘年，尚有雲南、貴州、四川、江西、江蘇、安徽、浙江諸省及外藩諸部落未成，亦命先生爲總修〔五二〕修之。

是年，邵二雲庶常晉涵、孔衆仲庶常廣森、蒓谷〔五三〕主事繼涵、汪劍鐔孝廉端光、張芑堂貢生燕昌、王竹所上舍初桐，而門人金雲莊主事德輿、徐尚之上舍書受、汪書年上舍大經、楊蓉裳上舍芳燦及其弟荔裳揆，常以譚藝過從。

侍講白君麟會試分校，得蔡廷衡、吴璥等十一人。

四十四年己亥（一七七九），五十六歲。

正月初六日，女粹卿歸于榮。

是時，先大夫官中書，與先生同在内閣，意氣投合，交親之誼彌篤。

十六日，上以孝聖憲皇后大祥謁泰東陵，先生從。

二十六日，回京師。

先生因光禄公、陸太夫人未葬，屢欲乞歸不果，至是以二十八日具奏陳情，蒙恩允許。遂於二月十一日，奉錢太夫人由水道南旋，而自取陸路先歸部署。

三月二十四日，抵家。

上冢，以三次所頒誥詞焚黄告祭。存問親故，引親族窮乏者任恤之。

四月二十六日，太夫人亦至。

五月初一日，依遷葬禮服緦。

且乞盧紹弓學士撰墓志，梁元穎侍講書之；錢曉徵少詹撰神道碑，翁振三學士以分書書之。

七月初十日，窆儀，節規制具。

自撰歸葬小志。

中届期遠近，會葬者數百人，布衣白首之交及遠方儒生居其半焉。

八月十八日，赴京。

過吴門，見彭尺木進士紹升，與譚安養法門，甚合。布衣江鱷濤聲精古文尚書、説文，來講學。至無錫，顧晴沙觀察、周抑亭太守際清、楊永叔上舍揩、和叔掄，邀游寄暢園，觀王孟端竹鑪[五四]。觀察命工製一鑪以贈。

九月初一日，至常州。

集趙緘齋郎中繩男味辛書屋，而項秀才森者病於家，遣子以所辨太初三統術[五五]來就正。過瓜洲，見高旻寺僧照圓貞。照圓爲磬山法嗣，扣擊如夙契也。至揚州，汪劍鐔、江秋史德量來見；江都汪容夫貢生中，以所辨尚書金縢諸篇[五六]相質。

十六日，至王家營。

先是，戊戌秋河决，儀封十六堡久未塞，上命英勇阿公莅工，公聞葬，遣使來賻。因往謝之，遂登陸

過邳州。門人睢南同知孫步雲來見，談論至夜分乃去。

二十六日，至儀封。

見阿公及總河袁公愚谷、河南巡撫陳公輝祖，遂閲南北壩及引河情狀。

十月初二日，由延津北上。

十七日，抵京。

十八日，趨赴宫門請安。召見，詢江南預備南巡事宜，高郵、寶應水勢，一一陳奏，且言河南河工大概。翌日，遂命明春隨蹕。

時先生僦居東華門外西堂子衚衕，新知若貢生洪稚存亮吉、趙億生懷玉，弟子若楊荔裳、徐尚之、張漢宣、黄仲則等，數過從談讌如曩時。

十二月十九日，補授都察院左副都御史。

二十一日，又有旨授河南布政使。户部尚書梁公國治，言在軍機房久，多聞舊事，請留，遂以太僕寺卿江君蘭代之。

四十五年庚子（一七八〇），五十七歲。

元旦，上御太和殿受朝，先生以副都御史上殿侍班，午刻筵宴。

京師去冬少雪，是日子刻，同雲四合，從卯至午，積雪四寸有餘，官民歡呼稱瑞。

十二日，隨侍南巡啟蹕。

十四日，次紫泉。

賜直隸大吏食且觀劇，先生與焉，並命和御製詩。至夕，召觀燈火，入宴。

元夕，次趙北口行宫。

復命觀燈聯句，同作者額駙忠勇公，兵部尚書福公隆安，吏部尚書協辦大學士嵇公璜，户部尚書梁公國治，直隸總督袁公守侗，户部侍郎和公珅、董公誥，禮部侍郎達公椿，内閣學士兼禮部侍郎嵩公貴，翰林院侍講學士國公柱，左春坊左庶子劉公躍雲，陳編修崇本，凡十二人，得『庚』字，七言排律五十韻。是夕，層冰皓月，積素皎然，箏版參差，魚龍曼衍，獲與賡歌之盛真異數也。

時以萬壽恩詔加一級。

十九日，次絳河。

山東巡撫暨布政、按察兩使來迎，賜食、和詩如前。

三十日，次泉林。

賜食。復頒示御製七言律，令和之。

二月初九日，次桂家莊。

同江南總督、巡撫、鹽政、織造暨兩使賜食，又敕和御製詩。

初十日，聖駕渡河禱於神，即事賦詩。次直隸廠，敕令恭和。

是日，儀封十六堡决口合龍，僉謂至聖積誠所感也。

十四日，至揚州。

奉命祭宋宗忠簡公澤、明史忠正公可法、本朝張文貞公玉書於京口。

二十三日，至蘇州。

奉命祭吴泰伯、范文正公仲淹、湯文正公斌、陳恪勤公鵬年、張清恪公伯行祠。復命又同浙閩總督、巡撫兩使諸臣，入宴、和詩。

三月初二日，次杭州。

命祭陸宣公、錢武肅王、岳忠武王於忠肅公祠。又賜御製全韻詩、擬白居易新樂府〔五七〕，又敕和御製杭州即事、瑪瑙寺、葛嶺諸詩。

十五日，回鑾，次嘉興。奉命授江西按察使。

十六日，山東壽光縣民魏萬年控縣令勞敦樟派累，有旨令同刑部侍郎阿公揚阿會鞫，謝恩請訓。

行清江浦，漕運總督鄂公寶來晤。英勇阿公、兩江總督薩公載、布政使吴公壇，皆以相度雲梯關海口形勢駐此，先生往見之。渡河取王家營陸路，由宿遷、郯城、沂水、蘭山、臨朐，以二十九日抵青州。

四月，阿侍郎自京師至，同讞事。

十九日，讞事畢，發摺行。

聞璞堂成進士尋改庶吉士。

抵濟南。見蒿庵書院院長王惺庵進士元啟。

嘉興人，工推步，所校史記天官書、漢書律曆志尤爲精核。

行抵博平珠官屯。

復命召見，命赴江西，且垂詢母尚健否，予五日假，回籍迎養。

五月，抵里。遂奉太夫人啟行。

六月十一日，抵南昌。接印任事。

十三日，具摺謝恩，並陳到任日期與經過地方晴雨狀。

十八日，太夫人從水路至。

江西環山帶水，多竊盜，如臨川一縣報竊而未獲者，自四十一年起至四百餘案。先生以爲：『盜者亂之漸，竊者盜之漸。人少則竊，稍多則盜，再多則亂，其勢相因，而皆起於貧民之游手無藉者。』於是檄府、州、縣，力行保甲。先書無業惰民、好賭生事者，遇有竊發，先詰之。次責保甲，毋得容留外縣人，有則詰所從來及其所業與本籍、姓名，書於册。無業者，逐回本縣；可疑者執而訊之，以杜姦宄之原。

江西人聚族以居，有所争，各選族之狡悍不畏死者，什百爲群，互相格殺，謂之『群毆』，亦謂『械鬬』。先生曉以若輩之争，大率山頭地角，所植穀物，所産竹木，爲數無多，而彼此殺傷甚有至四五命者，實爲大惑大愚；遇事宜各三思，毋輕性命，毋蹈前轍。又有建家祠於府城省會中者，遇訟則出祠堂公産之資，招請訟師，反覆告訐不休。先生曉以『祠堂本爲敬宗收族而作，所以教孝弟、敦婣睦。今盤踞爲搆訟地，變詐機巧，無所不至，豈前人立祠本意？嗣後有似此者，當依前巡撫輔德所奏，毁其家祠』。州縣審命盜之案，逾限者纍纍，先生謂：『承審各案，豈皆難辦？必須往返咨查，從容訪詢者。大抵州縣中或好聲色，或飲酒逸樂，流連光景，因以致此。各宜振厲奮發，刮洗舊習，依限完結，違者必揭參示儆。』因飭胥吏，每囚至三日内必讞，讞畢即發回，率先以振起之。

時靖安縣張起鳳毆死其八歲甥，傷痕微渺，縣以爲顛墜死，府以爲毆死，犯者游移其詞。先生集府、州、縣之在省者三十餘人，親往檢驗，與衆共著之，供詞乃定。凡讞事，坐堂皇，不坐燕室，計六十餘日中讞决者百有餘案；而錢太夫人自三月來，飲食漸減，由錢塘换船赴任，冒暑雨，病鬲益劇，既而氣逆上，以八月二十四日酉時卒，先生哀毁盡禮。蓋太夫人以是年十二月十六日年八十，宗人鳳喈光禄、錢曉微少詹皆已先期作文介壽，而不及稍待，以是增慟焉。九月二十二日，扶柩由彭蠡出大江順流而下，以十月十七日回籍。

是年，紀隨蹕至赴任，爲屬車雜志二卷、豫章行程記一卷。

四十六年辛丑（一七八一），五十八歲。

居憂。

先是，所居蘭泉書屋，年久頹圮，因稍葺之。光禄公常以思岡公來未立宗祠爲憾，又慕范文正公義莊，勗子孫有力，當勉爲之。先生併欲置家塾以教族人子弟。己亥秋，卜地於所居橋南，起祠屋三進，共二十間，置田五百畝，以供其用。又藏經、史、子、集四萬餘卷，金石文字、法帖二千餘通，詳見自撰祠塾規條及塾南書目。

八月初十日，奉錢太夫人柩合葬於雪葭灣。

是時，先生尚無嗣，因議以從弟曦長子肇和爲子。

是年六月，四川進士楊君卓莅青浦任，請先生修縣志。

住萬壽道院志局，遠方賓客、門弟子，雜遝過從。

四月，浙閩總督陳公輝祖書來，以西湖志雍正初年所輯，迄今幾五十年，翠華五屆，宸章奎藻，俱未恭載，而名士藝文及祠廟、寺觀重葺者，皆當蒐討續載，請先生爲總修，謝不赴。

十月，禫。陳公再以書來促，乃往，寓西河陳氏就莊。先生發凡起例，粗具稿，復以病歸家。月餘，稍愈。

時陳公以事落職，河南巡撫富公勒渾晉總督，甘肅布政使福公崧晉巡撫，先後抵任，皆先生舊好也。乃復往西湖志局。

歲暮，歸葬鄒夫人及許、陸兩孺人於雪葭灣新阡，而自爲生壙焉。

四十八年癸卯(一七八三)，六十歲。

正月十四日，復由蘇州至西湖志局。

值上元後尚寒，湖上游人晚間稀少，先生數理小舟，乘月游歷諸勝，同局諸子呼伶人數輩，箏笛隨之。遥望湖心亭及沿湖樓閣，燈火微茫，間出林際，而遠鐘、星星與箏版相間，覺此游如在方壺、瀛島間。族子嶰谷宜爲之圖，諸子多作詩以紀之。開化門人戴金溪秀才敦元亦來湖上，而竇公東皋爲學使，金韻言助教學詩、沈芝生秀才清瑞在幕中，時出爲文酒之會。

二月十六日，福巡撫傳旨，補授直隸按察使。
時志已修十之七八，乃以稿封交撫署而歸。
二十二日，抵家。
二十六日，辭家廟行。
回首故園，殊戀戀也。
二十八日，抵蘇州。
見閔巡撫鶚元，發摺謝恩。
［三月］初一日，自蘇州行抵泰安。
孫補山方伯遣人來候，始知改調西安按察使〔五八〕。蓋秦公承恩已升任湖南布政使故也。
二十三日，抵圓明園。
二十五、二十七兩日，皆召見，命速赴新任，遂陛辭。
四月初四日，出都，取道山西。
二十三日，抵西安。
著適秦日録一卷〔五九〕。見巡撫畢公，慰勞，殊歡幸也。
是秋鄉試，吴君興宗爲商州鎮安知縣，分校得王榜榮等八人；黄君楷爲儀徵知縣，分校得薛體洪等九人。
十月，具奏：『命盜凶犯脱逃，通緝宜行於定案之時，不應行於半年之後，使姦宄得以從容竄匿。』

『又陝西所屬，南如興安、漢中，北如榆林、延安、綏德，皆距省一二千里，秋讞時，囚徒解省，恐致脱逃，請令各道就近覆録。』皆得俞旨允行。

時吴企晉舍人爲關中書院院長，嚴東有侍讀、錢獻之州判坫、莊似撰明府炘、徐友竹上舍堅、洪稚存孝廉［亮吉］、孫淵如上舍星衍及王敦初上舍復，皆在長安，公務稍閒，輒以詩詞倡和爲樂。惟聞黄仲則殁於山西運使署中，爲之累欷竟日。先是，先生集朋好工詞者爲琴畫樓詞鈔〔六〇〕，企晉請梓之，兩月而成，計二十五家，共二十五卷。

是年，娶媳錢氏。

〔一〕珠街角鎮：錢大昕封資政大夫大理寺卿加十四級王公神道碑作『珠家角，蓋在泖水之陽』。

〔二〕沙燕：燕之一種。毛灰色，比家燕大而笨，常棲息於墻壁石縫間。此處言『栖於楹』，當指家燕亦即紫燕而言，蓋作者方言對『紫燕』之別稱。國朝漢學師承記王蘭泉先生即作『紫燕』。按羅願爾雅翼釋鳥三：『燕有兩種：越燕，小而多聲，頷下紫，巢於門楣上，謂之紫燕，亦謂之漢燕。胡燕，比越燕而大……』又重修政和證類本草禽燕屎引南朝梁陶弘景云：『燕有兩種，有胡有越。紫胸輕小者是越燕，不入藥用。胸斑黑、聲大者是胡燕。俗呼胡燕爲夏候，其作窠喜長，人言有容一疋絹者。』

〔三〕三體詩：即宋周弼編三體唐詩。弼，底本訛作『弜』，今據三體詩傳本校改。

〔四〕廿一史彈詞：即廿一史彈詞注，明楊慎撰，清張三異增定，清張仲璜注。楊慎所撰原名作歷代史略詞話（又稱歷代史略十段錦詞話），流傳到南方後被稱爲『彈詞』。

〔五〕光禄公撰集……二三十行：錢大昕封資政大夫大理寺卿加十四級王公神道碑記此云：『某就傅後……又取古來名臣碩儒，自屈子而下，訖於明季，凡百有二十人，手録其本傳，俾誦習之，題曰百世師録，某謹藏篋中，月讀一過，手澤尚如新也。』

〔六〕蘭泉書屋集：收入春融堂集卷一，凡古今體詩一百二十首。有嘉慶十二年（一八〇七）塾南書舍刻本等。

〔七〕居喪讀禮：禮記曲禮：『居喪未葬，讀喪禮；既葬，讀祭禮；喪復常，讀樂章。』

〔八〕以宋文憲爲法：江藩漢學師承記王蘭泉先生云：『年二十一，丁外艱。……服闋，游吴下，蔣恭棐、楊繩武見先生詩文，謂：「宋文憲以後一人也！」』

〔九〕游其門：沈歸愚自訂年譜僅言是年二月陛辭離京，且『到家後，仍赴書院，按期課文』，未言『到家』時間，則據本條可補歸愚先生到家時間。

〔一〇〕爲院長：沈歸愚自訂年譜未言代院長時間。錢辛楣先生年譜乾隆『十五年』條云：其冬『院長艮齋先生以疾辭去，代之者長洲沈歸愚先生也。』兩譜所記有所誤差。

〔一一〕三泖漁莊集：收入春融堂集卷三，凡古今體詩八十三首。

〔一二〕夢公任學政：王昶户部侍郎署翰林院掌院學士夢公神道碑載乾隆十八年九月『提督江蘇學政』。

〔一三〕午塘集：夢麟（一七二三—一七五八），字文子，號午塘，又號大谷山人，蒙古正白旗人。有詩集大谷山堂集六卷行世。午塘集，户部侍郎署翰林院掌院學士夢公神道碑未見提及，春融堂集亦未見有午塘集序文。

〔一四〕鄭學齋集：收入春融堂集卷四，凡古今體詩一百十首。

〔一五〕履二齋集：收入春融堂集卷五，凡古今體詩一百二十一首。

〔一六〕七子詩選流傳日本：錢辛楣先生年譜乾隆『十五年』條：『書成，風行於世，賈舶有攜至日本者。其國相高棅讀而善之，爲七律，人贈一章，寄估以達，人豔稱之，以爲雞林之比。』又錢大昕日起居注官翰林院侍講學士曹君墓志銘：『少時與王、吴、趙諸君唱酬，彙刻其詩，流傳海舶，日本國相以餅金購之。』各據傳聞，所記不一。參見陳曦鍾先生關於『大學頭』及其他——七子詩選流傳日本考辨（北京大學學報，二〇〇四年六月）及再談高彝與七子詩選——關於『大學頭』及其他補説（北京大學學報，二〇〇六年一月）。

〔一七〕三月：據清吴省欽白華後稿卷首年譜所載，本次御試時間在三月十九日。

〔一八〕精理亦道心賦：録入春融堂集卷二十九。

〔一九〕賦得鴻漸於逵得時字五言八韻：底本作「鴻漸於逵詩」，所載試題不全，今據清高晋等纂欽定南巡盛典卷七十五及清法式善槐廳載筆卷七等校改。

〔二〇〕經義制事異同論：録入春融堂集卷三十三。

〔二一〕十學薪傳：清耿文光於光緒間編萬卷精華樓藏書記時即言「全書未見」。其「湖海文傳七十五卷」條云：「呂先生泰十學薪傳一書，文目久採入國朝通考經籍志，而全書未見。存：自序一首，一易，二書，三詩，四禮，五樂，六春秋，七天文，八地理，九算術，十説文，統名十學薪傳。乾隆戊辰，新建呂泰青陽甫自序。」

〔二二〕述庵集：收入春融堂集卷六，凡古今體詩一百二十首。

〔二三〕纂修官：通鑑輯覽，即指御批歷代通鑑輯覽，凡一百二十卷，王昶爲該書編纂提調官。

〔二四〕十月：據春融堂集卷七九月杪移居教子衚衕詩，當作「九月」。

〔二五〕八絶句：即九月杪移居教子衚衕組詩八首。

〔二六〕同文志：即清傅恒等奉敕纂修欽定西域同文志，凡二十四卷，有四庫全書本、乾隆二十八年（一七六三）内府刻本等。

〔二七〕西陵扈從記：未見。

〔二八〕五卷：蓋「四卷」之訛。陳士強大藏經總目提要文史藏：「開元釋教録略出，四卷。唐智升撰。載於宋藏「英」函、元藏「英」函、明南藏「禪」函、明北藏「輕」函、清藏「俊」函、頻伽藏「結」帙，收入大正藏第五十五卷。」

〔二九〕辨僞録六卷：全名大元至元辨僞録，傳世元刻本爲五卷。

〔三〇〕製序讚文：書名或作大明太宗文皇帝御製序讚文一卷，見大藏經總目提要文史藏經録部；或作大明太宗文皇帝御製序讚文十篇，見康熙元年（一六六二）楞嚴寺般若堂刻徑山藏本、沈乃文明別集叢刊第一輯等。

〔三一〕蒲褐山房集：收入春融堂集卷七、卷八，凡古今體詩二百二十九首。

〔三二〕聞思精舍集：收入春融堂集卷九，凡古今體詩一百四十七首。

〔三三〕罷職：王昶恤贈光禄寺少卿户部主事趙君墓志銘云：『戊子秋，侍講學士紀昀、中書舍人徐步雲，洩兩淮鹽運使盧見曾事，君與余牽連得罪。』

〔三四〕饑者歌食勞者歌事：據文選卷十六潘安仁閒居賦與卷二十二謝混遊西池註，參以初學記卷十五歌第四及太平御覽卷五百七十三所引，蓋出自韓詩伐木序。

〔三五〕勞歌集：即勞歌集戊子，收入春融堂集卷十，凡古今體詩一百四十六首。

〔三六〕乞降：王昶征緬紀聞：『初九日，抵暮，賊復以書來，求息兵，其詞稍遜。……初十日，傅公檄其頭目，言「欲息兵，當遣人面議」。……十一日，猛駁聞新街之敗，且知老官屯圍久，傷死者多，乃奉書囊，以紅毯封以紫膠，譯云：「内外有界，緬未敢侵天朝尺地，何以屢見征伐？往年遣人持書議款，久之未報。今又圍老官屯，未審欲如古行事，抑欲戰耶？」蓋求款也。……十三日，檄告猛駁。……十四日，緬人出見。……十五日，撤西岸兵。……二十一日，阿公盡撤老官屯之兵。』

〔三七〕懵駁：征緬紀聞作『猛駁』。

〔三八〕三卷：傳世刻本作一卷。有嘉慶十三年（一八〇八）王氏塾南書舍本、昭代叢書本、光緒申報館鉛印本等。

〔三九〕三卷：傳世刻本作一卷。有嘉慶十三年（一八〇八）王氏塾南書舍本、昭代叢書本、光緒申報館鉛印本、宣統三年（一九一一）鉛印本等。

〔四〇〕辦事：高宗純皇帝實録『乾隆三十六年十月丙子』條：『諭據温福奏「革職郎中王昶、中書趙文哲，在滇省軍營，自備資斧效力，已滿三年，今派令隨赴四川辦事，懇量予加恩」等語，王昶著賞給主事，趙文哲著賞給内閣中書，隨往四川辦事。所有應得分例，准其支食。』

〔四一〕十五日……日耳寨：此處所述時間似誤。據王昶蜀徼紀聞所記，克斑爛山在十七日。又十五日載記，董天弼等率軍於十四日攻占達圍，十八日，大軍遂『由日隆行三十里至木耳占寨……又三十里，抵達圍』。『二十三日，入達圍寨』。二十五日，『攻四道灣（自注：一作斯當安，距日爾寨五里。）碉，不克』。到二十八日敵軍才『棄碉走』。『二十九日，大軍抵日耳寨』。

〔四二〕四卷：傳世刻本作一卷。有嘉慶十三年（一八〇八）王氏塾南書舍本、昭代叢書本、小方壺齋輿地叢鈔本、古今説部叢書本、光緒

申報館鉛印本、宣統三年(一九一一)鉛印本等。

〔四三〕築卡：蜀徼紀聞乾隆三十七年二月十二日，『時五公令參領巴延泰自木拉底斯巔以次築卡傳山下，凡十卡，思絶賊來路』。

〔四四〕勞歌集：即勞歌集癸巳、甲午、乙未，收入春融堂集卷十四，凡古今體詩六十三首。

〔四五〕二十九日：誤。據高宗純皇帝實録乾隆四十一年四月下載作：『丙寅，獻金川俘馘於廟、社。』平定兩金川方略卷一百三十五、清史稿高宗本紀所記時間同。丙寅乃四月二十五日。

〔四六〕五月初一日：誤。高宗純皇帝實録乾隆四十一年四月下一〇〇七卷云：『己巳，行受俘禮。……上御瀛臺。親鞫俘囚索諾木等罪狀。命刑部將索諾木、莎羅奔岡達克、索諾木彭楚克、甲爾瓦沃雜爾、山塔爾薩木坦皆寸磔。梟索諾木等。并懸僧格桑首於市。上御紫光閣，行飲至禮，賜將軍阿桂、副將軍豐昇額等卮酒；成功將士并王公大臣咸入宴。』平定兩金川方略卷一百三十五、清史稿高宗本紀所記時間同。己巳乃四月二十八日。

〔四七〕四裔之樂：清史稿志七十六：『四裔樂舞：東曰瓦爾喀，曰朝鮮，北曰蒙古，西曰回，曰番，曰廓爾喀，南曰緬甸，曰安南，皆同列於宴樂之末。』

〔四八〕吏部郎中王昶……行走：高宗純皇帝實録乾隆四十一年五月『乙亥諭』作：『吏部郎中王昶，在軍營出力年久，頗著勤勞，著恩升授鴻臚寺卿，並賞戴花翎，仍在軍機處司員上行走。』

〔四九〕金川方略：即平定兩金川方略一百三十六卷、紀略一卷、藝文八卷、首八卷，舒赫德、阿桂等奉旨纂修，王昶爲漢總纂官之一。有嘉慶五年(一八〇〇)内府刻本及四庫全書本。

〔五〇〕纂：底本訛作『修』，今據平定兩金川方略職名校改。

〔五一〕虞道園詞：虞集風入松寄柯敬仲詞：『畫堂紅袖倚清酣，華髮不勝簪。幾回晚值金鑾殿，東風軟，花裏停驂。書詔許傳宫燭，輕羅初試朝衫。　御溝冰泮水挼藍，飛燕語呢喃。重重簾幕寒猶在，憑誰寄，銀字泥緘。爲報先生歸也，杏花春雨江南。』

〔五二〕總修：王大文文獻編纂與『大一統』觀念：大清一統志研究一書關於乾隆續修本之編修人員名單中未見王昶，不知何故。

〔五三〕淇谷：即莊谷，清代文獻學家孔繼涵之號。

〔五四〕竹爐：乃明人王紱所製，且有竹爐煮茶圖傳世。圖毀於乾隆四十四年一場火災，故王昶竹爐記僅言乾隆十七年壬申（一七五二）春於僧舍觀爐賞畫，其述本次之遊則僅有爐而未及畫。乾隆庚子（一七八〇）仲春，董誥奉御旨作復竹爐煮茶圖。咸豐十年爐與圖皆失於戰火。詳見顧賡良惠山聽松庵竹爐志。

〔五五〕太初三統術：未見傳本。

〔五六〕諸篇：蓋指汪中集中周公居東證。

〔五七〕擬白居易新樂府：全名御製擬白居易新樂府，不分卷，清乾隆帝撰。有乾隆四十四年（一七七九）于敏中等寫刻本。

〔五八〕西安按察使：指陝西按察使。

〔五九〕適秦日録：未見。

〔六〇〕琴畫樓詞鈔：凡二十五卷，王昶纂輯。有乾隆四十三年（一七七八）三泖漁莊刻本。

述庵先生年譜下

四十九年甲辰(一七八四),六十一歲。

上年十月二十五日,榮婦王恭人粹卿歿,至是得家報,先生哭之慟。

四月,聞甘肅固原屬鹽茶廳回人田五阿渾,倡復新教,糾衆攻破西安州土堡,海城小山回賊附之。回人最尊者曰『罕其』,次『阿渾』,蓋通經典,主教之稱也。總督李公侍堯、提督剛君塔,由八百里具奏。

十九日,奉旨以西安州距陝西長武六站,恐回人竄入陝境,命往禦之。

二十日秋,讞畢遂行。

二十二日,至長武。

長武有都司一員,兵一百三十名爲提督調去,存三十名,又益以宜君兵五十名,合參將孫受兵四十二名,共一百二十名; 而長武之通甘肅者有七路,各以兵役數人守之。李公已赴鹽茶,游擊高人傑督兵截殺,田五自戕死。

二十三日,提督與賊餘黨張文慶等戰於浪山,賊走會寧。

時孫受所領兵與宜君兵復被提督調往長武,勢益單。又聞賊由打喇池、狼山口走安定之官川。其地爲前回人馬明心所居,新教回人最多處也。賊由此而東南,勢張甚。先生以爲,甘、陝相通路徑,長武

最要，鳳翔、隴州次之。總兵三君德從興安率兵至鳳翔，巡撫屬其在隴州駐守，而長武至隴州，當由邠、乾東折而南，計七站。若由長武而南，逕靈臺縣之獨店、麟游之天堂鎮寶峪山，逕鳳翔至隴州，計程一二百里，一日可達。乃令各縣量設驛馬，於是隴州之信，朝夕相通矣。長武兵除分守隘路外，四城門及監獄、倉庫皆需撥兵防守。又運送軍須，兵無可用，乃借兵於三君，得兵二百，令通判黄秉哲率領以來，殺牛享之，分撥城内外，聲勢稍壯，民心乃安。

五月初五日，賊從官川徑瓦岔，擾車黄寨。

初六日，搶西鞏驛馬。

初七日，搶義岡川。

初八日，擾魏岔。又自馬家堡翻山走安定。典史費元登遇賊，死於是。石峰堡賊附之，破通渭，典史温模自縊死。在籍知縣李南暉率子弟巷戰，皆遇害。初九日，掠蔡家堡。

十一日，明副都統善、孫參將以滿漢兵一千七百人〔一〕住高廟山擊賊。賊佯退，伺官兵稍懈，四面緣山而上，明、孫戰歿〔二〕，亡者數百人。

賊烽距長武不及三百里，事亟，先生乃試炮巡城，爲防禦計；數堞以分人，因人以料物；籍城外民强壯者，識其名，如有急，入城協守；凡刀矛、銅鐵、炮石、燈燭、油米之類悉具，民恃以無恐。邠、乾、永壽皆鑿塹填門，而長武民出入往來自若也。聞石峰賊欲由秦安之蓮花城進擾隴州，提督與將軍傅公玉，分駐鹿鹿、黑風兩山。

十七日，賊一走秦州，掠官子鎮；一走伏羌縣。

十九日，圍縣城，知縣楊君蓉裳悉力固守。

先是，李公追賊，輒尾賊行。至是，屢得嚴旨，乃以二十二日會三君兵擊賊於北山梁。三君力戰破之，伏羌圍解。二十四日，賊上鎖子峽，走蓮花城，分竄静寧、水落城及底店、石峰堡；而上已命大學士阿公、户部尚書福公康安、領侍衛内大臣都統海侯蘭察，領京兵從山西來，工部尚書信勇復公興領兵從河南來。

福公以六月初五日過長武，馳抵隆德，以李公械送京。將軍莽古賚統寧夏兵一千，阿拉善王旺親班巴爾統蒙古兵一千五百，皆會隆德。

十一日，先剿底店之賊。

自辰至酉，殺賊三百餘人，賊首馬文熹率衆降。

十五日，四川將軍義烈公保寧，統屯練亦至，大軍進逼石峰堡。

考石峰堡，即唐書吐蕃之『石城』。明成化四年，滿俊據此作亂，項襄毅忠列兵圍之，其將出没被擒，俊乃降。先生詢西安人曹光芳等，亦云『此堡離通渭城五十里，登鹿鹿山望之，一切了了可見。其地四面峭壁，一線螺旋。上多土窑石洞，賊匿其間』云。

十七日，阿公過長武。

二十一日，臨石峰堡，督諸軍攻剿。又相山址要處，築卡斷其水道。

七月初四日，堡内投出婦女一千五百餘名。至夜，賊欲突圍走，海侯覺之，率兵邀截，射殪者無算。

初五日，破其堡，阿渾張文慶、李可魁、馬四娃等皆就擒，餘黨逃逸者悉搜捕誅之。時聞敷君倫泰將踵三君赴甘肅，調太原總兵富君敏泰代之。先生恐其未習地利，遂由靈臺赴鳳翔，過汧陽，乘便鞫事。從隴州出長寧驛，與敷君相見，且閲各要隘形勢，復歸長武。李公械至刑部，論斬下獄；提督革職，發伊犁；阿渾等皆磔於市。

是役也，自陝省緑營駐防五千名之外，調晋省兵二千名、京兵二千名，絡繹過長武，需車輛馬騾約以萬計；又銀錢、火藥、鎗炮、軍裝駝載者又以千計。危如碁累，紛如蝟集，而先生不攜胥吏，不藉賓僚，飛書草檄，咄嗟立辦，暨乎班師竣事，無一舛錯遺誤者。奏上，輒奉旨嘉許，並議叙加二級。

程魚門編修自都來訪，六月抵西安。先生未及見，以詩迎之。未幾，卒於巡撫署。

方事之殷也，尚與蓉裳遥相倡和，所過邠、岐、汧、隴，以詩紀其風土。又以長武學廢，兩廡圮，栗主久失，乃出俸錢，率署邠州知州張曾育、長武縣知縣樊士鋒修之，子衿奮踴輸助，閲兩月而成。斵石以記其顛末。

五十年乙巳（一七八五），六十二歲。

在西安時，畢公被旨陛見，以正月初十日起程。布政使圖公薩布署巡撫事，先生署布政使事。

二月十七日，得旨，畢公調河南巡撫，何公裕成調撫陝西。

三月，何公至西安，先生仍回本任。

先是，城南興善寺，隋時古刹也，前有轉輪殿，庋藏經，歷久傾圮。先生集衆願修之，並勒文以紀其

略。又畢公修西郊大崇仁寺，並起五百羅漢堂，屬文爲記，令嘉定汪貢生照以隸書書之而勒諸石。

十月，得旨何公調撫江西，以貴州巡撫永公保代之。圖君奉旨陛見。先生仍署布政使，迄十二月謝事。

十二月十九日，祀蘇文忠公於廉讓堂，陪祀者十餘人，作詩記之，以公曾仕鳳翔通判也。

嘉興張孝廉誠來謁。孝廉喜爲五岳游，蓋徐霞客之流亞云。

是年八月，黃孺人病殁。

五十一年丙午（一七八六），六十三歲。

先是，壬寅歲先生修青浦縣志，稿存篋中，攜之西安。至是二月志成，屬吴江史君詠芬善長賫送巡撫閔公，使縣令刻之。又因各省刑名皆有省例，蓋舉部駁之案及條例之異常者，纂輯成帙，以備稽考，西安獨無，遂飭吏胥，盡發數十年舊案，編成五十卷〔三〕，刻藏於署。

四月，圖公授湖北巡撫，湖南布政使秦君承恩調補陝西，先生復署事。

六月，秦君至西安。

閏〔四〕七月，河南伊陽縣民秦國棟等三十餘人戕知縣孫岳灝而逸，畢公搜捕不獲，因奏言：『伊陽壤接湖、陝，恐由熊耳諸山逃入商洛、鄖西諸處。』得旨派往督緝。

於是先赴商州，以商州龍駒寨下接河南淅川，爲商民販買水陸要路，檄州同李景蓮派兵役邏之。

八月初二日〔五〕，奉旨授雲南布政使，仍令督捕事竣入都陛見。

乃遍歷雒南、山陽，由曼川關下漢江，過湖北鄖西，抵白河、洵陽，還至鎮安，責令各府、州、縣及參將、游擊、都司等，分路搜捕；設兵役於關隘，以稽出入；詰保甲於村落，以杜隱匿。時直隸大名府民段文經、徐克展等，亦聚衆爲八卦教，戕其巡道熊恩紱，上並命督率搜捕。乃還至潼關，沿河而北，歷朝邑、郃陽、韓城，審視各渡口，亦分派丞弁督兵役稽之。

九月，景蓮及商州游擊張濯、山陽縣知縣孫烈，先後獲秦國棟及其子弟餘黨，解京師，屢得優旨，命即入陛見。

因撰商洛行程記一卷。

十月，啟行。

過華陰，游玉泉院、雲臺觀。欲登蓮華峰至青柯坪，微雪，罡風大作，不果行。至蒲州，景君安方爲山西河東道，出深省堂詩集屬爲序〔六〕。蓋兵部郎中富君森布子，富君與先生善，故執禮甚恭。

十一月十七日，詣闕。召見，詢問歷來軍機密事及前于文襄公當國狀。又奏：『因肝氣不和，精神疲憊，請改京職。』上垂問所服何藥，一一奏對，温旨不許，乃陛辭。

是時，翁振三宫詹、曹來殷學士、陸健男大理，皆奉使督學，都門無復有詩酒之會矣。

二十五日，出京。

經汴梁，謁畢公，置酒觀劇。遇洪君稚存、徐君友竹，款語移時而別。

除夕，抵荆門州建陽驛。

連日大雪，西北風呼湧，途中寒甚。

五十二年丁未（一七八七），六十四歲。

正月朔，抵荆州。初七日，過常德。

提督俞君金鼇，舊識也。門人沈世燾，以雲南迤南道俸滿入都至此，遂同飲於俞君署乃别。

三十日，過貴陽。

巡撫李公慶棻率司道迎，餞於雪厓洞。明日行。

二月初七日，入平彝境。

十三日，至省城。總督富公綱、巡撫譚公尚忠同司道來迎，遂抵任。

著重游滇詔紀程一卷。

滇省銅政最繁，爲廠大小四十有八，每歲須京銅六百三十三萬斤有奇，九省採買銅一百四十二萬斤有奇，寶雲、東川二局鑄錢銅七十六萬斤有奇，而其他補運者又須數十萬斤，以是案牘最繁，皆當鈎摘稽考。先生昧爽而興，至篝燈，批飭猶未竟也。又以滇省産銅，雍正年間鑄錢以運京，運至湖北之漢口鎮，再運京師，後乃由各廠分兩路，水陸以達四川瀘州，復由瀘州下江入運河以抵通州，規條數改，參差錯互，其各省採買漸次加增之故，案牘亦缺失。自運用滇銅來，其停減採買洋銅價值及鑄錢餘息共計增帑至千餘萬兩。且開採既久，硐老山空，鑛質多麤雜以砂石，陶冶有須十數番者。加以入山深則米販遠，鍛煉久則取柴難；自滇及蜀，步步皆蠶叢鳥道，夏暑雨，冬積雪，及瘴癘起，皆不可行；農忙少牛馬，亦不可行，運價日貴。司事頗憂不繼，而莫能推其顛末。先生盡發故籍，作銅政全書〔七〕五十卷，然後補

拯之方暨調劑之術，可考而知矣。

時寧洱令揚州蕭霖工詩，太和令江西杜鈞工篆書、嗜碑版，因得段氏平定南詔碑文，又得安寧唐王仁求墓碑，遂屬知州董傑封其墓，爲文記之。又屬保山令王彝象修楊文憲公慎祠於永昌牂牱僻處。西陲士人弇陋，四方知名之士罕有來游者，惟鍾祥余君元亭慶長頗知亭林之學，尤邃於尚書，主五華書院，及其弟璟度慶遠，俱爲文字交；而昆明諸生陸藝、陸藻弟兄能詩畫，安徽潁上縣知縣陳絅齋文燦，楚雄縣人，故門生也，能詩，常以所作請正焉。布政使署中舊貯御纂七經，乃陳文勤公宏謀爲使時所刻；又有朱子全書、近思録，藏版既久，多缺爛，先生補刊印行之，分置各府、州、縣，使諸生時習之。滇省號佛地，而釋教衰微，罔知戒律。屬歸化寺戒僧本立，以十月開戒，遠近至者三百四十五人，刻爲大悲壇同戒録。

是年，門人孫君淵如以第二人及第；而曹學士來殷卒於廣東學政任，嚴東有侍讀卒於廬江書院，先生爲詩弔之。

五十三年戊申（一七八八），六十五歲。

先是，省城五華書院爲鄂文端公爾泰所創，公殁，祀其中。至是久廢，先生乃新栗主，祔以楊文定公名時、尹文端公繼善、陳文勤公宏謀、李恭毅公湖、明公瑞〔八〕。五公皆雲南總督、巡撫，清名厚德，譽望最隆。明公清廉英鋭，殉節緬中，而國子監司業王公太岳，前任布政使，於銅政有功，並祀之，以從士民之望。

二月次丁，率府、縣及書院諸生致祭。作七賢祠碑〔九〕文，使安寧州學生劉璿分書以置於壁。

時騰越州城工修竣年餘，乃奏往勘驗，以三月初二日行，沿途望雨，禁屠宰，先生亦齋戒，傔從皆不得食魚肉。每過州縣，晨起步禱龍神、城隍諸祠。至廣通，得微雨，自是霢霂不絶。

［三月］初八日，得旨授江西布政使〔一〇〕。

與李君承鄴對調。以年老多病，且距江蘇本籍較遠，恐水土不宜，故有是命，聖恩體恤之至意也。

及抵下關，聞緬甸因耿馬土司來請入貢，遂往大理。

偕提督烏君大經、迤西道楊君以湲詢狀，使具言緬酋孟隕輸誠屬實，乃奏記於總督，請入奏。

明日，赴騰越。閲城畢，總兵劉君之仁置酒於大樹園。

園屋無多，前後有竹數萬挺，大樹數百株，濃陰清樾，爲州縣公讌之地。

明日，還至下關。雨益甚。以四月十四日回省。

六月初一日，李君至。

十二日，啟行。

父老香花杯酒走送者，自城闉至鷓鴣哨、興福寺二十餘里不絶。

十九日，出雲南境，至貴州。

七月初九日，出貴州境。

十七日，抵常德。

提督俞君云：『初十日，江水潰荆州萬城堤，澧州以下浩漫不可行，宜由龍陽出長沙，過岳州，取道

武昌。』乃如其言。

二十一日，至長沙。

鴻臚寺少卿羅君徽五典方主嶽麓書院，來見，請往游焉。少卿出所註詩、易，頗有新意。

二十七日，過岳州府。

上岳陽樓。樓久不修，岸將圮。張文敏公所書范文正公樓記在屏上，重刻亦失真。振衣盼望，舉杯獨酌，蒼茫數萬頃，君山、艑山如在几案。北望湖水，清黄各半，蓋江水侵溢之故。已而岳常澧道臧君榮青及府、縣皆至，招飲，示近日所産白烏，朱眸雪羽，瑞徵也。

八月初四日，抵武昌。

總督、巡撫及兩司以勘災故俱不在，學使吴泉之來迎。城中水深三四尺許，而漢口亦被淹。寓江漢書院，院長，門人楊西和倫也。史誦芬亦至，明日同登黄鶴樓。樓傑麗深靚，塑仙人乘鶴吹笛像，脩然出塵，勝岳陽遠甚。住兩日，雇騾行。

九月十一日，至熱河。

召見，詢荆州水决情形，奏言據連次所問，『今年各省暑雨過多，江既盛漲，而漢口及洞庭、彭蠡兩湖水皆入江以截，江流下壅而上潰，故至此』。上頷之。既而奏請京職如前時。上以十二日回鑾，遂命隨行。

十六日，至遥亭〔一一〕。

復召見，上諭以『人材難得，速赴〔一二〕新任』。

十九日，回京。

二十一日，出彰義門。

十月初五日，渡運河，抵徐州。

見族子叔華教授元勳，以李願石幢〔一三〕揭本相示。

十二日，渡江。見總督書公麟。是夕，寓秦淮。

嘉興王若農尚玨及江寧教授錢溉亭塘來。若農，蓋惺庵子也，遂留飲。

二十三日，入江西境。

二十四日，過東林寺。

頹廢殆盡，唯三笑堂存。白蓮池亦淤爲田。殘僧三四，問以遠公及蓮社高賢，不知爲誰某；問以浄土，不知是何法門也。

二十八日，至省城任事。

著雪鴻再録二卷〔一四〕。會是秋江湖水溢，近江十五縣頗被淹。前署布政使額君勒春，先已查核被災分數及貧户等差入報，奉旨賑恤。先生由水路覆勘之，所過堤堰衝塌及田畝爲沙所壓積者，皆親自履驗。由南昌、新建，歷餘干、萬年、都昌、建昌、德安等縣，召災民詢以所得銀米若干，務與册符。又見老弱孤寡，輒撫慰之。

十二月十四日，過星子。

登開先寺，上黄巖，殘冬寒沍，無瀑布。還宿棲賢。

十五日，入白鹿洞書院。

祭文公祠。招生徒而勸勉以正學。晚至歸宗寺，觀右軍墨池，摸廊間董文敏各石刻。

十七日，回署。

五十四年己酉（一七八九），六十六歲。

在南昌。有友教書院，屋滲漏不可居，先生新之。又修宋蘇雲卿祠於東湖上。

二月二十四日，得旨授刑部右侍郎。

先是，高安朱文端公軾萃『二十一史』中名臣、儒林、循吏爲三録〔一五〕，刊成未及頒行，先生因其可以勵世，出俸金，屬高安知縣小門生張古餘敦仁印數百部。及是命下，乃舉以贈總督書公，屬其分給州縣，冀稍有裨於吏治。先生頻歲馳驅南北，旅費既多，署布政使額君助之，始得辦裝，乃以初五日啟程。

二十八日，抵京師。詣宮門謝恩，召見，奏對稱旨。

時京城買宅甚貴，糧道陳嵩山蘭森爲大學士桂林陳文勤公孫，云有故第在內城勾闌衚衕可居，遂寓焉。

閏五月初五日，上幸熱河，先生從。

八月上丁，祭聖廟。命祀啟聖殿，又屢命和詩。

賜紗緞果蓏甚夥；又賜詩經樂譜〔一六〕、御題『春鳩』墨刻、御題五福五代堂記〔一七〕。

二十一日，旋京。同大學士、九卿、詹事、科道秋讞。

十月,命同磨勘各省鄉試中式卷。

十一月初五日,直隸新安縣民劉巨川控總甲等於被災賑濟及借常平倉穀均有勒索,命偕倉場侍郎蘇公淩阿往按之。

二十三日,勘畢還。

按察使富宜善來新安,以其父傅勤公顯行狀求爲神道碑,時同里沈惟吉明經廷枚、張書堂秀才拱,先後入都,來下榻。

五十五年庚戌(一七九〇),六十七歲。

是年,聖壽八旬。

正月元日,筵宴於保和殿,恩詔頒布天下。將謁闕里,告成於岱宗。

二月初八日,啟蹕,先生從。

先謁東陵,次謁四陵。禮成,遂由秋瀾行至德州。同直隸、山東諸大吏,賜宴,觀雜劇、角觝如常儀。

三月望日,上臨曲阜,親詣聖廟行禮。命分獻孟子,又命祭少昊陵,顏子墓,仲子、任子祠。

過濟寧,見黄小松司馬易暨布衣李鐵橋東琪,兩人皆深於金石,盡發其所藏碑版摩挲之。途中賜和御製詩三十餘首。同扈蹕者爲翁振三閣學、禮部侍郎鐵冶亭保,酬唱殆無虚日。

還至青縣司馬莊,會高郵州典史陳倚道密揭是州書吏假印重徵詳報布政及巡撫不辦狀。上遣兵部尚書慶公桂同先生往鞫,乃偕刑部員外郎許君秋巖兆椿行。

三月十六日，至高郵。

會總督書公同鞫，而書公先已獨訊，且奏所揭屬誣。上以『不俟欽差，明有專擅袒庇』，褫其翎頂。已而慶公等勘得重徵實情，下知州吴琠於獄，並劾揚州府知府，罷之。尋得旨令逮閔巡撫鶚元。行至紅花埠，復奉旨勅訊康布政基田，並案逮治。慶公偕巡撫北行，先生獨往江寧，訊畢其袒庇情形，一一如上所指。

時姚君姬傳鼐來晤，方主鍾山書院。嚴東有子觀亦來謁。觀字子進，殫心地理，所補元和郡縣志〔一八〕，簡而能該。先是，趙君雲松從揚州安定書院來訪，古懽重見，皆可喜也。

四月初六日，遵旨帶同康君取道江浦以行。

五月二十八日，抵熱河。

召見於避暑山莊，詢問江南吏治，對以『各督撫皆務爲安静，而州縣貪戾不法，輒相容隱，因以致此』。上頷之。下其事於刑部，分别治罪，而總督亦罷職來京。

七月二十八日，聖駕自熱河還，迎蹕於密雲。

三十日〔一九〕，適湖南湘鄉縣民童高門控書吏收漕折色各款，上命同兵部侍郎吉公有堂慶馳驛鞫之，遂率兵部員外郎丁琴泉雲錦及許君秋巖啟行。

時萬壽届期，萬方送喜，自内外四十八旗、喀爾喀蒙古之外，西藏大喇嘛哲卜尊丹巴呼圖克圖、噶爾丹錫(抒)埒呼圖克圖，安南國王，朝鮮南掌，緬甸陪臣，哈薩克使臣，金川、甘肅諸土司，臺灣生番，巴勒布番人，咸來祝釐獻賮。先生將出都，梁元穎侍講、錢曉徵少詹亦以慶典赴京相晤，絮語移時。

八月十三日，宿新鄉。晨起，望闕行禮〔二〇〕。

月杪,抵長沙。

九月,由水路赴湘鄉。

十月初七日〔二一〕,奉旨令審湖北應城縣武生李杜控倉書科派買穀,又斂錢買馬、折收草費各款。遂發摺起行,與吉公渡湘水。

十四日〔二二〕,至武昌。

十六日,得旨以江陵縣民趙學三控書吏何良弼等包攬方家淵堤工偷減土方,復命鞫之。赴荆州,乃拜摺具言先往德安,再赴江陵。

閲江堤,大江自宜都西來,入荆州境,其上兩山束之,堤自萬城始。乾隆五十三年夏秋多雨,如漢、沔、洞庭、彭蠡皆漲,争入江以截江趨海之勢,於是江水勝溢,齧江陵,堤决二十二處,衝西門入,從北門出,漂軍民、壞房署無算。上移畢公爲湖廣總督,發帑五十萬兩修之;又命大學士阿公督辦。公相度形勢,江岸南高北下,而近南岸有窖金洲,長七八里,寬二三里,江至此不得展拓,故涌而潰。遂於北岸楊林洲、黑窰廠、觀音寺築三石磯,挑水循南岸行,以刷窖金洲,且悉犁其蘆荻,去其根結。今洲勢日削,已著成效。若數年後,洲汕盡則水不北侵,府城可永固矣。然聞居民言,五十四年夏間江漲,距堤面止二三尺許。或謂四川、陝西、湖北山木叢密處,多墾爲種包穀地,遇雨,浮沙隨水下於江,江雖深,日久漸淤,是以水勢年增,别無上策,惟高築堤以資扞衛耳。閲三磯竟,又三十里至方家淵。按故册丈量無減少,其殘損處應賠補者,屬知府張方理任之,民始悦。

十一月〔二三〕十五日,閲郝穴堤。

江自萬城至此，凡兩曲。其間如祁家淵堤，爲水所刷，土時時墮水中，亦不可不亟修也。觀音寺後有陀羅尼經幢，元至正六年，都水使者賽音不花造，以畏吾兒字書。因江形至此如象鼻，仗大雄力以爲控制。

二十八日，荆州堤工訊畢，發摺。

二十九日〔二四〕，渡江。

又命訊湖南永明縣民蒲太圻控告賄買武童等事〔二五〕。又得旨長沙民王澤遠告知縣勒買常平倉穀，命往鞫之〔二六〕。

雨雪連旬，小除始微霽。除夕，同吉公及丁、許兩君小集，皆有詩。

是年，以恩詔晋封三代皆光禄大夫，妣皆晋一品夫人，先生暨鄒夫人亦封一品。

五十六年辛亥（一七九一），六十八歲。

正月初一日寅刻，率曹郎於寓次望闕行賀元旦禮。

初三日，王澤遠案審畢，繕摺奏聞。

時蓬心來晤，年七十餘，精力愈健，諧謔間出。其近畫清蒼簡遠，直宗北苑，故能獨出冠時。爲先生作雲棲教觀圖〔二七〕。

十六日，蒲太圻永明案審畢，發摺行。

入楚來，命鞫四案，分别奏上，勅部核議，均如所擬，奉旨允行。

十九日，過常德。

時城外方有花貓堤之役。蓋沅江合九溪之水下注，常德府城正坐灣處，逢盛漲，水與堤平。畢公請帑二萬三千兩，築石櫃以禦之。櫃即江陵所謂石磯、黄河所謂攔水壩也。櫃形三角，沅水從西南來，有櫃以抵其衝，則水迤邐而南，刷去停沙，東北入於洞庭，府城北面可以安堵。明日，遂往觀之。

二十四日〔二八〕，抵荆州。

覆勘方家淵堤工，尚未修補，乃以知府張方理草率揑飾具奏，落其職。

二月初二日，過南陽臥龍岡。

謁諸葛忠武侯草廬，有三顧堂故蹟，前巨碑二，刻前後出師表，字頗雄渾。其旁楓、柏，亦數百年物。

初八日，抵衛輝〔二九〕。復讞蒲太圻控一款上之。

十九日，至海澱。

二十日，召見。

［詢問］『奉旨詢問所讞諸案是否無冤』，奏『各處皆有奸民，然有司啟之，胥吏釀成之，亦不能薄其罪也』，上以爲然。又以出使頗久，令回休息，蓋蒙聖慈體恤如此。

著使楚叢譚一卷。

先是庚戌歲，恭遇聖壽八旬，停止勾决。至辛亥，以一年辦兩年案牘，入秋審者一千七百餘人，爰書繁重，每日自進署外，歸則勾稽比擬，輒至夜分，凡百餘日始畢。八月十八日至二十四日，會大學士、九卿、詹事及各科道，會勘於天安門外金水橋南朝房，乃進本。自八月二十一日始，迄九月十二日進畢，乃

候勾到，在行在勾六次，在朝勾八次，十一月十二日始竣事焉。

時鐵冶亭侍郎、玉闐風閣學保、李鳧塘編修驥元、阮伯元詹事元、王懷祖侍御念孫及子伯申引之，咸在京師，文酒之會，不減曩昔。

冬至，得寒疾，歲暮而痊。

五十七年壬子(一七九二)，六十九歲。

上幸山西五臺，以三月初八日啟鑾，先生從。

十二日，由良格莊詣泰寧山。謁泰陵。禮畢，又謁泰西陵如前儀。

十七日，至王快。

路漸高，四圍山勢益峻，層巒疊嶂，尚有積雪。

二十日，過龍泉關，上長城嶺。

雉堞參差，先生跋馬而上，石徑詰曲，俯臨絶壑。凡十五里上嶺，而下是爲山西境矣。

二十一日，駐白雲寺。

二十二日，駐菩薩頂。

五臺，梵經謂文殊師利法王子道場，一名曼殊舍利。唐清涼國師澄觀著華嚴疏鈔於此。元時番僧始來居之，故山中喇嘛最多。近日章嘉胡圖克圖寂後，亦昇其龕塔於鎮海寺。喇嘛傳宗喀巴教，以衣黃者爲

正，山中寺院崇麗者率爲所居，其餘則謂之青衣僧。然孤巖斷磵，敻遠幽絶，未必非阿羅漢所棲止也。

二十九日，還過長城嶺。

四月初六日，駐蹕真定。

知府邱君學勤，舊相識也。出百十二家古墨見示，皆明中葉及國初名人所製者。

十六日，回京師。

著臺懷隨筆一卷〔三〇〕。

八月，順天鄉試。上命吏部尚書諸城劉公墉充主考，先生偕瑚和菴詹事圖禮副之，得聶亮采等二百三十三人。

五十八年癸丑〔一七九三〕，七十歲。

時上將幸盤山，派扈蹕。

三月啟鑾，至十三日上幸天成、殊像、萬松、東西甘澗諸名勝畢。

十五日，各省奏刑名事五件，奉旨均令速議。

大學士等以爲明日始能奏上，先生一日皆具摺奏進。上深嘉之，賜食。

明日，召見，因奏『松江近海地卑，離家十年餘，墳墓間有坍塌，乞照例歸省修葺』，上允之。

四月初一日，由陸路行。

二十七日，過揚州。薄暮，抵瓜步，出大江，先上金山宿望江樓。

午夜起視，江昏月晦，隱約漁舟數點而已。晨起飯畢，放櫂過焦山，甫至廊下，清風脩脩，叢竹戛擊有聲。已而住持慧超達瑛出迎，以詩見示，頗清俊。飯罷，往三詔洞。有焦先坐像，烏紗金紫，不復作山人裝，可一笑爾。還至松寥閣上。長江東瀉，與海歕欲，夕陽照之，碎金萬點，亦先生前此所未見也。宿閣上。三更雲霧，一無所見，惟聞枯槎老鶻時拍拍有聲。蓋不至此者，三十七年矣。

明晨，回京口。

見教諭劉君端臨台拱。

過常州。

上檥舟亭，拜蘇文忠公像。下舟，適總督書公從蘇州秋審歸，過船款語。

五月初二日，抵蘇州。

巡撫奇公豐額帥屬來請聖安，遂徧拜之。

是夕雨甚，土人云：『自二月中至此，未嘗晴也。』

翌日，雨中赴硯山，祭曾祖光禄公墓。松楸葱鬱，雲煙窈冥，徘徊久之。回珠街里祭祠。詣雪葭灣，祭祖考墓，以封一品光禄大夫，焚黄致告。墓生芝一本，色微黄，其大逾於掌。

時江浙諸郡名士以詩就正，舟航錯互，履滿户外。

八月間，瘧作，兩閲月始已。

適錢曉徵少詹過訪，留宿蒲褐山房。明晨，招圓津禪院僧慧照覺銘，放舟至佘山，並招汪書年及張晦堂興載、遠春興鏞，飯於知止山莊。又往千山，登周氏來雨樓，爲門人周仲育秀才厚堉藏賜書處，而仲

育殁已七年，爲之悄然。次日，還過慧照清華閣始别。

先生輯青浦詩傳，自機、雲以下至於近時女士、方外，悉爲甄録，共三十六卷。

先生以體尚委頓，欲遲明春北上，而上從熱河還，召見大臣，垂詢王昶何以未來輦下，諸公飛札具告，謂當尅日就道，而司寇胡公季堂促之尤力，遂以冬至日行。

二十二日，過無錫。

正值七十壽辰，蓉湖浩蕩，垂垂欲雪，買惠泉酒對山獨酌，慶者絶跡，自以爲得未曾有。自念年已七十，宜懸車，然聖壽八十有三，天行之健，自强不息，且九列中年七十以上者凡十餘人，咸恪恭震動，陳力趨事，不宜循古禮爲辭；惟是耳聾日甚，動履盤跚，十步九息，心思如墮雲霧，又不可以戀棧誤公事。

十二月初二日，抵王家營。

日五更，衝寒早起，比至京，疲憊益甚。赴宫門，召見。遂以『精神日減，不能供職』具奏，上鑒其老病允之，謂在侍郎中頗爲出力，遂以原品休致，且謂『歲暮苦寒，宜竢明歲春融回籍』。蓋自大學士漳浦蔡公以年近八旬乞身後，迄今十餘年，未有蒙體恤如此者，九卿動色，詫爲異數。

上諭瀛臺，因進摺謝恩，且言明春俟巡幸天津，送駕後啟程南下。得旨報聞。

是年春殿試，門生陳遠雯雲以一甲第二名及第，授編修；英煦齋和、魏升之元煜授庶吉士；蔣問樵第、王畹香紹蘭成進士，以知縣用；戴金溪敦元補殿試，亦改庶吉士。

自丙申至是十八年詩，編爲杏花春雨書齋集〔三一〕。

五十九年甲寅（一七九四），七十一歲。

元旦，入朝行禮。

時京城春暎，大學士、九卿至翰林、科道及部曹諸君，皆以先生將遂初，自上元後置酒設餞，並以詩文投贈，無虚日。

三月二十二日，巡幸天津啟鑾。先生先赴黄新莊，二十三日清晨送駕，上頷之。

四月初一日，赴通州下船。

時北省少雨，潞河淺澀，天津以漕艘將來，沿河官吏及總兵等咸雇民夫開挖。舟行逆水而上；又東南風多，候開閘，候漕船，日不及行二三十里。六月始至濟寧，而各省俱已得雨，水漸長，漕艘亦過訖，遂放溜而南。

七月二十三日，抵家。乃以『春融』顔其堂。

九月，病瘧，臥榻者月餘。

先生留心理學，取薛河津、王陽明、魏莊渠、崔子鐘、顧端文、高忠憲、黄漳浦、馮恭定、劉戢山、孫蘇門、李二曲、黄梨洲諸家著述，闡發聖賢要指。

六十年乙卯（一七九五），七十二歲。

三月，赴蘇州謁曾祖光禄公墓。

墓右丙舍荒圮,因其舊而修之。前爲硯山丙舍〔三二〕,舍三間,少宗伯鐵冶亭書額。西三間,題『梵香齋』,諸城劉冢宰石庵書,以前曾令僧居此故也。階前地二畝許,有小池,池中植荷;餘地植梅、桃各十餘株,雜以玉蘭、辛夷及松、竹、蒲萄之屬。南有樓,題『樓雲閣』,爲門人秦易堂司業承業書;翁振三閣學撰丙舍記〔三三〕,刻置於壁。修築竣,艤舟閶門。諸名流來謁者,如李尚之秀才鋭、顧千里秀才廣圻、徐澹如秀才葵、袁又愷上舍廷檮輩,朋簪雜遝,樽酒飛勝;而與王光禄、錢少詹同學同年同歸老,得數晨夕,尤快事也。

五月,榮成進士,殿試二甲第七名,與先生同。尋蒙恩點庶吉士。先生得報,尤爲喜慰。

九月,至錢塘。

許積卿宗彦來見。入雲棲禮大悲懺,七日而歸。

十一月,上以明年歸政,八月先正東宮,又舉行千叟宴,詔中外臣工逾七十者皆入宴。遂以十八日起程,挈金青儕秀才學蓮由陸路行。

十二月二十一日,抵京。

二十二日,詣闕請安。召見,詢問歷官前後及江浙年歲豐稔狀,奏對稱旨。

歸寓青廠,與吴沖之少司空鄰,而那繹堂閣學彦成、吴穀人編修錫麒、桂未谷訓導馥、辛進士敬業,門人戴金溪、英煦齋、伊墨卿秉綬、徐中書炘、沈戢山樂善、鄧萩原傳安,朝夕往還,殘年旅舍,不覺岑寂也。

是秋,太常寺卿施鐵如充山東鄉試主考官,得李方茀等六十九人。未還朝即授湖北學政;王君紹蘭充福建同考官,得鄭瑞麟等八人。

嘉慶元年丙辰（一七九六），七十三歲。

元旦，太上皇帝御太和殿，王公大臣百官稱賀行禮。頃之，行歸政禮成，太上皇帝還宮。皇帝隨至乾清門，乃出更衮服，升御太和殿，行登極禮，王公大臣百官朝賀、奏樂如初。是日，風日恬和，雲彩絢麗，咸謂重光復旦之徵。

初四日，行千叟宴禮於寧壽宮皇極殿。

王公及一品大臣〔三四〕賜坐殿中兩列，二三四品〔三五〕官及外藩使臣坐殿門廊外，五品以下衆耆老坐階下，入宴者三千餘人。辰刻，太上皇帝升座，皇帝侍立，群臣依班在殿外行禮。禮畢，各就位。大學士阿桂奉樽跪獻，群臣皆跪。又行叩首禮。乃坐，設酒饌，樂作，演劇。太上皇帝命諸皇孫舉玉卮賜殿上群臣，各叩首而飲。酒三行，樂畢，謝恩出。酒半，微雪霑綵服〔三六〕，作花六出。頃之晴霽，雲日皎然，上下無不懽呼稱慶。頒賞有差，先生受賜玉如意、楠木壽杖、紬緞、裝錦大毯、筆墨等十六件。

是日，册封皇后。午刻，復詣太和殿前。皇上升座，再行賀禮退。

蓋太上皇帝聖壽八十有六，文謨武烈，旁沛宇宙，鴻朗昭融，純熙悠久，超越千古，而以聖禪聖尤生民以來所未有。先生作詩六章〔三七〕，用志盛軌。進呈，得旨刻入燕集〔三八〕中。

元夕，兩聖幸圓明園，往侍直。

二十一日，陛辭。

那繹堂閣學、彭雲楣司空元瑞、沈雲椒少宰初、吴沖之少司空、英煦齋編修，偕同人分日祖餞。

二月初一日，僦車啟行。及門人又餞於普濟堂而別。

行至瓜洲，費筠圃巡撫淳以讞事赴興化，相見，言總督蘇公凌阿已聘主婁東書院。

三月初五日，歸家。

四月初一日，赴書院。知州于君鼇圖，直隸總督成龍曾孫，甲戌同年御史宗瑛之子，以太倉州志〔三九〕自張受先以來已一百五十年，欲續修之，請主其事。

時汪敬箴編修學金，乞假家居，築静厓小圃，香燈禪版，專心净土。先生重聽久，至是夏秋酷暑，兩目眚。迄秋，右目稍瘥，已不能潑墨揮翰矣，而江浙士人請謁無虚日，校文暇，悉以應文字之求。

歲暮，還三泖漁莊。

浙江巡撫玉達齋德、阮伯元學政、秦小峴觀察瀛，皆舊好，同蘇鹽政楞額聘爲崇文院長。因熊布政枚先期力請，仍主婁東，且志書未畢，辭不往。

二年丁巳（一七九七），七十四歲。

正月，浙中當事皆折簡相招，因赴浙。

由楓涇至嘉善，見同年周穉圭觀察升桓。嘉興，晤馮養吾侍御浩。抵杭州，項金門墉請爲東道主，玉撫軍、蘇鹺使置酒，邀伯元學使同汎西湖。明日，學使邀集瑪瑙寺。越二日，秦小峴觀察招游龍井。

二月朔，赴雲棲，再禮蓮池大師。一宿，至理安。次日，游韜光、靈隱、楊梅諸勝。

門人孫臬使嘉樂、張西曹時風、孫侍御志祖暨沈觀察棨勳、龔太守敬身，皆攜酒至寓。同邑門人陳

州判花南韶，復約諸名士，請游梅莊。歸過桐鄉，李大令廷欽，江西舊屬，請見；門人李大令書田賡芸，爲平湖令，亦來請。紆道往晤之，仍赴太倉。

八月，聞秋帆制府卒於辰州官舍；十二月，鳳喈光禄亦歿於蘇州。兩君皆籍隸太倉，因爲作傳。是時，先生老病益甚，遂辭講席歸。聞大學士誠謀英勇阿公薨於位，上親臨其喪，賜謚文成；而顧晴沙、袁子才、王蓬心及王敦初復，亦皆以秋冬繼逝。

自甲寅至是年詩，編爲存養齋集〔四〇〕。

三年戊午（一七九八），七十五歲。

二月，赴硯山丙舍。

上冢歸，撰顧晴沙墓銘〔四一〕、畢秋帆神道碑〔四二〕。

是秋，編湖海詩傳畢〔四三〕。

將梓，而江寧將軍慶公霖，爲尹文端公第五子，甫抵任，以書來約。

九月，買舟至秣陵。

遍游寶華、棲霞諸山，天界、雞鳴、報恩諸寺。會江寧許秋巖太守、秦易堂司業諸君。聞曾賓谷運使煥以俸滿入都，送之至揚州，寓同年沈既堂運使業富家。賓谷屢集名流，招飲賦詩聯句，五日而歸。

是秋，户部主事張君大維爲貴州主考，得黄燮等六十一人。

四年己未（一七九九），七十六歲。

正月，太上皇帝升遐。見費撫軍，告以入都，遂買舟行。

二月初一日，過無錫。

鄒曉屏閣學炳泰來，始聞京師近事。大學士和珅以言官劾貪墨、狂悖不法狀，凡二十餘欵，上賜令自盡。又下詔開言路、肅吏治，絶貢獻、禁奢侈。温旨絡繹，士庶鼓舞，相慶於途。

二十九日，至京，寓滎邸舍。

三月初一日，召見，詢問歷官始末及外省吏治、民情與川、楚寇盜未平之故，一一奏對。又諭云：『凡有欲言，可繕寫密封以進。』乃退。

明日，詣觀德殿前敬謁梓宫，行禮。遂條數事進之，上命留覽。

時百寮持服，公事之餘無私謁，惟法時帆祭酒式善、何蘭士御史道生、張船山編修問陶，偶相過從，譚藝而已。

清明大祭，上尊謚，並四月十三日百日期滿，俱詣行禮。

十六日，具奏回籍。

二十日，遂從水路南下。

七月，抵家。

是時，吴縣知縣因爲富商追欠，於國忌日，違禁杖責生員，四學諸生不服，適平學使恕來蘇，群往呈

訴，而按察使、同知等收捕諸生，平君瑟縮不能禁止，先生移書〔四四〕切讓之。

十一月，阮公伯元由户部侍郎補浙江巡撫，過吴，具書請主杭州敷文書院。是年會試，鮑覺生桂星等十二人成進士，分别以庶吉士、主事用有差。英煦齋詹事充會試同考，得蔡鑾揚等十一人。

五年庚申（一八〇〇），七十七歲。

正月下旬，至書院。院舊名『萬松』，明王文成公守仁作文記之〔四五〕，碑今不存。生童來課者二三百人。先生以辛酉年補博士弟子，至是已六十年。學使錢公樾、松江知府趙君宜喜，請重游泮宫。乃以四月中歸里，率新進子弟祇謁文廟。禮畢，宴於曲水園。

九月，復至書院。是年，英煦齋閣學爲順天主考，得張葆等二百三十人；沈戢山編修爲福建主考，得張光浩等八十五人；魏升之銓部爲四川主考，得陳兆颺等六十人；陳遠雯銓部爲貴州主考，得尹作霖等四十一人，而内閣中書張君桂齡亦充順天同考官。

夏秋間，目疾甚，屢辭院，阮公堅留，乃止。至歲杪，歸里。

六年辛酉（一八〇一），七十八歲。

正月，阮公差縣丞顧某邀請。

大雪中過鴛湖，城郭樓臺，人煙樹木，皆在玉壺天地中，爲先生前此屢過所未見，扣舷叫絶。

杭州書院有三，自敷文外，崇文則馮玉圃給事培、紫陽則御史孫君志祖，又蕺山則孫淵如觀察、諸暨則禮部郎中孫君嘉樂，皆先生門下士，浙人以爲美談。

夏初，適課諸生西湖柳枝詞〔四六〕，阮公閲之，歎其工，謂自楊鐵崖後五百年無更作者。選而刊之，共得三百餘首。

先生與當代名流往還書札最多，而諸城劉文清公及梁侍講元穎墨跡尤爲繁富，陳花南恐久而漸失，請合兩家書鐫之，名劉梁合璧〔四七〕，江浙士林亦以爲墨寶。

八月，英煦齋少司農典江南鄉試，得崔錫華等正副榜一百三十六人。

時目疾益甚，遂辭講席而歸。

七年壬戌（一八〇二），七十九歲。

目疾愈甚。以生平所撰金石萃編、詩文兩集及湖海詩傳、續詞綜、天下書院志〔四八〕諸書，卷帙浩繁，尚待編排校勘，不能審視，因延請朱映湑秀才文藻、彭甘亭上舍兆蓀及門人陳烈承秀才興宗、錢同人秀才侗、陶鳧香秀才梁，各分任之，校其舛誤及去取之未當者，刻日排纂。

是春會試，小門生吕兆麒、顧莼、程邦憲等皆授庶常。

八年癸亥（一八〇三），八十歲。

元旦，望闕行禮畢，賦七律二章，傳和者頗衆。

時詔令雲南清查各屬銅鹽虧空，國帑之項計虧至二百餘萬，無可著追。雲省督撫請於二十年來各督撫司道分賠之，先生應賠出一萬二千餘兩。貧無所措，乃至蘇州，見署巡撫總督費公及布政使汪公日章，請以所有田宅盡數入官，變賣以償，凡六千餘兩，不足，請咨部豁免，兩公皆許之。

時那繹堂少宰以讞鹽案至浙，寄書邀於中途相見，因至吴江會之。翌日，又送出滸野關，連夜挑燈話舊，蓋不勝悵惘也。將歸，于太守鰲圖館先生於虎阜白公祠，即明李顧處士苓之塔影園。吴中諸名士載酒來訪，因作絶句十餘首記之，乃歸。

陳黄門子龍詩文零落，先生前與王教諭希伊輯之，得若干卷。又考其墓載於縣志，而是時適奉詔録明季殉難諸臣，賜謚『忠裕』，並翰林撰文入祀忠義祠；並考其前官曾授兵部侍郎、翰林院侍讀學士，詳於殉節録〔四九〕。因與陳桂堂太守廷慶於墓上建碑亭，栽松柏。又於墳西半里福成庵側建祠，兼祀夏忠節公允彝及忠節子節愍公完淳、王君勝時澐。蓋忠節與公同社同難，節愍爲公高等弟子，勝時亦公弟子，難後收葬，故一併祔之。並約同人，此後每歲春秋致祭，以垂不朽。又屬何書田秀才其偉與趙惠蒼汝霖、莊莼川師洛兩貢生，重爲搜採詩文刻之。同時嘉興朱孝廉𠑽亦刻公集，乞先生叙之。又於金山徐氏得所藏安雅堂文集若干卷〔五〇〕，於是公之祠墓、詩文，燦然顯於世矣。

十一月,八十生辰。

吴穀人祭酒爲先生撰徵詩啟〔五一〕,吴越士大夫挐舟來祝者,數日不絶,得詩百餘首;而京城及遠方寄詩來祝者亦衆。

四川布政使楊君荔裳知先生病目,寄空青石,先生笑曰:『目本陽光,陽盡則暗,此豈可以藥物挽回者?』試之,卒不效。

先是,先生以六十年來師友所贈詩文,手自甄録,名湖海詩傳,共六百餘家,至冬刻就。又嘗讀宋元人詞集,有竹垞太史詞綜所未採者,撰『續補人』二卷〔五二〕;竹垞曾選明詞未竟,踵成十二卷〔五三〕;又選國朝詞綜四十八卷,至是皆刻竣。先生自中歲窮經,凡讀諸家注釋疏義,有所得輒書而藏之,題爲群經楬櫫〔五四〕,共十數册。

自戊午至是六年,雖往來杭州、太倉,常居於臥游軒,故終以名其集〔五五〕焉。

九年甲子(一八〇四),八十一歲。

神氣更衰,因思今古詩文中,惟陸放翁、朱竹垞兩先生年逾八十尚能吟詠,其餘則否,因遂輟筆不爲,蓋欲幾於『心齋』而『坐忘』也。遠方來訪者,迎送不能出廳。

是年,鮑覺生中允典試河南,得董益廣等七十一人〔五六〕。

錢曉徵少詹、汪敬箴庶子、史誦芬、沈安成靖先後逝,實有山陽之慟焉;而荔裳方伯卒於成都,尤爲惋惜。

五月間,雨水泛溢,禾苗漂没者十之三四,幸蒙蠲賑兼施,窮黎稍濟,然猶有食糠籺者。

十年乙丑（一八〇五），八十二歲。

二月，英煦齋侍郎與同年二十餘人，郵寄八十壽文，極爲宏麗。先生杜門已久，而忠裕公祠落成，仰其節義文章，不敢以衰眊自解，乃於清明前親往致祭。曉徵少詹卜兆有期，同人偕其兄東壁、東塾求撰墓志，先生以六十年舊好，作二千言，存殁之感，溢於楮墨。

時鐵公冶亭由山東巡撫總督兩江，巡洋閲兵，貽書問訊。伊墨卿太守由惠州罷，復起用，隨鐵公來，亦承其勤拳記憶也。伯元中丞丁憂歸儀徵，秦公小峴自廣東調浙江布政使，許公秋巖由江西按察調浙江，曾運使、英侍郎、鮑中允常以書素見貽；而席編修煜、趙司馬懷玉、陳徵士鱣、吴秀才騫、姚上舍椿及桂堂、遠春，時時過訪。吴江潘明經眉、錢塘吴秀才引年與映潛同人，皆在書舍，老病中不憂寂寞也。

是年，英侍郎充會試總裁官，得胡敬等二百三十三人；孫平叔爾準、鄧菽原傳安、孫子瀟原湘、徐直卿頲，皆中式。直卿以第二人及第，授編修；平叔、子瀟選庶吉士；菽原以知縣用。

十一月，金石萃編一百六十卷刊成。

十一年丙寅（一八〇六），八十三歲。

元旦，得鄧太守夢琴書，寄示麗澤講習一册，並以甲子鄉試重赴鹿鳴賦詩見寄。

三月，許周生來，乞其尊人春巖方伯墓志。

四月，徐直卿編修亦以求撰其尊人詩集序來訪，何夢華相繼至，劇談終日。

五月十二日，微瘧。三日而愈。

二十一日，寒熱復發，由是飲食漸減。至六月初三日，朱、潘二君偕來問疾，猶與論易隨卦嚮晦宴息，義極精微。

初六日，病愈甚。先生知不能起，因言：『吾通籍以來四十餘年，受恩深重，未酬萬一。』遂口授謝恩表，令肇和繕寫副本，呈請當事審定轉奏。次及喪事，悉遵朱子家禮，無務世俗浮華之費。至墓志、神道，須阮伯元、秦小峴兩君撰之。又曰：『汝庶母侍吾垂三十年，曾典質其所有簪珥以充刻書之資，今侍湯藥浹旬不稍懈，我歿後，汝宜以禮事之。』頃之，溘然而逝，時初七日丑時也。

〔一〕一千七百人：欽定石峰堡紀略卷五作『副都統明善帶領滿漢兵一千二百名，於十一日由静寧州前往石峰堡進剿』。

〔二〕戰歿：欽定石峰堡紀略卷五：乾隆四十九年五月十二日，『明善中矛傷陣亡』。

〔三〕成五十卷：即江藩國朝漢學師承記王蘭泉先生所言之陝西舊案成編，未見傳本。

〔四〕閏：底本脱，今據王昶商洛行程記校補。

〔五〕八月初二日：誤，當作『閏七月初七日』。按高宗純皇帝實録乾隆五十七年閏七月戊寅，『以陝西按察使王昶，爲雲南布政使』。又商洛行程記：閏七月『二十五日辰刻，得授雲南布政使之信』。

〔六〕序：檢春融堂集與深省堂集均未見王昶序文。

〔七〕銅政全書：全名爲雲南銅政全書，成書於乾隆五十三年（一七八八）。原稿未及刊刻，後散佚，天津圖書館尚存清末抄本。王文韶續雲南通志稿藝文志該書提要云：『是編乃乾隆五十二年昶官雲南布政使時，總督富綱、巡撫譚尚忠命之纂輯。分爲八門，每門中

又各有其類，門爲大綱，類爲條目，一切案例，皆以類編纂。凡奏疏、部議，分門纂録，各以其類。有前後援引，重出疊見，則芟其繁復，取便觀覽，但爲節芟，不易其文。自卷一至卷七爲第一門收買抽課，卷八至卷十一爲第二門廠地，卷十二至卷二十六爲第三門京銅，卷二十七至卷三十爲第四門錢法，卷三十一至卷四十四爲第五門採買，卷四十五至卷四十六爲第六門廠欠，卷四十七至卷四十八爲第七門考成，而以卷四十九至卷五十爲第八門志餘終焉。鈔存藩署，未梓。今已失。』

〔八〕明公瑞：據王昶所作六賢祠碑，没有明瑞。

〔九〕七賢祠碑：春融堂集作六賢祠碑，栗主名單中没有明瑞。

〔一〇〕授江西布政使：王昶雪鴻再録：乾隆五十三年三月『初七日，至龍尾關，得富制府綱書，始知調任江西』。

〔一一〕遥亭：雪鴻再録作『遥亭子』。

〔一二〕速赴：雪鴻再録作『姑往』。

〔一三〕石幢：即唐代使院新修石幢記碑。幢，即碑。此碑乃記使院情況與節度使李愿政績。因碑體八面，故俗稱『八楞碑』，形狀似幢，故以『石幢』爲名。

〔一四〕二卷：誤。按刻本僅一卷。有嘉慶十三年（一八〇八）王氏塾南書舍本、昭代叢書本、小方壺齋輿地叢鈔本、古今説部叢書本、光緒申報館鉛印本、宣統三年（一九一一）鉛印本等。

〔一五〕三録：指歷代名臣傳三十五卷、續編五卷，歷代名儒傳八卷，歷代循吏傳八卷，有雍正間刻本等。

〔一六〕詩經樂譜：即欽定詩經樂譜全書三十卷，乾隆五十三年（一七六二）鄒奕孝等奉敕編撰。有武英殿聚珍朱墨套印本、四庫全書本等。

〔一七〕五福五代堂記：底本訛增『同』字作『五福五代同堂記』，今據乾隆高皇帝御製文二集卷十五校改。

〔一八〕所補元和郡縣志：嚴觀所撰名元和郡縣補志，有乾隆四十年（一七七五）蒲廬學舍刻不分卷本、光緒八年（一八八二）金陵書局刻九卷本。

〔一九〕三十日：底本略，今據王昶使楚叢譚校補。

〔二〇〕晨起望闕行禮：使楚叢譚：十一日晚『抵新鄉縣宿。十三日，萬壽聖節。五更起，與吉少司馬詣關忠武廟設案行禮』。

〔二一〕十月初七日：底本脱『十月』，今據使楚叢譚校補。

〔二二〕十四日：底本訛作『十五日』，今據使楚叢譚校改。

〔二三〕十一月：底本脱，今據使楚叢譚校補。

〔二四〕二十九日：底本脱，今據使楚叢譚校補。

〔二五〕又命訊湖南永明……等事：據使楚叢譚，此事當係於十二月初六日。

〔二六〕又得旨長沙民王澤遠……命往鞫之：據使楚叢譚，此事當係於十一月十六日。

〔二七〕雲棲教觀圖：湖海詩傳卷二十三『王宸』條云：『乾隆庚戌，余奉命按事長沙。會歲暮，蓬心踏雪來訪，後爲余畫雲棲教觀圖。蕭疏蒼翠，可謂名家。』

〔二八〕二十四日：使楚叢譚作『二十三日』。

〔二九〕抵衛輝：據使楚叢譚抵衛輝在『初七日』。

〔三〇〕臺懷隨筆一卷：有嘉慶十三年（一八〇八）王氏塾南書舍本、昭代叢書本、小方壺齋輿地叢鈔本、古今説部叢書本、光緒申報館鉛印本、宣統三年（一九一一）鉛印本等。

〔三一〕杏花春雨書齋集：收入春融堂集卷十五至卷二十一，凡古今體詩七百三十首。

〔三二〕硯山丙舍：春融堂集卷六有硯山丙舍詩一首，其自序云：『靈巖山北一支爲硯山，山下爲篴村；稍西獅峰，先曾祖墓在焉。屋十餘椽，中有梵香齋、棲雲閣，久廢。惟硯山丙舍尚存，時修葺之。』

〔三三〕丙舍記：即硯山丙舍記，原文收入復初齋文集卷六。其末云：『述庵將南歸，屬方綱爲之記，故不辭而書於石。』王昶上年三月下旬始啟程南歸，故本文當作於上年春季。沈津先生翁方綱年譜未載。

〔三四〕一品大臣：當作『一二品大臣』。寧壽宮侍千叟宴恭紀之五自注：『時與宴三千餘人，王公及一二品皆坐殿内。』

〔三五〕二三四品：當作『三四品』。見上條校。

〔三六〕微雪霑綵服：寧壽宮侍千叟宴恭紀之五自注：『宴時雪花飄颺。』

〔三七〕作詩六章：即寧壽宮侍千叟宴恭紀六首，收入春融堂集卷二十二。

〔三八〕燕集：據清史稿藝文志所載千叟宴詩集凡三部，即康熙六十一年（一七二二）敕編千叟宴詩四卷、乾隆四十九年（一七八四）敕編千叟宴詩三十四卷及乾隆五十五年（一七九〇）敕編重舉千叟宴詩三十四卷（按『三十四』乃漏計卷首二卷，四庫全書總目提要總集類五作御定千叟宴詩三十六卷，是。刻本書名作『千叟宴詩』），未見有本次千叟宴詩成集。

〔三九〕太倉州志：全名直隸太倉州志，凡六十五卷，王昶、程維岳纂，汪學金總修，嘉慶七年（一八〇二）刊刻。

〔四〇〕存養齋集：收入春融堂集卷二十二，凡古今體詩二百首。

〔四一〕顧晴沙墓銘：全題作『甘肅涼莊道署四川按察使司顧君墓志銘』，載春融堂集卷五十四。

〔四二〕神道碑：全題作『兵部尚書都察院右都御史湖廣總督贈太子太保畢公神道碑』，載春融堂集卷五十二。

〔四三〕編湖海詩傳畢：蓋言初稿完畢。嘉慶『七年』條云：『目疾愈，甚以生平所撰金石萃編、詩文兩集及湖海詩傳、續詞綜、天下書院志諸書，卷帙浩繁，尚待編排校勘……』又『八年』條云：『先是，先生以六十年來師友所贈詩文，手自甄録，名湖海詩傳，共六百餘家。至冬，刻就。』湖海詩傳自序亦云：『予弱冠後，出交當世名流，及洊登朝宁，揚歷四方，北至興桓，西南出滇蜀外，賢士大夫之能言者，攬環結佩，率以詩文相質證，披讀之下，往往録其最佳者，藏之篋笥，名曰湖海詩傳。忽忽將六十年，而予年亦八十矣。』

〔四四〕書：該書春融堂集未收。見於昭槤嘯亭雜録卷十，謂『其文亦真可與韓、歐諸文并傳不朽矣』。

〔四五〕作文記之：指王守仁萬松書院記，載王陽明全集卷七文録四。

〔四六〕西湖柳枝詞：王昶輯，凡五卷，有嘉慶六年（一八〇一）刻本。王昶序云：『予在敷文書院，因令諸同學試效其體爲柳枝詞，而崇文、紫陽兩書院諸生爭相應和，各極其性情才調之所至，可謂工且盛矣。』『今予年七十有八，竹爐經卷，衰病侵尋，豈能復繼廉夫之後？故不復爲詞，而記其所以工且盛者，爲武林人士幸，庶後之採風者亦將有取於此云。』

〔四七〕劉梁合璧：凡四卷一册，清青浦陳韶摹刻行世。王昶蒲褐山房詩話『劉墉』條云：『先生督學江蘇、浙江，及予在陝西、江右，念及輒手書近詩見示。清新超悟，有香山、東坡風格。十餘年所得甚夥，而漸次遺佚。門人陳子韶因合梁侍講同書書，鐫於西湖上，

名劉梁合璧。』清王培荀鄉園憶舊録云：『陳子韶合梁山舟書及公書刻於西湖上，名劉梁合璧，後日實重，當不亞於球琳。』

〔四八〕天下書院志：蓋因故未能刻成，後散佚。其稿本清末尚存，張錫恭與繆荃孫書尚云：『王述庵先生天下書院志稿本昔曾一見，今未知流落何處。辱承清問，敬以附聞。』

〔四九〕殉節録：即清舒赫德等奉敕撰欽定勝朝殉節諸臣録十二卷、首一卷，有乾隆四十一年(一七七六)、嘉慶二年(一七九七)等刻本傳世。

〔五〇〕安雅堂文集若干卷：王昶所輯刻之陳忠裕公全集三十卷、首一卷、年譜三卷、末一卷(嘉慶八年簳山草堂刻)，蓋即以此安雅堂文集爲基礎。據孫啟治先生所考，王昶刻本有遺漏，『其重要文集安雅堂稿十八卷即未收入。迄今爲止，安雅堂稿有兩種版本，即明末刻本及清宣統排印本』。續修四庫全書即據明末刻本影印。宣統二年(一九一〇)上海時中書局鉛印本題作陳臥子先生安雅堂稿十五卷、兵垣奏議二卷。

〔五一〕徵詩啟：底本訛作『啟徵詩』，今據吴錫麒有正味齋駢體文卷十九校改。該文全稱作王述庵先生八十生日徵詩啟。

〔五二〕續補人二卷：即詞綜卷三十七、三十八，有嘉慶八年(一八〇三)三泖漁莊刻本。

〔五三〕踵成十二卷：即明詞綜十二卷，有嘉慶八年(一八〇三)三泖漁莊刻本。

〔五四〕楬櫫：底本作『揭櫫』，今改。按説文木部：『楬，楬櫫也。』周禮秋官職金『楬而璽之』，鄭玄注引鄭司農曰：『今時之書，有所表識，謂之楬櫫。』群經楬櫫，未見。

〔五五〕名其集：戊午至癸亥詩編爲臥游軒集，收入春融堂集卷二十三，凡古今體詩一百三十五首。

〔五六〕七十一人：覺生自訂年譜嘉慶『九年』條云：『是秋，奉勅典河南鄉試。』『搜落卷幾盡，得拔貢董廣益等七十一人，副榜十三人，多宿學能文之士。』

附録

一、顯考述庵府君遺事狀

清　王肇和撰

府君自七十致仕迄今十有三載，雖視聽日衰，而精神如故。自五月十二日偶患時瘧，越三日霍然。二十日瘧復作，食飲漸減，然猶令人誦所作詩文，口授删削。至二十六日，疾益劇，氣逆上，不能飲米瀋，因言：『吾生平行事，家光禄鳳喈、錢宮詹曉徵，少同學，長同朝，晚歲先後同乞身，往來無間，知之最稔，而兩君已歸道山，今惟阮中丞伯元、秦京尹小峴頗爲詳悉，二君皆蓄道德，能文章，墓志、神道碑當乞分任之，以信今而傳後。』六月初三日，適圓津禪院僧慧照覺銘來，府君曰：『昔東坡在常州中暑，暴下，疾革時，徑山僧惟琳來説偈，居士云「平生笑摩什，神咒真浪出」，今師來，正與惟琳同，所謂「不須著力」，吾自知之。』相與一笑而别。初六夜，數數問時刻，雞初鳴，曰：『時至矣。』遂溘然長逝。嗚呼，痛哉！

府君立朝行己，功業文章，已詳載年譜中，遺命勿復作行述。不孝奉侍無狀，終天之恨，百身莫贖。惟念府君性情風概、學問源流，有年譜所未及載者，若不詮次以傳，則獲罪滋大，因編録所知，仿柳子厚逸事狀〔一〕一通。不孝苦由餘生，語無倫次，惟冀當代大人先生垂覽焉。

先世居蘭溪，自思岡公始遷青浦之珠街角鎮〔二〕。思岡公名列幾社，著有樊圃誡語、樊圃詩草，沈

文慤公輯國朝詩别裁集〔三〕採以入選。先大父贈光禄大夫鴻遠公，立身誠恕，嘗擇經語十二條，取史事附著之，盧紹弓學士墓志〔四〕以黄叔度、徐孺子爲比。府君仰承家學，少自刻勵，年甫冠，先大父即世家中落，事先大母陸太夫人、錢太夫人，宗族稱孝。不屑屑問家人生産，作固窮賦以見志。通籍後，名與朱竹君學（以下底本缺失）。

——本條及附録六、七、八條均見年譜附録

二、資政大夫刑部右侍郎致仕王公行狀

清 管同撰

王公諱昶，字德甫，一字述庵〔五〕，世居江蘇青浦。高祖懋忠，明末幾社中之一人也。曾祖之輔，祖璵，父士毅。士毅徵蘭而生公，故公又自號蘭泉。

少有才名。乾隆十九年，舉進士。二十（三）二年，上南巡，召試取第一名，賜内閣中書，行走軍機處。遷刑部山東司主事，擢江西司員外，再擢江西司郎中。連充纂修及會試同考官，三更京察，皆一等，記名以道府用。

三十三年，兩淮鹽使提引事發，坐言語不密免。當是時，緬甸未平，故大學士阿文成公總督雲貴，奏請以公從。未幾，阿公罷，温公福代爲總督，留公軍營中如故。三十（七）六年，小金川土司僧格桑作亂，上命温公移師征之，仍奏以公從。會上復起阿公會勦，公又參阿公軍事。凡公在軍中九年，奏檄之作多出其手。以功除吏部主事，擢員外，旋擢郎中。

四十一年，金川平，奏凱還京師，擢鴻臚寺卿，仍依前行走軍機處。上召見，詢軍營事，條對甚悉，上喜，命纂平定金川方略，即以公充纂修官。上復問曰：『往者温福軍營潰亂，南路何以獲全軍？』公對曰：『以臣所見，此副將劉倖、劉輝祖及奎林力戰之功也。且奎林無他長，獨能與士卒同甘苦，士卒感其恩，心皆堅定，故衆潰而彼獨全軍。』上笑曰：『奎林信有微勞，特性情乖異耳。』當是時，奎林蓋不當上意，而公對質直不詭隨如此。轉大理寺卿，擢都察院右副都御史，出爲江西按察使。是時江西多竊盜，公至，下令嚴保甲，禁惰游，不一月而盜滅。江西民故善訟，族有祠堂，蓄貲財爲争訟費，公曰：『祠堂者，所以尊祖敬宗、敦孝弟而講婣睦，奈何用爲奸利藪？再若是，吾當代若祖、父焚之！』令既下，争訟亦稍清。丁母喪歸，服闋起爲陝西按察使。石峰堡回民作亂，防禦有功，遷雲南布政使，調江西。入爲刑部右侍郎，執法稱平，累奉命讞獄江南、湖北，務在潔己奉公，杜絶賄賂。

初，公自爲正卿，數以老乞休，上知其才，輒不許。五十八年，公之年已七十矣，上鑒其誠，命以原官致仕。嘉慶元年，高宗皇帝禪位，今上召公入與千叟宴，賜賚有加。四年正月，高宗皇帝崩，公聞，奔赴。上因垂問吏治、民情，命繕寫密封以進。公具奏，其語密，世莫得聞。

公既罷官，所餘俸，率以修宗祠、置義莊，家無餘蓄。既而分賠雲南銅、鹽虧空，乃盡舉田宅入官，然訖不足償，當事者知之，爲奏請得展限完繳。嘉慶十(二)一年五月七日，公感疾，知不起，口占遺疏授其子，遂卒，年八十(一)三。

公少有才名，而性尤好學，雖戎馬蒼黄，羽書旁午，其於書未嘗一日廢。漢、宋之學，皆深究之。亦頗覽浮屠家言，然不爲所惑。文學宋明，務在明道釋經，非是者，不苟作。詩兼唐宋諸人之體，讀其辭，

和易而優柔,可以見其懷抱也。生平愛獎與後進,而其心則尤以主持風教爲先。當其予告歸里也,適蘇州有撻辱諸生之案,公遺書學使,侃侃責之。又常病士習骫骳,氣節不立,寓書與秦侍郎瀛,索東林志欲刊之,以爲多士勸。論者謂『公之風槩,不愧爲幾社後人』云。生平著述甚多,已行世者:春融堂詩文集、金石萃編、湖海詩傳、續詞綜;其餘尚四十餘種,藏於家。

公無子,以從弟曦之子肇和爲嗣。

——因寄軒文初集卷八

三、王蘭泉侍郎事略

公姓王氏,諱昶,字德甫,號述庵,學者稱蘭泉先生,江蘇青浦人。父士毅,年四十五無子,禱於靈隱寺,夢人贈以蘭,遂生公。少穎異,博學,善屬文。家貧,作固窮賦以見志。乾隆十(八)九年進士,歸選班。二十二年,高宗南巡,召試第一,賜内閣中書,協辦侍讀,入直軍機處。史文端、蔣文肅、梁文莊皆待以國士,洊升刑部主事、員外郎、郎中。

三十三年,以言兩淮鹽運提引事不密罷職。時緬甸未靖,文成公阿桂以定邊右副將軍總督雲貴,奏請以公佐軍事,遂至騰越。出銅壁關,擊賊江中,勝之,緬酋乞命。阿公屬公草檄,允其降,班師旋永昌。既而緬甸貢表久未至,復從阿公如騰越。

三十六年,四川小金川土司澤旺之子僧格桑不靖,金川應襲土司索諾木應之。詔尚書温福代阿公,移師四川剿辦。奉旨授吏部主事,從温公西路軍進討。温公屬公作檄,斥僧格桑罪,遂克斑爛山,進攻

日耳寨。阿公奉詔由北路進兵，兼督南路。公復從阿公軍，攻克美美卡；以皮船渡水，克小金川。僧格桑遁；澤旺降，檻送京師。進討大金川。阿公奏公無兄弟，母年七十餘，明大義，勖以殫心軍事，今從軍五年矣。得旨，遷員外郎。

三十八年，至當噶山。山脊絶險，官兵營壘與賊錯處，雨雪甚。夏，温公兵潰木果木，阿公亦退兵至翁古爾壟。時警報絡繹，詔旨疊至，公力疾叱馭懸崖，日行數百里，夜治章奏軍書於礮火矢石中，無誤無畏。冬，大兵復進據美美卡，攻大板昭，小金川平。擢郎中，復從討大金川，克勒烏圍、刮耳崖。四十一年，三路兵合攻益急，索諾木等率衆投罪，僧格桑先病死，以其首獻，公草露布告捷，於是兩金川悉平。公在軍中，前後九年，凡加軍功十三級，紀録八次。凱旋至良鄉，駕幸黄新莊郊勞，用戎服行禮，賜茶、賜宴紫光閣，賞賚優渥。奉旨：『王昶久在軍中，懋著勞績，可授鴻臚寺卿，賞戴花翎，在軍機處行走。』時漢人由科甲起家賜花翎者，惟大學士于公敏中及公而已。

尋擢通政司副使。四十二年，擢大理[寺]卿。四十四年，乞假歸營葬。冬，授左副都御史。四十五年，扈駕南巡，恭和御詩七次。回鑾次嘉興，授江西按察使。抵任，檄府縣力行保甲，禁族詞訟鬬之習。坐堂皇六十餘日，决獄百餘案。丁母憂，哀毁盡禮。服闋補直隸按察使，調陝西。奏『命、盗逃犯，宜於定案時速行通緝』，從之。逆回田五倡亂，奉命備兵長武。時賊勢張，兵少，公試礮巡城，籍丁壯，繕守具，民以無恐。京外大兵，皆過長武，用車馬以萬計，公飛書草檄立辦之，洎班師迄無一誤。河南亂民秦國棟等戕官，奉命緝捕，獲之。五十一年，遷雲南布政使。雲南銅政繁，公盡發故籍，著銅政全書〔六〕五十卷，示補救調劑之術。五十三年，調江西布政使。明年，擢刑部右侍郎。五十八年，以病乞休。上鑑

其老，允之，諭以『歲暮寒，俟春融歸』。明年歸，名所居曰『春融堂』。

嘉慶元年，以禪受大典至京，與千叟宴。四年，純皇帝升遐，復至京謁梓宫。蒙召見，勅建言，公密封以進，不留草。夏，歸青浦，以分償滇銅，鬻田宅入官，居廟廡。朋舊贈遺，以刻所著書。五年，重遊泮宫。十一年六月六日，病亟，口授謝恩表，自定喪禮。初七日雞鳴，公曰：『時至矣。』遂薨，年八十有三。

公之扈駕巡山東、江、浙也，古帝王聖賢名臣陵墓、祠廟，嘗分遣致祭。乾隆己卯、庚辰、壬午，分校順天鄉試；辛巳、癸未，分校會試；壬子，主順天鄉試，皆以經術取士，士之出門下爲小門生及從游受業者二千餘人。在京師，與朱筠河互主騷壇，有『南王北朱』之目。又嘗主婁東、敷文兩書院。欽定通鑑輯覽〔七〕、同文志〔八〕、一統志〔九〕、續三通〔一〇〕等書，皆奉勑與纂修焉。又奉勑删定三藏〔一一〕經呪，偏譯佛典，深於禪理者不及也。

公之學無所不通。早歲沈文慤選其詩，與王鳳喈鳴盛、吴企晋泰來、錢竹汀大昕、趙升之文哲、曹來殷仁虎、黄芳亭文蓮，爲『吴中七子』，名傳海外。晚宗杜、韓、蘇、陸，侍讌賡歌皆稱旨。詞擬姜夔、張炎。古文力宗昌黎、眉山。碑版之文照四裔，積金石文字數千通，書五萬卷。所至朋舊文讌，提唱風雅。後進執經請業，舟車錯互，户外屨恒滿，士藉品藻以成名致通顯者，不可勝數。

公治經與惠氏棟同，深漢儒之學，詩、禮宗毛、鄭；易學荀、虞；言性道尊朱子，旁及河津、餘姚諸家，不區門户。始入京師，會秦文恭纂五禮通考，即以吉禮屬公。生平重倫紀，尚名節。在軍中和平簡易，自科爾沁王以下，皆親重之。爲司寇時，與阿文成爲舊識，他非所契。嘗訓子曰：『易言比匪之傷〔一二〕，非匪人之能傷，比者自重其傷也。』少與王鳳喈、錢竹汀同學同年，至是同歸老，相與講求問學，

跌宕湖山，尤快事焉。

自來文學與武功，文章與政事，判然兩途。至於漢、宋互異，朱、陸殊科，治樸學者，以詞賦爲虛華；論性天者，譏訓故爲繁碎，分茅設蕝，莫能相通，而得其一，皆足以名世。惟公邃於經，健於文，富於詩詞，精於考證，達於政事韜略，研窮於性理；又北至興、桓，西南出滇、蜀外，所過名山大川，皆足開拓心胸，增長識力，渟泫迤演，不名一家，可謂通儒也已。所著春融堂詩文集六十八卷〔一三〕，金石萃編百六十卷，青浦詩傳三十二卷，詞二卷，湖海詩傳四十六卷，湖海文傳七十五卷，國朝詞綜〔一四〕四十八卷，明詞綜十二卷，征緬紀聞〔一五〕三卷，蜀徼紀聞四卷〔一六〕，滇行日録三卷，屬車雜志二卷，滇詔紀程、適秦日録、商洛行程記、豫章行程記、雪鴻再録、使楚叢談〔一七〕、臺懷隨筆〔一八〕各一卷，青浦縣志〔一九〕、太倉州志〔二〇〕、蒲褐山房詩話〔二一〕如干卷，皆行世。餘若天下書院志〔二二〕、朝聞録等書未刻者，尚十餘種。

——清　李元度國朝先正事略名臣卷二十

四、王昶列傳

王昶，江蘇青浦人。乾隆十九年進士。二十二年，上南巡，召試一等，欽賜内閣中書。二十三年，補官。二十四年，充順天鄉試同考官。旋充在軍機章京。二十五年，充順天鄉試同考官。二十六年，充會試同考官。二十七年，充順天鄉試同考官。二十八年，充會試同考官。二十九年，升刑部司主事，兼辦秋審處。三十一年，遷員外郎。三十二年，升郎中。三十三年四月，京察一等，記名以道府用。七月，以漏洩查辦兩淮鹽引一案，奉旨革職。九月，雲貴總督阿桂奏請帶往雲南軍營效力。

三十六年十月，諭曰：『據温福奏，「革職郎中王昶，在滇省軍營自備資斧效力，已滿三年，今派令隨赴四川辦事，懇量予加恩」等語，王昶著賞給主事，所有應得分例，准其支食。』十一月，補吏部主事。三十七年，副將軍阿桂奏：『前經帶往辦事之主事王昶，由雲南軍營效力，復帶赴四川軍營，一切奏摺、文移，皆其承辦，頗爲出力。』得旨：『王昶著加恩以吏部員外郎用。』

三十八年，補員外郎。三十九年，以軍營奮勉，經大學士阿桂保奏，以本部郎中升用。四十年，補郎中。四十一年五月，諭曰：『吏部郎中王昶，在軍營出力年久，頗著勤勞，著加恩升鴻臚寺卿，并賞戴花翎，仍在軍機處司員上行走。』七月，授通政司副使。四十二年，遷大理寺卿。四十四年，擢都察院左副都御史。四十五年三月，授江西按察使。八月，丁母憂。四十八年二月，服闋補直隸按察使。三月，調陝西按察使。十月，奏稱：『向例重犯脱逃，州縣先於本境查拏。初參限滿不獲，始造具事由清册，分咨鄰省通緝。查命案初參以半年爲限，閲時既久，頑獷之徒早已乘間遠颺。請嗣後遇有兇犯脱逃，一面在本地嚴拏，一面飛咨鄰省通緝。』得旨：『依議速行。』十二月，奏：『陝省幅員遼闊，東南與楚、蜀接壤，最易藏奸。現飭各屬將舊有保甲，逐一清理，漢中、興安一帶流寓民人，取具相識保結，方准棲止；其無人認識、蹤跡可疑者，遞回原籍。至往來過客，於歇店給發印簿登記彙查，儻詢出命盜重犯曾在該店歇宿，照例治罪。再，兇器必宜禁絶。除鳥槍業已陸續繳收，其餘如順刀、褲刀，不惟不容佩帶，并不許製造。仍飭各屬嚴密稽查，毋任胥役藉端滋擾。』得旨：『實力爲之。』五十年，署陝西布政使。

五十一年閏七月〔一三〕，遷雲南布政使。九月，諭曰：『據永保奏「臬司王昶已升任雲南藩司，應行交代赴任」等語，前因伊陽縣逸犯秦國棟及大名案首犯段文經、徐克展等查拏未獲，令王昶在商州搜捕。今

兩案正犯尚未弋獲，正應令王昶在彼悉心督緝，乃永保以該司升任雲南，遽派潼商道德明前往商州更換王昶，何拘泥不曉事體如此？所有陝西臬司印務，著顧長紱兼署外，王昶應仍在商州、潼關一帶嚴緝要犯，俟拏獲後，再令交代起程。』十月，又諭曰：『王昶前在商州一帶緝拏要犯，今秦國棟業經拏獲，王昶著仍遵前旨，即來京陛見後再赴雲南藩司新任。』五十三年，調江西布政使。五十四年，授刑部右侍郎。

五十五年三月，江蘇高郵州知州吴瑍祖庇書役私雕印信冒徵錢糧一案，經該州巡檢陳倚道查獲，疊稟本省，各上司遲延不辦，至是揭報户部，上命偕兵部尚書慶桂馳驛前往，會同兩江總督書麟審訊。嗣以書麟奏到摺内并不細覈詳稟批發月日，嚴究徇縱情節，將巡撫閔鶚元參奏轉代爲掩飾，將書麟交部嚴議。諭曰：『此案關係吏胥假票重徵，官吏通同隱蔽。王昶籍隸江南，未免心存瞻顧，且恐不能堅定，漫無主見，必致附和書麟所奏，代人受過。著將案内犯證一切卷宗，迅速解赴熱河行在審辦。』七月，命赴湖南鞫湘鄉縣糧書需索案。九月，赴湖北鞫應城縣倉書浮收案。十月，鞫江陵縣書吏偷減土方案。十一月，鞫永明縣賄買武童案。十二月，鞫長沙縣勒買常平倉穀案。皆得實以聞。五十七年，充順天鄉試副考官。

五十八年三月，奏給假回籍省墓，上允之。十二月回京，諭曰：『侍郎王昶，假滿來京，召見，看其年力就衰，伊亦自以「精神日減，難以供職」。王昶著以原品休致，俟來歲春融，即行回籍，以示體恤。』嘉慶十一年，卒。

——清國史大臣畫一傳檔次編卷六

五、王昶傳

王昶,字德甫,江蘇青浦人。乾隆十九年進士。南巡,召試,授内閣中書,充軍機章京。三遷刑部郎中。三十(二)三年,察治兩淮運鹽提引,前鹽運使盧見曾坐得罪,昶嘗客授見曾所,至是坐漏言奪職。雲貴總督阿桂帥師討緬甸,疏請發軍前自効。上命大學士傅恒出視師,嗣以理藩院尚書温福代阿桂,皆以昶佐幕府。温福移師討金川,昶實從,疏請叙昶勞,授吏部主事。既,復從阿桂定兩金川,再遷郎中。刑部侍郎袁守侗按事四川,上命察軍中事,還奏言昶治軍書有勞。四十一年,師凱還,擢昶鴻臚寺卿,仍充軍機章京。三遷左副都御史,外授江西按察使。數月,以憂歸。起直隸按察使,未上,移陝西按察使。

在陝西凡十年,值回田五爲亂,軍興,昶繕守具,佐治軍需,疏請清釐保甲,禁民間蓄軍器。遷雲南布政使。河南伊陽民戕知縣,竄匿陝西境未獲,昶如商州督捕,上命俟得賊詣京師覲見。昶既得賊,入謁上,自陳疲憊,乞改京職,上温旨慰遣,乃上官。以雲南銅政事重,撰《銅政全書》[二四],求調劑補救之法。旋調江西布政使。五十四年,内遷刑部侍郎。屢命如江南、湖北讞獄。五十八年,以老乞罷,上許之,方歲暮,諭:俟來歲春融歸里。昶歸,遂以『春融』名其堂。嘉慶元年,詣京師賀内禪,與千叟宴。四年,復詣京師謁高宗梓宮。十一年,卒。

昶工詩、古文辭,通經。讀朱子書,兼及薛瑄、王守仁諸家之學。蒐采金石,平選詩、文、詞,著述傳於世。

論曰:國家全盛日,文學侍從之臣,雍容揄揚,潤色鴻業。人主以其閒暇,偶與賡和,一時稱盛事。

未有彌歲經時，往復酬答，君臣若師友，如高宗之於陳群、德潛。嗚呼，懿矣！當時以儒臣被知遇，或以文辭，或以書畫，録其尤著者。視陳群、德潛恩禮雖未逮，文采要足與相映，不其盛歟！

——清史稿卷三百五

六、禮部奏請已故原任刑部右侍郎王昶入祀鄉賢祠

禮部謹奏爲遵旨議奏事禮科抄出江蘇巡撫林則徐會同兩江總督陶澍、江蘇學政廖鴻荃『題請已故刑部右侍郎王昶入祀鄉賢祠』一疏，奉旨：『該部議奏。欽此。』欽遵到部。

臣等查定例，『各直省遇有呈請入祀名宦、鄉賢者，應准、應駁，由部核實定議：其生前居官政蹟確有裨於國計民生者，秉公覆核，具奏請旨；如僅以人品端方，學問優長，空言譽美，并無實蹟者，即行議駁，以昭慎重。其有大臣身後題請入祠者，專摺具奏』等語。今查該省送到事實册内，開原任刑部右侍郎王昶，係江蘇青浦縣進士，由内閣中書歷官至刑部右侍郎，原品休致，於嘉慶十一年歿於原籍。

臣等悉心確覈事實，該故員持躬端恪，植學閎深。官刑部郎中時，從征緬甸、金川等處，著有功績。其後官江西按察使，以編查保甲爲緝盜良法，督民實力奉行，盜風頓戢。官雲南布政使，釐剔銅弊，作銅政全書〔二五〕，俾司事者有所遵守。官江西布政使，值江湖水溢，賑貸兼施，賴以存活者甚衆。居官以培養人才爲己任，輯天下書院志一書，所言悉躬行實踐之學。於鄉里尤加意任恤，分廉贍族，推惠甚廣。更能潛心經義，分纂同文志、五(體)禮通考，并譔金石萃編諸書，允爲士林模楷。所有已故原任刑部右侍郎王昶入祀鄉賢祠之處，臣等覈其居官政績，確有俾於國計民生。

謹擬如該撫等所請，准其入祀鄉賢祠。恭候命下，臣部遵奉施行。事關大臣崇祀，謹循例專摺具奏
請旨。

道光十三年七月三十日奏，本日奉旨：『依議。欽此。』

禮部爲知照事儀制司案呈本部，具奏已故原任刑部右侍郎王昶入祠一摺，於道光十三年七月三十日奏，本日奉旨：『依議。欽此。』欽遵到部，相應抄録，原奏知照兩江總督、江蘇巡撫可也。

七、江蘇巡撫臣林則徐謹題爲公舉鄉賢

江蘇巡撫臣林則徐，謹題爲公舉鄉賢事。據蘇州布政使陳鑾詳稱，據松江府詳據青浦縣詳稱准儒學牒據紳士何震、張拱、方祖範、陸我嵩、楊基、周郁濱、陸溶、吴廣成、洪照、沈喆、陸元均、何其偉、周鵬飛、蔡朝樞、陳以謙、楊三俊、陸良弼、蔡春雷、王先琨、蔣念晋、倪皋、陳鏻、吴准、陸宗鍔等呈稱：

切維臣子矢蓋棐之誼，國家嚴彰癉之條。勛崇邊略，貴在致身，望洽鄉評，久而定論。庇枌榆之蔭，常懷式敬於里閭；抒蘋藻之思，願報馨香於俎豆。有已故原任刑部右侍郎軍功加七級王昶，巍科蚤掇，望重春明。顯秩洊登，職司秋典。廉隅素礪，踐履堪師。本有爲於有守，融房謀杜斷於無形；藴公望爲公才，化王約裴通之偏重。器識閎遠，淵然涵萬頃之陂；風度端凝，卓爾峻千尋之壁。李元禮規裁修整，與人則深辨和同；謝太傅意趣安閒，遇事則了無喜愠。具渾金璞玉之質，益自磨礱；見祥麟威鳳之儀，彌加斂戢。矢靖共於夙夜，通仕籍者三十有七年；樹楷模於州閭，游壽宇者八十有三歲。懋官懋賞，儒臣之榮遇無雙；全受全歸，昭代

之完人寡偶。應攄名德，用企前修。若其學綜於博，識極其精。晰朱、陸之異同，不存門户；彙漢唐之義疏，獨闢町畦。胸羅經世之文，不以讖緯矜内學；道契心傳之要，不以性相悟宗風。攬九垓形勢之恢奇，掌可指川塗陵壑；窺八陣風雲之秘奥，見不泥旺相孤虚。九千字形聲遞轉，宗叔重而兼逮冰、斯；一千通碑版旁搜，溯歐陽而遠逾洪、趙。絶似鄭君淵博，咸仰經神；還符顔監功勳，群欽學海。是以長揚獻賦，荷玉宸特達之知；闈棘衡文，極珊網收羅之富。屬車隨蹕，矢音則喜起賡；書局分司，槖筆則校讎疊任。揚盛世菁莪之化教，必遵鹿洞規條；富名山卷軸之藏譽，益重鷄林聲價。此又天地人之兼通，才學識之并擅者也。迺者緬酋梗化，川醜抗稜。試枚皋倚馬之才，據層碉而草檄；本劉勰雕龍之手，躍列砦以横戈。親經八載馳驅，夢驚猿鶴；上慰九重宵旰，志奮熊羆。幕府上其賢勞，共慶紅旂奏捷；御屏書其姓氏，特看翠羽榮頒。預賜宴與賜茶，凱旋績懋；釋儒服而戎服，郊勞禮成。鵷行則歲紀，三遷知帝心之簡畀；烏府則任分，獨坐昭臣節之剛方。洎乎陳臬秦關，分藩滇省。值石峰之猖獗，備兵遥遏攢蜂；憫銅政之繁芳，稽牘潛消集蜎。重臨章水，拯災起比户瘡痍；入貳秋官，斷獄矜圜扉援繫。銜命頻看乘傳，持平則人頌張卿。引年爰法，懸車知止，則心儀疏(傅)傳，此又績存治譜，勳紀史宬，爲海内所共欽，非鄉黨之私議。至於誼篤人倫，孝由天性。三命推恩祖考生養者，殁更榮施；一龕係念烝嘗哀致者，祭尤禮備。本承先以裕後，經史儲書塾之藏；推睦族以敬宗，教養倣義莊之制。樹芳型於閭里，都人士群奉爲師；垂懿範於家庭，鄉先生可祀於社。震等敬同桑梓，薰慕椒蘭，素悉遺規，久欽私淑。三秦六詔祀遺愛者，奚止萬家；春仲

秋丁報明德者，應垂億禩。詞惟實叙，舉與例符。伏求俯鑒公心，確憑輿論，准賜牒縣具詳題請入祀鄉賢。有美必彰，上以宣朝宁褒榮之典；舉善則勸，下以敦閭閻風化之原。

爲此敬繕事實册結，合詞呈請等情。據此，該青浦縣儒學教諭李雲松、訓導陳栻核看，得『已故原任刑部右侍郎王昶，性成忠孝，學貫天人。早掇巍科，克揚偉績。佐戎功於邊徼，仰副宸知；宣定讞於輶軒，式符輿論。任監司而襜帷布愷，躋卿貳以丹筆持平。操衡鑑於瑣闈，增重龍門聲價；輯志文於講院，聿新鹿洞規模。屢充垂世之纂修，莫罄等身之著述。出入百氏，闡經史而獨闢町畦；上下千年，校碑版而廣摉金石。倣義莊而贍族，設祠塾以培才。報國則遠布鴻猷，歸田則允孚燕譽。綜核純修之穆行，洵推盛世之偉人。宜沐馨香，用昭矜式』。

覆查無異，造具事實清册。取加各結移請轉詳等因到縣，准此覆查無異。該青浦縣知縣蔡維新核看，得『已故原任刑部右侍郎王昶，才優幹濟，學裕本原。早入承明，洊登卿貳。簪毫入直，重益公制誥之文；草檄飛書，佐裴相行軍之幕。乘軺數出，仁恩則春雨流膏；洗獄皆空，清節則秋霜比肅。佐聖世文明之治，玉尺無私；儲盛朝梁棟之材，金鍼悉度。龍威蠹簡，探典册於嫏嬛；鹿洞鵞湖，闡宗風於濂洛。游文章之林府，義通學海經神；廣金石之搜羅，器核夏瑚周簋。設義莊而恩周宗族，建祠塾以培植人才。八秩歸田，一心報國，不負名卿之重望。洵推盛世之偉人，用式鄉閭，宜崇祀典』。

相應加看，具文通詳，伏祈轉詳以勵風俗等情，并送事實册結到府。該松江府知府沈兆澐核看，得『青浦縣籍已故刑部右侍郎王昶，品重璆圖，望崇柱石。伴薇壯歲，奪鳳蜚聲；聽棘頻年，爽鳩副職。際軍書之旁午，濡毫而刁斗無驚；荷寵命之重申，用羽而冠裳有耀。迨夫柏省貢箴言之六，藩垣勤歲比之

三。典文衡而籠備葭苓，理讞事而函承英蕩。以至遺編手定，仰經術之淹通；寄廡心閒，守儒家之寒素。先墓祠之修葺，鼓舞民風；釐書院之規模，栽培士氣。主講席而曲成後進，置義莊而永贍同支。經猷早振於邊陲，楷範益徵於閭里。克副熙朝之樂育，允酬祀典之馨香』。

兹據該縣學查明，取造事實册結，加具結看詳送前來，相應覆核加看詳，祈核轉等情到司。據此，該蘇州布政使陳鑾核看，得『青浦縣籍已故刑部右侍郎王昶，學識淵博，器宇宏深。早讌杏林，不滅裁詩解縉；繼厠鳩府，還同治獄於公。允文而復允武，佐靖潢池；明政而更明仁，恩垂滇浦。崇階特晋，荷九重知遇之深；鉅績頻彰，爲百職楷模之望。其餘正講席，設規條，河洛之宗風復振；建義莊，贍窮獨，文正之遺惠常存。似此盛世之偉人，允稱天家之良輔。喬木雖摧，準繩具在。高山可仰，俎豆宜歆』。

兹據該縣學查明，取造事實册結，由府加結詳請前來，相應加具結看具文詳候核題等情到臣。據此，該臣看得『青浦縣已故刑部右侍郎王昶，秉資端恪，植學閎深。詞賦起家，始迓翠華而奏頌；樞機儤直，旋趨丹禁以簪毫。迨袀服之宣勞，遍涉金沙鐵壁；洎廉車之播闓，載經洱海章江。入佐秋卿，治獄咸推忠敬；出馳夏篆，省刑屢著平反。衡文則士頌公明，致政則義存止足。以至敬宗收族，義莊循范氏之規；養德育才，講院仿胡公之教。著述研求乎許鄭，文章敷法乎韓歐。斯誠通天地人之謂儒，洵堪立德功言而不朽。炳旂常之勳績，允副輿評；薦俎豆之馨香，宜酬祀典』。

兹據該府縣學取造册結，由府詳司加具結看轉詳題請入祀鄉賢等情前來，臣覆核無異，除册結送部查核外，謹會同兩江總督臣陶澍、江蘇學政臣廖鴻荃，合詞具題。伏乞皇上聖鑒，勅部議覆施行。謹題請旨。奉旨：『該部議奏。欽此。』

八、計開履歷事實清册

一、本宦王侍郎昶，字琴德〔二六〕，號蘭泉，又號述菴，江蘇松江府青浦縣人。乾隆陸年，以第壹名入學。由廩膳生應乾隆癸酉科鄉試，中式第拾壹名舉人。甲戌科會試，中式第貳拾肆名，殿試貳甲第柒名成進士，歸班銓選。貳拾貳年，恭逢聖駕南巡，召試行在，欽定壹等第壹名，賜內閣中書舍人，即用。貳拾叁年，補內閣中書。貳拾肆年，直軍機處。貳拾柒年拾貳月，大學士（傅）傅忠勇公，奏請以主事用。貳拾玖年，補授刑部山東司主事，兼辦秋審處。肆月，京察壹等。叁拾年伍月，京察壹等，奉旨加壹級。叁拾壹年肆月，西域同文志告成議叙，奉旨加壹級。是月，升授刑部浙江司員外郎。叁拾貳年春，升授刑部江西司郎中。叁拾叁年肆月，京察壹等，奉旨加壹級，交軍機處，以道府記名。時緬甸不靖，命定邊右副將軍總督雲貴阿文成公桂往征，奏請以本宦從。叁拾陸年陸月，阿［桂］罷，以理藩院尚書溫福代之，復奏請留佐軍需。會小金川土司僧格桑滋事，命溫福移師進討，復以本宦從。叁拾柒年貳月，阿［桂］奉命進川會剿，本宦又從阿［桂］行。叁月，上趣阿［桂］督南路兵，奏以本宦從。肆拾壹年，金川蕩平。伍月，奉旨升授鴻臚寺卿，賞戴花翎，在軍機處行走。擢通政司副使，大理寺卿〔二七〕。肆拾肆年正月，乞假葬親回籍。拾月，假滿入都。拾貳月，補授左副都御史。肆拾伍年叁月，授江西按察使。捌月，丁生母憂回籍。肆拾柒年拾壹月，服闋。肆拾捌年貳月，在籍得旨補授直隸按察使，在途改陝西按察使〔二八〕。伍拾壹年捌月，奉旨授雲南布政使。伍拾叁年叁月〔二九〕，得旨改授江西布政使。伍拾肆年貳月，奉旨授刑部右侍郎。伍拾捌年叁月，乞假省墓。拾貳月，假滿趨宮門，召見，以老病不能供職奏，

奉上諭：『王昶著以原品休致，仍俟春融回籍，以示體恤。欽此。』伍拾玖年柒月，回籍。嘉慶元年正月，詔赴京，蒙恩與千叟宴，御賜玉如意、楠木壽杖、綢緞、裝錦大呢、筆墨等拾陸件。有紀恩詩陸章，奉旨刊入燕集中〔三〇〕。嘉慶肆年，高宗純皇帝升遐，昶匍匐入都，望闕涕零。叁月初壹日，仁宗睿皇帝召見，詢問歷官始末及外省吏治、民情與川、楚寇盜未平之故。上知昶兩耳重聽，諭令跪前奏對。又諭：『凡有欲言，可繕寫密封具奏。』次日，詣觀德殿，敬謁梓宫，行禮後陳進封章，上命留覽。嘉慶伍年，重游泮宫。拾壹年陸月初柒日，卒於本籍，年捌拾有叁。

一、本宦居官，廉潔自勵，於掄才大典尤爲慎重。自乾隆貳拾肆年考試差第壹充順天鄉試同考官，貳拾伍年復充順天鄉試同考官，貳拾陸年充會試同考官，貳拾柒年充順天鄉試同考官，貳拾捌年充會試同考官，伍拾柒年充順天鄉試副考官，皆矢公矢慎，一切夤緣請託之弊，悉行擯絶；校閲盡心，搜討悉取理法清真、經術淹貫者，所得多知名士。

一、本宦素優幹濟，從軍備禦，皆著勞績。乾隆叁拾叁年，從征緬甸。叁拾陸年，從征金川。叁拾柒年叁月，從阿桂督南路兵。陸月，抵卡，接到部咨，於進剿小金川攻克斯底葉安案内議叙，軍功加壹級，紀録貳次。捌月，接到部咨，於攻克東瑪案内議叙，軍功加壹級，紀録貳次。拾月，接到部咨，於攻克資哩案内議叙，軍功加壹級，紀録貳次。拾貳月初五日，克美諾，僧格桑遁走占固，將軍温福亦克蒙古寨，屆美諾會師，僧格桑遁入金川，澤旺降，械送京師。拾叁日，進討金川，議分三路，阿[桂]由當(噶)噶。叁拾捌年，從師由美諾進發。陸月，接到部咨，於上年攻克翁古爾壟案内議叙，軍功加壹級，紀録貳次。柒月初壹日，撤兵至翁古爾壟，阿[桂]奏沃日係進討正路，請往視師，本宦從。貳拾捌日，西行。是日，

接到部咨，於上年攻克僧格桑案內從優議敘，軍功加貳級。時晨夕得警報，又奉詔旨詢問無虛日，本宦日從行三四站，夜則具章奏、治文書，無片刻暇。捌月，抵日隆關。接到部咨，於上年攻克美諾案內從優議敘，軍功加貳級。拾月初捌日，阿［桂］分路進討。拾壹月初捌日，至大板（照）昭，小金川平。議攻金川，以明年正月，三路合力進攻。叁拾玖年正月朔，自美諾啟行。玖月，接到部咨，於收復美諾案內，加軍功壹級，紀録貳次。是年肆月中，刑部侍郎袁守侗，按事來川，詔令便赴軍營視狀。袁以軍牘皆本宦一手所辦回奏，上嘉之。有旨垂問，阿［桂］據實覆奏。肆拾壹年正月，在噶喇依軍營接到部咨，於上年攻克勒烏圍案內議敘，軍功加貳級；又以攻克噶喇依案內從優議敘，軍功加貳級；又以金川將次蕩平奉恩詔加壹級。貳月初肆日，兩金川地悉平，用捌百里馳奏紅旗告捷。叁月初貳日，自噶喇依班師。肆月貳拾叁日，至良鄉之竇店。貳拾陸日，上命王大臣等賜凱旋諸將佐飯。貳拾柒日，駕至黄新莊郊勞，戎服行禮，賜茶。伍月初壹日〔三一〕，上幸紫光閣，賜宴畢，復拜白金、緞疋、朝珠、荷包之賜。初五日，奉旨：『王昶久在軍營，著有勞績，升授鴻臚寺卿，賞戴花翎，在軍機處行走〔三二〕。』謝恩，召見詢問軍營前後八年事甚詳。柒月，擢通政司副使。時上幸熱河，馳往謝恩，召對久之。命隨獵木蘭，復蒙召見。肆拾玖年，任陝西臬司。肆月，甘肅固原屬鹽茶廳回匪田五，倡復新教，糾衆攻破西安州土堡，海城小山回賊附之。拾玖日，奉旨以西安州距陝西長武陸站，恐回匪竄入陝境，命往堵禦。貳拾貳日，至長武。兵弁爲提督剛塔調去，僅存叁拾名，兵勢單弱。長武之通甘肅者有七路，除分守隘口外，四城門及監獄、倉庫，皆需撥兵防守。乃借兵於總兵三德，得貳百名，分撥內外，聲勢乃壯。賊自伍月初伍日至拾壹日，從官川徑瓦岔，連擾車黄寨、蔡家堡等處，石峯堡賊附之。賊烽距長武不及叁百里，本宦試炮巡城，爲防禦

計。時上已命大學士阿[桂]、户部尚書福康安、都統海蘭察領京兵從山西來，工部尚書信勇公復興領兵從河南來，將軍莽古賚統寧夏兵，阿拉善王旺親班巴爾統蒙古兵，皆會隆德；義烈公保寧統屯鍊兵亦至。拾柒日，阿[桂]督諸軍攻勦。柒月初肆日，破其堡，搜捕無遺。是役也，統計陝西省緑營兵伍千名，京兵貳千名，絡繹過長武，需車輛馬騾約以萬計；又銀錢、火藥、鎗炮、軍裝駝載者又以千計，紛如蝟集。本宦不攜胥吏，不藉賓僚，飛書草檄，咄嗟立辦，暨乎班師竣事，無一舛錯遺誤者。事竣，奉旨議叙加貳級。

一、本宦歷任藩臬，皆以實心行實政。任江西臬司，以江西環山帶水，竊盜如臨川一縣，自肆拾壹年起至肆拾伍年，多至四百餘案。本宦以爲：『盜者竊之積，竊者盜之漸，其勢相因，要皆起於貧民之游手無籍者。』於是檄府、州、縣力行保甲，先書無業惰民好賭生事者之姓名於册，遇有竊發，先詰之；外縣人可疑者，執而訊之。江西人聚族而居，有所爭，各選族之狡悍不畏死者，互相格殺，或多至四五命。又有建家祠於府城省會，遇事則出祠堂公産之資，招請訟師，反覆告訐。本宦皆曉諭而嚴禁之。蒞任兩月，以憂歸，設施多所未竟。肆拾捌年，任陝西臬司，具奏：『命、盜凶犯脱逃，通緝宜行於定案之時，不應緩至半年之後，使奸宄得以從容竄匿。』又陝西所屬，南如興安、漢中，北如榆林、延安、綏德，皆距省一二千里，秋讞時囚犯解省，恐致脱逃，請令各道就近覆録，皆奉俞旨允行。又因各省刑名皆有省例，蓋舉部駁之案及條例之異常者，纂輯成書，以備稽考，遂飭胥吏盡發數十年舊案，編成伍拾卷〔三三〕，刻藏臬署。任雲南布政時，以滇省銅政最繁，爲廠大小肆拾有捌，每歲須京銅陸百叁拾叁萬觔有奇，九省採買銅壹百肆拾貳萬觔有奇，雲貴〔三四〕、東川二局鑄錢銅柒拾陸萬觔有奇，其他補運者又須數十萬觔，案牘繁叢，鈎摘稽考，窮日未竟。又以滇省産銅，雍正年間鑄錢運京運道數改，其各省採買漸增之故，案牘亦缺

失無考，自運用滇銅以來，其停減採買洋銅價值及鑄錢餘息，共計增帑千餘萬兩；而開採既久，硐老山空；自滇及蜀，步步皆蠶叢鳥道，運價日貴，司事頗憂不繼而莫能推其顛末。本宧盡發故籍，作銅政全書〔三五〕，使補救之方、調劑之術可考而知。去任時，父老香花杯酒走送者，自城闉至鸕鴣哨興福寺，貳拾里不絶。重蒞任江西布政使，是秋江、湖水溢，近江拾伍縣被淹，奉旨賑恤，乃由水路覆勘，由南昌至建昌、德安等縣，召災民詢以所得銀米若干，務與册符；老弱孤寡，輒撫慰之，民歡呼曰：『老佛復來，吾儕得生矣。』未及期，内升刑部侍郎，父老泣送者過於滇南。

一、本宧居心公正，處事平允，帝心簡在，屢使讞事。乾隆肆拾伍年，扈蹕南巡。叁月，山東壽光縣民魏萬年控縣令勞敦樟派累，命偕刑部侍郎阿揚阿會鞫。伍拾肆年拾壹月，直隸新安縣民劉巨川控總甲等於被災濟賑及借常平倉穀均有勒索，命偕倉場侍郎蘇凌阿往按之。伍拾伍年貳月〔三六〕，高郵州吏目陳倚道密揭州吏假印重徵，命偕兵部尚書慶桂往鞫。柒月，湖南湘鄉縣民童高門控書吏收漕折色各欵，命偕兵部侍郎吉慶馳驛鞫之。玖月〔三七〕，奉旨令審湖北應城縣武生李杜控倉書科派買穀，又歛錢買馬，折收草費各欵；又江陵縣民趙學三控書吏何良弼等包攬方家淵堤工偷減土方；又湖南永明縣民蒲大圻控告賄買武童等事；又長沙民王澤遠控知縣勒買常平倉穀，四案分别奏上，敕部核議，均如所擬。

一、本宧生有至性。遭父喪，哀毁骨立。甲戌成進士後，館山左，聞嫡母訃，戴星而奔，終天之恨，慟不欲生。生母殁於江西臬署，本宧年屆陸旬，哀慟未嘗少減。居憂不作詩文，不就徵聘。承先志建宗祠。又倣范文正公義莊之制，以贍族之孤寡。又置義塾以教族人子弟，事載祠塾規條。

一、本宧以書院爲國家培養人材之地，故於雲南之五華書院、江西之白鹿洞書院、在省會之友教書

院，皆力爲修葺，刊以條教。又以有司視爲具文，山長專求詞藝，因輯天下書院志壹書，於養德育才之意，三致意焉。致仕後，歷主太倉、青浦及浙江之敷文書院、詁經精舍，教人必以通經致用，根柢經史爲務。所至之處，凡有功德於民及清風亮節足以廉頑立懦者，必修其祠墓。蘇雲卿，宋之遺民，祠在南昌東湖；楊慎，前明以議大禮謫戍雲南，祠在永昌，皆修之。鄂文端爾泰、楊文定名時、尹文端繼善、陳文恭宏謀、李恭毅湖，皆雲南督撫，清名厚德，爲時所重；誠嘉毅勇公明瑞，清廉英鋭，殉節緬中；布政司王太岳於銅政有功，皆立祠於五華書院中。至明兵科給事中本朝賜專謚忠裕陳子龍，文章氣節，爲鄉里欽仰，亦偕紳士封墓建祠，以賜通謚忠節夏允彝祔焉。

一、本宦學識淹博，研窮諸經，汎濫子史百家。爲諸生時，取六經同異，隨條劄記，名曰楬櫫。應試禮部，值禮部侍郎秦文恭公纂五禮通考，分纂吉禮。通籍後，詔修通（監）鑑輯覽，充纂修官。詔輯同文志，以蒙古、額魯特、回部三種字合於國語，證以漢字，凡天地、山川、器物等名，用三合均其音，又爲註釋而疏通之，本宦兼充纂修官。金川平，命纂金川方略，充纂修官。大清一統志、續三通等書，命與纂修事。又奉敕刪定三藏聖教經咒。其在緬甸軍營，著滇行日録三卷、征緬紀聞三卷，凡山川風土，行軍調發，皆一一紀載。在金川，著蜀徼紀聞四卷〔三八〕，詳載時事，而書官、書名，略見微意。在陝，輯『西安省例〔三九〕』五十卷。在滇，著銅政全書〔四〇〕五十卷。又集商周以逮唐宋鐘鼎碑版，譔金石萃編一百六十卷，加以考證，記列史之訛，附以開成石經、五經文字、九經字樣，以正坊本點畫之誤。輯湖海文傳、湖海詩傳、青浦詩傳、琴畫樓詞鈔、續詞綜，足爲徵文考獻之助。至朝聞録、述菴叢語，卷帙無多，悉皆躬行實踐之學也。其所著詩文雅正。爲諸生時，與錢大昕、王鳴盛等稱『吴中七子』，所刊七子詩，流傳海外。

通籍後，扈蹕南巡，從幸熱河，謁闕里，屢奉命和御製詩章。晚輯春融堂全集六十八卷。詩以杜、韓、蘇、陸爲宗，而五言則源於王、孟、韋、柳。古文力追左傳、史記、歐陽文忠、歸氏震川，尤以載道爲重。

一、本宦起家寒素，爲諸生時作固窮賦以見志。服官四十餘年，屢任藩臬，廉俸所入除置宗祠、義田外，僅田三百餘畝，終以滇南分賠，并所居屋盡數呈繳，移住宗祠旁廡。所遺惟經史子集二萬餘卷，金石文字一千餘通。四方以詩文就正者，屨滿户外，而持守謹嚴，門無雜賓。生平服食，儉樸仍似儒生。

一、本宦嗣子肇和，國學生，已故。長孫紹基，青浦縣學附生；次孫紹濬，業儒。曾孫景恩，幼。

九、王蘭泉先生

清　江藩撰

先生諱昶，字德甫，號述庵，一字蘭泉，又字琴德〔四一〕。其先世居浙江之蘭溪。高祖懋忠，始遷江南松江府青浦縣西珠街角鎮，遂爲青浦人。考士毅，字鴻遠，年四十五，無子，禱於杭州靈隱寺，夢人贈以蘭。明日，市蘭歸。逾兩旬，蘭茁二枝：一出土即隕；其一長尺有六寸，森森若巨竹狀。及夏，紫燕〔四二〕栖於楹，同巢異穴。至冬，陸太夫人孕男不育，而錢太夫人生先生，咸以爲蘭徵燕兆也。

先生生而開敏。四五歲時，能背誦周伯（弜）弼三體唐詩，爲人演説楊用修廿一史彈詞，娓娓不倦。年十八，應學使試，以第一入學。是年，得韓柳文集〔四三〕、歸震川集、張炎山中白雲詞，讀而愛之，乃肆力於古文詞。年二十一，丁外艱。先生侍疾日久，哀勞毁瘠。居喪，讀禮〔四四〕，不作詩文。服闋游吴下，蔣恭棐、楊繩武見先生詩文，謂：『宋文憲以後一人也！』肄業紫陽書院，時從惠徵君定宇游，於是潛

心經術，講求聲音訓故之學。是時，沈尚書歸愚爲院長，選先生及王光禄鳳喈、吴舍人企晉、錢少詹曉徵、贈光禄寺少卿趙升之、曹學士來殷、上海黄芳亭泌陽令文蓮七人詩，稱爲『吴中七子』，流傳日本，大學頭默真迦，見而心折，附番舶上書於沈尚書，又每人各寄相憶詩一首，一時傳爲藝林盛事。

乾隆十八年癸酉，鄉試中式。十九年甲戌，成進士，歸班候選。秦尚書蕙田，延先生修五禮通考。明年〔四五〕，游山左歸，陸太夫人病逝，哭泣盡禮。兩淮鹽運使盧見曾，聘先生課其子及孫；與程編修午橋，馬同知曰琯，弟徵君曰璐，汪部曹棣，張貢生四科，爲文酒之會。二十二年，高宗純皇帝南巡，獻賦行在，欽定一等第一，授内閣中書。是歲，仍留揚州，盧運使屬撰紅橋小志〔四六〕，以記篠園、平山堂亭榭花木之勝。明年，入都供職，溧陽、南沙〔四七〕、薌林三公，皆以國士待之。二十九〔四八〕年，授刑部山東司主事，充方略館收掌官。三十一年，授刑部浙江司員外郎〔四九〕。三十二年，升刑部江西司郎中〔五〇〕。三十三年，兩淮運使提引〔五一〕事發，先生與趙文哲坐言語不密罷職。

時緬甸未靖，詔以伊犁將軍文成公阿桂爲兵部尚書、定邊右副將軍，總督雲南、貴州。文成，文勤公阿克敦子也，文勤爲先生殿試讀卷師，是以知先生學問經濟，請以從，詔許之。三十四年，文成出萬仞關，駐騰越。頃之，得旨命大學士忠勇公傅恒爲經略。緬酋懵駁乞降，經略屬先生草檄諭懵駁，允其降〔五二〕。三十六年，文成罷，用理藩院尚書温福代之，奏留先生佐籌善後事。會四川小金川土司澤旺之子僧格桑指沃日兕詛發兵佔其地，又侵據明正土司濃等（塞）寨；而金川應襲土司索諾木，亦併革什咱，殺其土司。上命温福移師赴四川，奏請以先生行。奉旨賞給主事，隨往四川軍營辦事〔五三〕。旋授吏部考功司主事。僧格桑遣人訴沃日詛害狀，先生作檄斥其罪。大兵進討，克斑斕山，破斯當安，進攻

日耳寨。三十七年,參贊大臣五岱與温福訐訟,詔罷五岱,命文成往北山木雅斯底代統其衆。先生從文成督兵,緣山而下,築卡斷賊路〔五四〕。時南路總督桂林統兵次達烏,久不能克,乃以兵三千遣參將薛(綜)琮從墨壟溝經敦舟山出賊後,爲夾攻之策。既行,大雨雪,兵無繼者。金川賊由格六古來援,(綜)琮援絶糧盡,全軍皆没。上削桂林職,趣文成督南路兵,文成奏請以先生從。先生因兵至達烏,久不攻戰,賊必無備,乃建策潛師襲之。於十一月四日子刻,潛師渡溪,遂據達烏。翁古爾壟之賊,亦震駭無守志,破其栅,克美諾,僧格桑遁入金川。先是,文成奏先生係獨子,母年七十餘,深明大義,勖以殫心軍事,今從軍已五年矣,請量加拔擢。至是,得旨以吏部員外郎升用。

大兵進討金川,議分三路:温福與參贊哈國興,由空喀;文成與參贊明亮,由當噶;兵部尚書果毅公豐昇額與參贊舒常,往綽斯甲,由日傍、俄坡。未幾,哈國興病没,奉旨以海蘭察代之。三十八年,從師由美諾進發,次當噶山,攻克西山峰,又克兩大碉;而將軍温福自空喀移兵木果木,攻戰失利。賊煽小金川人盡反其地,先侵登達、占固,提督董天弼赴水死;遂分寇登春、八卦碉,海蘭察奪隘出,兵潰,温福死焉。六月十日也。金川既得美諾,率衆犯當噶,參將劉輝祖率一百四十餘人拒戰,自亥至寅,殺賊二百人;而領隊大臣奎林於色木則隘口拒賊,日十餘接,賊死者甚衆,畏當噶兵,乞降。文成知當噶不可守,姑從其請,徹師至翁古[爾]壟,奏『沃日乃進討大路,請往視師』,乃西行。是時,晨夕得警報,而詔旨詢問無虚日。先生馳馬日行四五百里,夜草奏治文書,恒徹夜不寐。十一月八日,大兵至大板昭,僧格桑復竄入金川。八日而小金川悉平。

三十九年,分兵三路合攻。先生從師自美諾啟行,抵谷噶。四月,刑部侍郎袁守侗按事入川,詔令

赴軍營視狀，知軍牘皆先生一人經畫，回京具奏，上嘉之。有旨垂問，文成覆奏，得旨擢吏部郎中。四十年五月，克遜克爾宗，奉旨補吏部文選司郎中。八月，克勒烏圍賊巢。十二月，克則朗噶克，下壓雍中喇嘛寺，取之。金川賊索諾木之母阿倉及姑阿青，時在河西，路斷不能歸，來降。於是，移大營於噶喇依。即刮耳崖。四十一年，三路兵合攻，索諾木兄莎羅奔岡達克、索諾木明楚克等相繼投出。二月，合攻益急，索諾木率其兄爽爾瓦沃雜爾、弟斯丹巴、妻巴底土、妹得什安木楚及大頭人丹巴訛雜爾等二千餘人，齎印出降；僧格桑已病死，並以首獻，兩金川蕩平。

先生從征九年，雖羽書旁午，然磨盾之暇，馬上吟咏，穹廬誦讀，無一日廢也。凱旋至良鄉，駕幸黄新莊郊勞，用戎服行禮。四月二十九日〔五五〕，上遣皇子獻俘太廟。五月朔〔五六〕，御午門受俘，訊於瀛臺，以逆酋兄弟罪在不赦，磔死，縣首藁街。是日〔五七〕，幸紫光閣，賜宴，作四裔之樂〔五八〕；宴畢，賜白金、緞匹、朝珠、荷包。奉旨：『吏部郎中王昶，久在軍營，著有勞績，著升授鴻臚寺卿，賞戴花翎，在軍機處行走。〔五九〕』命纂金川方略〔六〇〕，充總纂〔六一〕官。尋擢通政使司副使。四十二年三月，擢大理寺卿。四十三年，上因大清一統志成於雍正四年，至乾隆二十三年平定準噶爾回部，拓地二萬餘里，及府、州、縣增置改析者多，命重修，充總修官〔六二〕。四十四年，補授都察院左副都御史，又有旨授河南布政使。户部尚書梁公國治言先生在軍機久，多聞舊事，請留内用，上允其奏。四十五年，隨駕南巡，鑾輿次嘉興，有旨授江西按察使。旋丁内艱回籍，治喪能盡古喪禮。奉諱家居時，建宗祠，置家塾以教族人子弟。服闋補授直隸按察使，未抵任，改授西安按察使。

四十九年，甘肅固原屬鹽茶廳回人田五阿渾，倡復新教，糾衆攻破西安州。阿渾者，回語通經教主

之稱也。總督李侍堯、提督剛塔具奏，奉旨以西安州距陝西長武六（跕）站，恐回匪竄入，命往禦，乃至長武。長武有都司一員、兵一百三十名，提督調去，存三十名。又益以宜君兵五十名，合參將孫受兵四十二名，共一百二十名；而長武之通甘肅者有七路，各以兵役數人守之。未幾，田五自戕死，餘黨張文慶等走會寧。提督又調孫受兵去，長武勢益弱。賊又走安定之官川，其地乃前回匪馬明心所居，回匪盤聚於此，賊勢甚張。乃借兵於總兵三德，得兵三百，令通判黄秉哲率領以來，椎牛享之，分撥城内外，聲勢稍壯，民心乃安。

時副都統明善、參將孫受，以滿漢兵一千七百人〔六三〕駐高廟山，擊賊失利，二人没於陣，賊勢大熾，距長武不及三百里。先生乃試炮巡城；爲防禦計，數堞分人，籍城外民强壯者識其名，如有急，入城協守；凡刀矛炮石鐙燭油米，悉具無缺，民恃以不恐。邠、乾、永壽皆鑿塹填門，而長武樵採往來自若也。賊知有備，不敢犯，與石峰回匪合兵據隘以守。上命大學士阿桂、户部尚書福康安、領侍衛内大臣都統海蘭察領京兵從山西來，工部尚書復興領兵從河南來，將軍莽古賚統寧夏兵一千，阿拉善王旺親班巴爾統蒙古兵一千五百，皆會隆德，賊首馬文熹率衆降；而總兵三德調赴甘肅，敷倫泰代之，會敷倫泰亦調往甘肅，以太原總兵富敏泰統兵。先生恐其未習地利，遂出長武，從隴州至長寧見富敏泰，告以要險形勢及攻賊之策，復歸長武。諸軍攻剿，斷賊水道。賊勢蹙，欲突圍出。海蘭察率兵邀截，殪無算。於是阿渾張文慶、李可魁、馬四娃等皆就擒，餘黨悉平。是役也，用兵陝西緑營駐防五千名之外，調山西兵二千、京兵二千，絡繹過長武，需車輛馬騾約以萬計，而銀錢、火藥、槍炮、軍裝駝載者，又以萬計〔六四〕。先生不攜胥吏，不藉賓僚，草檄飛書，無一舛誤。奏上，有旨嘉許。

五十一年，河南伊陽縣民秦某等三十餘人，戕知縣孫嶽灝，逸去。巡撫畢沅搜捕不獲，因奏言伊陽接壤湖、陝，恐由熊耳諸山遁入商洛〔六五〕。得旨，派往督緝。乃赴商州，檄州同李景蓮邏緝。奉旨授雲南布政使，仍令督捕事竣，入都陛見。未幾，景蓮等獲秦某解京師，即命入京。陛見時，奏肝氣不調，精神疲憊，請改京職。温旨不許，乃之任〔六六〕。五十三年，調江西布政使。五十四年，奉旨授刑部侍郎。五十五年，隨駕東巡。回鑾至青縣，上命與兵部尚書慶桂往江南，同鞫高郵州典史陳倚道揭州書吏假印重徵事。定讞回京，又命同兵部侍郎吉慶，馳驛鞫湖南湘鄉縣民童高門控書吏收漕折色案。事竣，又命審湖北應城縣科派斂錢事。發摺起行，又得旨鞫江陵縣趙學三控書吏何良弼修方家淵堤工偷減土方案。訊畢，又命訊湖南永明縣賄買武童及長沙勒買常平倉穀二案。分別定擬奏聞，奉旨允行。

是年，純皇帝八旬萬壽，恩詔晋封三代皆光禄大夫，妣皆 品夫人，先生暨鄒夫人亦封一品。勘方家淵堤工時，按册丈量，無偷減情跡，其殘損處應賠補者，屬知府張方理任之。回至荆州，方家淵堤工尚未修補，乃具奏方理草率捏飾，落其職。五十七年，隨駕幸五臺。八月，充順天鄉試主考官。有貴介子，擯斥，忤當軸旨，遂乞假南歸〔六七〕，有終焉之志矣。一日，上召見大臣，詢王昶何以不來，輦下諸公飛札告知，乃克日就道。時届隆冬，跋涉二千里，精神疲苶，動履盤跚。召見時，上鑒其老病，以原品休致，傳諭：歲暮苦寒，宜俟春融回籍。

先生以文學受純皇帝特達之知，所以開續三通館、方略館、通鑒輯覽［館］〔六八〕，皆預纂修之役。己卯、庚辰、壬午，充順天鄉試同考官，辛巳、癸未，充會試同考官，及壬子主試順天，所得皆知名士。在京師時，與朱笥河先生互主騷壇，門人著録者數百人，有『南王北朱』之稱。歸田後，往來吴門，賓從益盛，

與王西沚、錢竹汀兩先生艤舟白公堤下，朋簪雜（還）遝，詩酒飛騰，望之者若神僊然。

六十年乙卯，先生年七十二。純皇帝以明年歸政，舉行千叟宴，詔中外臣工逾七十者皆入宴，遂詣闕。召見時，詢問舊事及江浙年歲豐稔狀，奏對稱旨。嘉慶元年正月初四日，行千叟宴禮於寧壽宮。宴畢，賜玉如意、楠木鳩杖、綢緞、裝錦大⿰毛尼、筆墨等十六件。獻詩六章，奉旨刻入燕集中〔六九〕。二十一日，陛辭出都。主婁東書院講席〔七〇〕。嘉慶四年正月，太上皇帝升遐，入都哭臨。三月初一日，召見，詢問歷官始末，及外省吏治民情與川、楚寇盜未平之故。奏對畢，又諭『凡有欲言，可繕寫密封以進』。明日，詣觀德殿前敬謁梓宮，遂陳數事，上命留覽。四月十三日，百日期滿，具奏回籍〔七一〕。先生以辛酉年補博士弟子，至嘉慶六年辛酉，六十年矣。江蘇學政錢樾、松江府知府趙宜喜請重遊泮宮，率新弟子祇謁文廟，行釋奠禮，宴於曲水園。時阮侍郎元爲浙江巡撫，請主敷文書院，主講席者三年。卒於家，年八十有三。

先生天資過人，於學無所不窺，尤邃於易。詩宗杜少陵、玉溪生，而參以韓、柳；古文則以韓、柳之筆發服、鄭之蘊。功業文章，炳著當代，求之古人中，亦豈易得者哉？生平著述甚富，春融堂詩文集六十八卷、金石粹編〔七二〕一百六十卷、明詞綜〔七三〕十二卷、國朝詞綜四十八卷〔七四〕、湖海詩傳四十六卷、續修西湖志〔七五〕、青浦縣志〔七六〕、太倉州志〔七七〕、陝西舊案成編〔七八〕、雲南銅政全書〔七九〕，皆刊行於世。其未刊行者，則滇行日録三卷〔八〇〕、征緬紀聞三卷〔八一〕、蜀徼紀聞四卷〔八二〕、屬車雜志二卷、豫章行程記一卷〔八三〕、商洛行程記一卷、重遊滇詔紀程〔八四〕一卷、雪鴻再録二卷〔八五〕、使楚叢談〔八六〕一卷、臺懷隨筆〔八七〕一卷、青浦詩傳三十六卷〔八八〕、天下書院志十卷〔八九〕。其未成書者，則群經楬

櫫〔九〇〕、五代史注〔九一〕。『楬櫫』取周禮職金注『今時之書，有所表識，謂之楬櫫』之意，蓋以漢學爲表識，而專攻毁漢學者。皆藏於家。

藩從先生遊垂三十年，論學談藝，多蒙鑒許。後先生因袁大令枚以詩鳴江浙間，從游者若鶩若蟻，乃痛詆簡齋，隱然樹敵，比之『輕清魔』；提唱風雅，以三唐爲宗，而江浙李赤者流，以至吏胥之子、負販之人，能用韻不失黏者，皆在門下。嘉慶四年〔九二〕，藩從京師南還，至武林謁先生於萬松書院，從容言曰：『明時湛甘泉，富商大賈，多從之講學，識者非之。今先生以五七言詩争立門户，而門下士皆不通經史、觕知文義者，一經盼飾，自命通儒，何補於人心學術哉？且昔年先生謂笥河師太邱道廣，藩謂今日殆有甚焉。』默然不答。是時，依草附木之輩聞予言，大怒，造謗語搆怨，幾削著録之籍，然而藩終不忍背師立異也。

先生弟子中，以經術稱者三人：開化戴君敦元，字金溪，乾隆癸卯舉人，庚戌中式進士，癸丑殿試，授庶吉士，今官刑部郎中；會稽王君紹蘭，字畹馨，癸丑進士，官至福建按察使。二君博通經傳，爲當代聞人。

袁上舍廷檮，字又愷，一字壽階，吴縣人也。明六俊之後，爲吴下望族。饒於資，築小園於楓江，有水石之勝。又得先世所藏五硯，爲樓弆之。蓄書萬卷，皆宋槧元刻、秘笈精抄，以及法書、名畫、金石碑版，貯於五硯樓中。又得洞庭山徐尚書健庵留植於金氏聽濤閣下之紅蕙，種之階前，名其室曰『紅蕙山房』。遇春秋佳日，招雲間汪布衣墨莊、胡上舍元謹，同邑鈕布衣非石、顧秀才千里、戈上舍小蓮，爲文酒之會。時錢竹汀先生主紫陽講席，王西沚先生、段大令懋堂，三寓公亦時相過從。袁大令枚、王蘭泉先生，往來吴下，皆主其家。於是四方名流，莫不拏舟過訪，詩酒

流連，應接不暇。壽階性好讀書，不治生産，且喜揮霍，急人之難，坐是中落，乃奔走江浙間，歲無虚日矣。後江觀察頡雲延之康山賓館，頡雲爲俗僧小石搆精舍於浙之西溪，屬壽階董其事，冒暑熱徒步山中，得痢下疾。死於家，年四十有七。藩與壽階少同里閈，後攜家邗上，壽階館於康山，蹤跡最密，談論經史，有水乳之合。壽階無書不窺，精於讎校，邃深小學。其論大誥叙『將黜殷命』云：『今尚書諸本皆無「命」字，詩豳譜、正義引此則有「命」字。案微子之命叙及周官叙皆云「既黜殷命」，則此必曰「將黜殷命」，二叙相應。且此叙正義云「黜退殷君武庚之命」，又云「獨言黜殷命」者，又云「且顧微子之命」，叙故特言「黜殷命」也。據此，則正義本實有「命」字。近見錢少詹唐石經考異云「『將黜殷』下本有『命』字，後摩改」，因取舊藏石經檢視，「作」字之旁猶留「命」字右偏之波磔，「誥」字既移第二行之末矣，而第三行之首猶有摩未盡之「誥」字具存，此摩改之明證也。』其論説文解字『蘜，以秋華』曰：『以秋華者，謂此爲月令「有黄華」之「蘜」字，以别於「蘜之爲治牆，菊之爲大菊、蘧麥也」。』『嗙，司馬相如説「淮南宋蔡舞嗙喻」也。曰「淮南宋蔡舞嗙喻」七言句也，蓋凡將篇之一句。李善引凡將曰「黄潤纖美宜製（禪）禪」，歐陽詢引凡將曰「鐘磬竽笙築坎侯」，皆七言也。』『麐，麇牝者』曰：『宋本作「牡」，與爾雅合。上文曰「麐，牝麇」，則「麐」不當云「牝」矣。』『液，盡也』曰：『「盡」當作「（𧖴）𧖴」，血部曰「（𧖴）𧖴，氣液也」，小徐本、玉篇、廣韻並作「津」者，假借通用字。今毛本作「盡」，誤也。』『[illegible]，古文「亥」爲「豕」，與「豕」同』曰：『汲古閣初印本篆文如此，各本皆同，説解當云「古文亥，亥爲豕，小徐本如此。故字與豕同」，轉寫譌脱耳。「字與豕同者」，古文「豕」亦作「[illegible]」，見九篇豕部。此「己亥」與「三豕」之所由誤也。所謂誤者，「己」與

「三」字之誤耳。「亥」「豕」古文本同字，讀書者當依文義讀之。今本剜改篆體作「豜」，則叔重云「與豕同」者，何解乎？』著書甚多，皆未編輯。其子椎魯，不能讀父書，所有稿本散失無存矣。今記藩之所聞者，略書數語，以見梗概云。

非石名樹玉，吴縣人。家洞庭山，隱於賈，無書不讀，亦深小學。著有説文解字校録三十卷〔九三〕、説文新附考七卷。詩文清峭拔俗，亦當代之畸士焉。

——漢學師承記卷四

十、王昶傳

王昶，字德甫，一字述庵〔九四〕。先世居浙江蘭溪。高祖懋忠，始遷青浦，爲江南籍。父士毅，年四十五無子，禱於杭州靈隱寺，夢人贈以蘭，遂生昶，咸以爲蘭之徵，後因字蘭泉〔九五〕。四歲，能誦周伯(弜)弼三體唐詩。既長，補諸生，肄業紫陽書院。尚書沈德潛爲院長，試韓蘄王墓〔九六〕詩，有『半壁江山留戰蹟，一家婦女盡英雄』之句，賞其文采。又嘗賦『清露滴苔徑，暮寒生竹樓』，尤心醉焉。與王鳴盛、吴泰來、錢大昕、趙升之、曹仁虎、黄文蓮號『吴中七子』。其詩流傳海外，日本大學頭默真迦，一見歎服，附番舶上書於尚書，人各寄相憶詩一篇，士林以爲美談。既又受業於徵君惠棟，講説經訓。

乾隆十九年，成進士，歸[選]班。二十二年，應召試入等，授中書。由刑部主事，歷遷郎中。坐讜讁當戍，兵部尚書阿桂征緬，請釋，令從軍。緬事罷，又從征金川。授吏部主事，積功擢郎中。軍事旁午，吟詠不廢。其詩悲壯雄渾，格又一變，如張説之在岳州，説者謂得江山之助矣。四十一年，金川平，超拜

鴻臚寺卿，賞戴花翎。再擢大理寺卿，遂貳憲臺。大興朱筠有儁譽，昶亦喜提厲風雅，門生著録各百人，稱爲『北朱南王』。外補江西按察使。以憂解職。服除，除直隸按察使，移陝西。四十九年，固原新教田五叛，陷西安州。昶守長武，以清静鎮物，民心大安。遷雲南布政使，調江西，召爲刑部侍郎。以博雅重海内，宏長風流，模楷後學，論者以擬新城王文簡公，有『兩司寇』之目。乘驛訊事，至江南一，湖南、湖北二，不枉不縱，得情而止。五十七年，充順天鄉試[副]主考官。以老病乞歸。六十年，入都與千叟宴。歸主婁東講席。嘉慶四年，入都哭臨，召見，陳軍事。歸復掌浙江敷文書院，弟子益衆。昶教其爲詩，以唐人爲宗，蓋猶守沈尚書繩墨，不忘師法也。（六）五年，江蘇學政錢樾請重游泮水，率新進謁孔子廟，行釋奠禮，雍容都雅，儒者美之。（八）十一年，卒於家，年八十三。

昶精力絶人，晚爲詩益綺麗。有春融堂詩文集六十八卷、金石粹編一百六十卷、明詞綜十二卷、國朝詞綜四十八卷、湖海詩傳四十卷，表潛德，備掌故，感舊集之亞也。續修西湖志、青浦縣志、太倉州志〔九七〕、陝西舊案成編、雲南銅政全書〔九八〕，行於世。又有滇行日録三卷、征緬紀聞三卷、蜀徼紀聞四卷〔九九〕、屬車雜志二卷、豫章行程記一卷、商洛行程記一卷、重游滇詔紀程一卷、雪鴻再録二卷〔一〇〇〕、使楚叢談〔一〇一〕一卷、臺懷隨筆〔一〇二〕一卷、青浦詩傳三十六卷、天下書院志〔一〇三〕十卷及群經（揭）楬櫫、五代史注、（揭）楬櫫藁，皆藏於家。

——清　錢林、王藻文獻徵存録卷九

十一、王昶傳〔一〇四〕

王昶，江蘇青浦人。

乾隆十九年進士。二十二年，上南巡，召試一等，欽賜内閣中書。二十三年，補内閣中書。二十四年八月，充順天鄉試同考官。十一月，在軍機司員上行走。二十五年八月，充順天鄉試同考官。二十六年三月，充會試同考官。二十七年八月，充順天鄉試同考官。二十八年三月，充會試同考官。二十九年三月，擢刑部山東司主事，辦理秋審事。三十一年，遷浙江司員外郎，署郎中。三十二年五月，升江西司郎中。三十三年四月，京察一等，記名以道府用。七月，以漏洩查辦兩淮鹽引一案，奉旨革職。九月，雲貴總督阿桂請帶往雲南軍營效力。

三十六年十月，諭曰：『據温福奏，「革職郎中王昶，在滇省軍營自備資斧效力，見已滿三年，今派令隨赴四川辦事。懇量予加恩」等語，王昶著賞給主事，所有應得分例，准其支食。』十一月，補吏部考功司主事。三十七年十二月，副將軍阿桂奏：『前經帶往辦事之主事王昶，由雲南軍營效力，復帶赴四川軍營，一切奏摺、文移，皆其承辦，頗爲出力。』得旨：『王昶著加恩，以吏部員外郎用。』

三十八年，補稽勳司員外郎。三十九年，以軍營奮勉，經大學士阿桂保奏，以本部郎中升用。四十年，補文選司郎中。四十一年五月，諭曰：『吏部郎中王昶，在軍機出力年久，頗著勤勞，著加恩升鴻臚寺卿，并賞戴花翎，仍在軍機處司員上行走。』七月，授通政司副使。四十二年，遷大理寺卿。四十四年，擢都察院左副都御史。四十五年三月，授江西按察使。八月，丁母憂回籍。四十八年二月，服闋補直隸按察使。三月，調陝西按察使。十月，奏稱：『向例重犯脱逃，州縣先於本境查拏。初參限滿不獲，始造具事由清册，分咨鄰省通緝。查命案初參以半年爲限，閲時既久，頑獷之徒早已乘間遠颺，請嗣後遇有兇犯脱逃，一面在本地嚴拏，一面飛咨鄰省通緝。』得旨：『依議速行。』十二月，奏：『陝省幅員遼闊，東

南與楚、蜀接壤，最易藏奸。見飭各屬將舊有保甲，逐一清理：漢中、興安一帶流寓民人，取具相識保結，方准棲止；其無人認識、蹤跡可疑者，遞回原籍。至往來過客，於歇店給發印簿登記彙查，儻詢出命、盜重犯曾在該店歇宿，照例治罪。再，兇器必宜禁絶。除鳥槍業已陸續收繳，其餘順刀、褲刀，不惟不容佩帶，并不許製造。仍飭各屬嚴密稽查，毋任胥役藉端滋擾。』得旨：『實力爲之。』五十年，署陝西布政使。

五十一[一〇五]年閏七月[一〇六]，遷雲南布政使。九月，諭曰：『據永保奏「臬司王昶已升任雲南藩司，應行交代赴任」等語，前因伊陽縣逸犯秦國棟及大名案首犯段文經、徐克展等查拏未獲，令王昶在商州搜捕。今兩案正犯尚未弋獲，正應令王昶在彼悉心督緝，乃永保以該司升任雲南遽派潼商道德明前往商州更換王昶，何拘泥不曉事體如此？所有陝西臬司印務，著顧長紱兼署外，王昶應仍在商州、潼關一帶嚴緝要犯，俟拏獲後，再令交代起程。』十月，又諭曰：『王昶前在商州一帶緝拏要犯，今秦國棟業經拏獲，王昶著仍遵前旨，即來京陛見後再赴雲南藩司新任。』五十三年，調江西布政使。五十四年二月，授刑部右侍郎。

五十五年三月，江蘇高郵州知州吴瑍袒庇書役私雕印信冒徵錢糧一案，經該州巡檢陳倚道查獲，疊稟本省，各上司遲延不辦，至是揭報户部，上命偕兵部尚書慶桂馳驛前往，會同兩江總督書麟審訊。嗣以書麟奏到摺内并不細覈詳稟批發日月，嚴究徇縱情節，將巡撫閔鶚元奏參代爲掩飾，將書麟交部嚴議。諭曰：『此案關係吏胥假票重徵，官吏通同隱蔽。王昶籍隸江南，未免心存瞻顧，且恐不能堅定，漫無主見，必致附和書麟所奏，代人受過。著將案内犯證一切卷宗，迅速解赴熱河行在審辦。』七月，命赴

湖南鞫湘鄉縣糧書需索案。(九)十月,赴湖北鞫應城縣倉書浮收案。十月,鞫江陵縣書吏偷減土方案。十一月,鞫永明縣賄買武童案。十二月,鞫長沙縣勒買常平倉穀案。各得實以聞。五十七年八月,充順天鄉試副考官。

五十八年三月,奏給假回籍省墓,上允之。十二月回京,諭曰:『侍郎王昶,假滿召見,看其年力就衰,伊亦自以「精神日減,難以供職」。王昶著以原品休致,俟來歲春融,即行回籍,以示體恤。』嘉慶十一年六月,卒。

——清　李桓國朝耆獻類征初編卷九十二

十二、王昶傳略

王昶,字德甫,號述庵,江南嘉定人。乾隆十九年進士,官刑部侍郎。有春融堂集。公體貌修偉。弱冠爲名諸生,乾隆癸酉舉於鄉。甲戌成進士,歸選班。二十二年,高宗純皇帝南巡,召試一等第一,賜内閣中書。協辦侍讀,直軍機房。洊升刑部主事、員外郎、郎中。

三十三年,以言兩淮鹽運提引事不密罷職。時緬甸未靖,阿文成公以定邊右副將軍總督雲貴,請公佐軍事。遂至騰越,出銅壁關,擊賊江中,勝之。緬酋乞降(一〇七),阿公屬公草檄允其降,班師旋永昌。緬甸貢表久未至,復從阿公如騰越。三十六年,温公福代阿公,移師四川,辦金川事。奉旨授吏部主事,從温公西路軍進討。温公屬公作檄斥僧克桑罪,遂克斑爛山,進攻日耳寨。阿公奉詔由北路進兵,兼督南路。公復從阿公軍攻克美美卡,以皮船渡水,克小金川,僧克桑遁,澤旺降。進討大金川。阿公奏『公

無兄弟，母年七十餘，明大義，勗以殫心軍事，今從軍五年矣』。得旨，升員外郎。三十八年，至當噶山。山脊絶險，官兵營壘與賊錯處，且雨雪甚。夏，温公兵潰木果木，阿公亦退兵至翁古爾壟。時警報絡繹，詔旨疊至，公力疾叱馬懸厓，日行數百里，夜治章奏、文書，於礮火矢石之中，無誤無畏。冬，大兵復進據美美卡，攻大板昭，小金川平。補員外郎，擢郎中。復從討大金川，克勒烏圍、刮耳崕。四十一年，三路兵合攻益急，索諾木等率衆投罪，公草露布告捷，於是兩金川悉平。公在軍中，前後九年，每有所攻克，輒議叙，凡加軍功十三級，紀録八次。凱旋之日，以戎服行禮，賜宴。奉旨升鴻臚寺卿，賞戴花翎，在軍機處行走。

四十二年，擢大理寺卿。四十四年，授都察院左副都御史。四十五年，授江西按察使。五十一年，授雲南布政使。五十四年，擢刑部右侍郎。五十八年，乞歸修墓。冬，還京。以病乞休，上鑒其老，允之，諭以『歲暮寒，俟春融歸』。明年歸，名其堂曰『春融堂』。

嘉慶四年，分賠滇銅，鬻田宅以入官，居於廟廡，朋舊贈遺，盡以刻書。五年，重游泮宫。十一年六月初七日卒，年八十有三。

順天鄉試、會試，公五爲同考官，壬子主順天鄉試，士之出門下爲小門生及從游受業者二千餘人。公提倡風雅，士藉品藻以成名致通顯者甚衆。生平重倫紀，尚名節。在軍營，和平簡易，自科爾沁王以下，皆親重之。公所著春融堂詩文集、金石萃編、湖海詩傳、青浦詩傳、琴畫樓詞〔一〇八〕、續詞綜等書，皆刊成。餘若天下書院志〔一〇九〕、征緬紀聞〔一一〇〕、屬車雜志、朝聞録等書四十餘種，尚待次第校刊。（揅經室集。）

蘭泉先生有經術而通知時事。爲儒臣而久歷戎行，博雅〔而〕克擅夫詞章，著述皆關於文獻，而又愛

才若渴，説士彌甘，宜乎海内俊彦翕然稱之。聽松廬文鈔。

蘭泉先生論文云：『稍濃則近塗澤，稍奥則近贋古。』此道中甘苦之言，學爲古文者宜知之。松軒隨筆。

述庵司寇北至興安，南逾蠻暮，句云『昔依北斗今南斗』。又從征金川，句云『我今更度大峩西，已踰江源一千里』。壯哉！蓋古名將所歷，罕及此者。聽松廬詩話。

『虞夏時，黄河〔一一一〕循太行自北而東，至〔一一二〕洚水，分九河以殺其勢，復爲逆河歸〔一一三〕於海，其餘衍沃，皆〔一一四〕資種食。河西而南〔一一五〕，魏晋六朝以至遼金，皆精水利，足供民食，雖南北分疆〔一一六〕，未〔一一七〕有運南方粟米供給北方者。自明〔一一八〕開會通河，運濟以實京師〔一一九〕，而北方水利久廢，昔日九河，今變爲三十六澱、七十二沽。千里内外，沮洳淤澱；海門又復狹隘，不能迅速歸墟，是以往昔膏腴，悉歸蕪没』。此述庵先生詩自註也。論黄河今昔利病，頗爲簡括。松心日録。

——清　張維屏國朝詩人徵略卷三十六

十三、王昶小傳

王昶，字德甫，一字琴德〔一二〇〕，號蘭泉，晚號述庵，青浦人。乾隆甲戌進士，官至刑部侍郎。早負詩名，與王鳴盛、錢大昕、吴泰來、曹仁虎、趙文哲、黄文蓮爲『江南七子』。所選湖海詩傳，極數十年交遊之盛；又選國朝人詞爲今詞綜〔一二一〕；多藏金石碑版，撰金石粹編一百六十卷；著有春融堂集。

——清　吴修昭代名人尺牘小傳卷二十二

十四、蘭泉學案

乾隆朝，文治極盛，朝士多以學術相尚，宏獎爲懷。蘭泉博通之才，宗主漢學，雖擘經考史，未有成書，其説多見諸文集；金石尤爲專家。……述蘭泉學案。

王昶，字德甫，號述庵，一號蘭泉，青浦人。乾隆甲戌進士，以知縣歸班候選。丁丑，高宗南巡，召試第一，授内閣中書。入直軍機處，累遷刑部郎中。因漏洩查辦兩淮鹽引事，罷職。赴雲南軍營效力，叙功，復以吏部主事隨征大小金川。事平，仍直軍機處，歷官至刑部右侍郎。以老原品休致。晚年歷主婁東、敷文書院及詁經精舍講席。嘉慶十一年卒，年八十有三。

先生於學，無所不窺。治經通漢儒之學，詩、禮宗毛、鄭；易宗荀、虞；而言性道則尊朱子，下及薛河津、王陽明諸家，不分門户。性好金石，所藏碑刻凡千數百通，撰金石萃編一百六十卷，考訂精博，爲嗜古者所珍。其詩文，閎博淵雅，有關於經史文獻，曰春融堂集，共六十八卷。又著有征緬紀聞三卷、蜀徼紀聞四卷〔一二二〕、滇行日録三卷、屬車雜志二卷、滇詔紀程一卷、適秦日録一卷、商洛行程記一卷、豫章行程記一卷、雪鴻再録一卷、使楚叢談〔一二三〕一卷、臺懷隨筆〔一二四〕一卷、天下書院志〔一二五〕十卷及青浦縣志、太倉州志〔一二六〕、銅政全書〔一二七〕、蒲褐山房詩話等書。所選輯者，有青浦詩傳三十二卷、詞二卷、湖海詩傳四十六卷、湖海文傳七十五卷、明詞綜十二卷、國朝詞綜四十八卷、琴畫樓詞鈔若干卷。參史傳、阮元撰神道碑、秦瀛撰墓志銘、漢學師承記。

——徐世昌輯清儒學案卷八十一

十五、王昶列傳

王昶，江蘇青浦人。

乾隆十九年進士。二十二年，上南巡，召試一等，欽賜內閣中書。二十三年，補內閣中書。二十四年八月，充順天鄉試同考官。十一月，在軍機處司員上行走。二十五年八月，充順天鄉試同考官。二十六年三月，充會試同考官。二十七年八月，充鄉試同考官。二十八年三月，充會試同考官。二十九年三月，升刑部山東司主事，兼辦秋審處。三十一年，遷浙江司員外郎。三十二年五月，升江西司郎中。三十三年四月，京察一等，記名以道府用。七月，以漏洩查辦兩淮鹽引一案，奉旨革職。九月，雲貴總督阿桂請帶往雲南軍營效力。

三十六年十月，諭曰：『據温福奏「革職郎中王昶，在滇省軍營自備資斧效力，今已滿三年，今派令隨赴四川辦事，懇量予加恩」等情，王昶著賞給主事，所有應得分例，准其支食。』十一月，補吏部考功司主事。三十七年十二月，副將軍阿桂奏：『前經帶往辦事之主事王昶，由雲南軍營效力，復帶赴四川軍營，一切奏摺、文移，皆其承辦，頗爲出力。』得旨：『王昶著加恩以吏部員外郎用。』三十八年，補稽勳司員外郎。三十九年，以軍營奮勉，經大學士阿桂保奏，以本部郎中升用。四十年，補文選司郎中。四十一年五月，諭曰：『吏部郎中王昶，在軍營出力年久，頗著勤勞，著加恩升授鴻臚寺卿，并賞戴花翎，仍在軍機處司員上行走。』七月，授通政司副使。四十二年，遷大理寺卿。四十四年，擢都察院左副都御史。四十五年三月，授江西按察使。八月，丁母憂。

四十八年二月，服闋補直隸按察使。三月，調陝西按察使。十月，奏稱：『向例重犯脱逃，州縣先於本境查拏。初參限滿不獲，始造具事由清册，分咨鄰省通緝。查命案初參以半年爲限，閲時既久，頑獷之徒，早已乘間遠颺，請嗣後遇有兇犯脱逃，一面在本地嚴拏，一面飛咨鄰省通緝。』得旨：『依議速行。』十二月，奏：『陝省幅員遼濶，東南與楚、蜀接壤，最易藏奸。現飭各屬將舊有保甲逐一清理，漢中、興安一帶流寓民人，取具相識保結，方准棲止；其無人認識、蹤跡可疑者，遞回原籍。至往來過客，於歇店給發印簿登記彙查，儻詢出命、盜重犯曾在該店歇宿，照例治罪。再，兇器必宜禁絶。除鳥鎗業已陸續繳收，其餘如順刀、褲刀，不惟不容佩帶，并不許製造。仍飭各屬嚴密稽查，毋任胥役藉端滋擾。』得旨：『實力爲之。』

五十年，署陝西布政使。五十一年閏七月[一二八]，遷雲南布政使。九月，諭曰：『據永保奏「臬司王昶，已升任雲南藩司，應行交代赴任」等語，前因伊陽縣逸犯秦國棟及大名案首犯段文經、徐克展等查拏未獲，令王昶在商州搜捕。今兩案正犯尚未弋獲，正應令王昶在彼悉心督緝，乃永保以該司升任雲南，遽派潼商道德明前往商州更換王昶，何拘泥不曉事體如此？所有陝西臬司印務，著顧長紱兼署外，王昶應仍在商州、潼關一帶嚴緝要犯，俟拏獲後，再令交代起程。』十月，又諭：『王昶前在商州一帶緝拏要犯，今秦國棟業經拏獲，王昶著仍遵前旨，即來京陛見後再赴雲南藩司新任。』五十三年，調補江西布政使。五十四年二月，授刑部右侍郎。

五十五年三月，江蘇高郵州知州吴瑍袒庇書役私雕印信冒徵錢糧一案，經該州巡檢陳倚道查獲，疊稟本省，各上司遲延不辦，至是揭報户部。上命偕兵部尚書慶桂馳驛前往，會同兩江總督書麟審訊。嗣

以書麟奏到摺內并不細核詳稟批發月日，嚴究狥縱情節，將巡撫閔鶚元參奏代爲掩飾，將書麟交部嚴議。諭曰：『此案關係吏胥假票重徵，官吏通同隱蔽。王昶籍隸江南，未免心存瞻顧，且恐不能堅定，漫無主見，必致附和書麟所奏，代人受過。著將案内犯証一切卷宗，迅速解赴熱河行在審辦。』七月，命赴湖南鞫湘鄉縣糧書需索案。九月，赴湖北鞫應城縣倉書浮收案。十月，鞫江陵縣書吏偷減土方案。十一月，鞫永明賄買武童案。十二月，鞫長沙縣勒買常平倉穀案。各得實以聞。五十七年八月，充順天鄉試副考官。

五十八年三月，奏給假回籍省墓，上充之。十二月回京，諭曰：『侍郎王昶，假滿來京，召見，看其年力就衰，伊亦自以「精神日減，難以供職」。王昶著以原品休致，俟來歲春融，即行回籍，以示體恤。』嘉慶十一年六月，卒。

——東方學會編國史列傳卷六十三

十六、王昶列傳

王昶，江蘇青浦人。

乾隆十九年進士。二十二年，上南巡，召試一等，欽賜内閣中書。二十三年，補内閣中書。二十四年八月，充順天鄉試同考官。十一月，在軍機司員上行走。二十五年八月，充順天鄉試同考官。二十六年三月，充會試同考官。二十七年八月，充順天鄉試同考官。二十八年三月，充會試同考官。二十九年三月，擢刑部山東司主事，辦理秋審事。三十一年，遷浙江司員外郎，署郎中。三十二年五月，升江西司

郎中。三十三年四月，京察一等，記名以道府用。七月，以漏洩查辦兩淮鹽引一案，奉旨革職。九月，雲貴總督阿桂請帶往雲南軍營效力。三十六年十月，諭曰：『據温福奏「革職郎中王昶，在滇省軍營自備資斧效力，見已滿三年，今派令隨赴四川辦事，懇量予加恩」等語，王昶著賞給主事，所有應得分例，准其支食。』十一月，補吏部考功司主事。三十七年十二月，副將軍阿桂奏：『前經帶往辦事之主事王昶，由雲南軍營效力，復帶赴四川軍營，一切奏摺、文移，皆其承辦，頗爲出力。』得旨：『王昶著加恩以吏部員外郎用。』三十八年，補稽勳司員外郎。三十九年，以軍營奮勉，經大學士阿桂保奏，以本部郎中升用。四十年，補文選司郎中。四十一年五月，諭曰：『吏部郎中王昶，在軍機出力年久，頗著勤勞，著加恩升鴻臚寺卿，并賞戴花翎，仍在軍機處司員上行走。』七月，授通政司副使。四十二年，遷大理寺卿。四十四年，擢都察院左副都御史。四十五年三月，授江西按察使。八月，丁母憂回籍。

四十八年二月，服闋補直隸按察使。三月，調陝西按察使。十月，奏稱：『向例重犯脱逃，州縣先於本境查拏；初參限滿不獲，始造具事由清册，分咨鄰省通緝。查命案初參以半年爲限，閱時既久，頑獷之徒，早已乘間遠颺，請嗣後遇有兇犯脱逃，一面在本地嚴拏，一面飛咨鄰省通緝。』得旨：『依議速行。』十二月，奏：『陝省幅員遼闊，東南與楚、蜀接壤，最易藏奸。見飭各屬將舊有保甲逐一清理，漢中、興安一帶流寓民人，取具相識保結，方准棲止；其無人認識、蹤跡可疑者，遞回原籍。至往來過客，於歇店給發印簿，登記彙查，儻詢出命盜重犯曾在該店歇宿，照例治罪。再，兇器必宜禁絶。除鳥槍業已陸續收繳，其餘順刀、褲刀，不惟不容佩帶，并不許製造。仍飭各屬嚴密稽查，毋任胥役藉端滋擾。』得旨：『實力爲之。』

五十年，署陝西布政使。五十一年閏七月〔一二九〕，遷雲南布政使。九月，諭曰：『據永保奏「臬司王昶已升任雲南藩司，應行交代赴任」等語，前因伊陽縣逸犯秦國棟及大名案首犯段文經、徐克展等查拏未獲，令王昶在商州搜捕。今兩案正犯尚未弋獲，正應令王昶在彼悉心督緝，乃永保以該司升任雲南，遽派潼商道德明前往商州更換王昶，何拘泥不曉事體如此？所有陝西臬司印務，著顧長紱兼署外，王昶應仍在商州、潼關一帶，嚴緝要犯，俟拏獲後，再令交代起程。』十月，又諭曰：『王昶前在商州一帶緝拏要犯，今秦國棟業經拏獲，王昶著仍遵前旨，即來京陛見後再赴雲南藩司新任。』五十三年，調江西布政使。五十四年二月，授刑部右侍郎。

五十五年三月，江蘇高郵州知州吴(焕)瑍祖庇書役私雕印信冒徵糧一案，經該州巡檢陳倚道查獲，壘稟本省，各上司遲延不辦，至是揭報户部。上命偕兵部尚書慶桂馳驛前往，會同兩江總督書麟審訊。嗣以書麟奏到揩内并不細覈詳稟批發日月，嚴究徇縱情節，將巡撫閔鶚元奏參代爲掩飾，將書麟交部嚴議。諭曰：『此案關係吏胥假票重徵，官吏通同隱蔽。王昶籍隸江南，未免心存瞻顧，且恐不能堅定，漫無主見，必致附和書麟所奏，代人受過。著將案内犯證一切卷宗，迅速解赴熱河行在審辦。』七月，命赴湖南鞫湘鄉縣糧書需索案。九月，赴湖北鞫應城縣倉書浮收案。十月，鞫江陵縣書吏偷減土方案。十一月，鞫永明縣賄買武童案。十二月，鞫長沙縣勒買常平倉穀案。各得實以聞。五十七年八月，充順天鄉試副考官。

五十八年三月，奏給假回籍省墓，上允之。十二月回京，諭曰：『侍郎王昶，假滿召見，看其年力就衰，伊亦自以「精神日減，難以供職」。王昶著以原品休致，俟來歲春融，即行回籍，以示體恤。』嘉慶十一

年六月,卒。

——清史列傳大臣傳次編卷二十六

十七、王昶列傳

王昶字德甫,號述庵,一字蘭泉,又字琴德[一三〇],江蘇青浦人。少穎異,博學,善屬文。體貌修偉。年十八,應學使試,以第一入學。二十二,侍父疾,居喪盡禮。服除,家益貧,作固窮賦以見志。游吴下,蔣恭棐、楊繩武見先生詩文,謂:『宋文憲以後一人也!』肄業紫陽書院,時從惠定宇游,於是潛心經術,講求聲音訓詁之學。是時沈尚書歸愚爲院長,選蘭泉及王鳳喈、吴企晋、錢曉徵、趙升之、曹來殷、黄芳亭七人詩,稱爲『吴中七子』。流傳日本,大學頭默真迦見而心折,附番舶上書於沈尚書,又每人各寄相憶詩一首,一時傳爲藝林盛事。

公以乾隆癸酉舉於鄉。甲戌成進士,歸選班。二十二年,南巡,召試一等第一,賜内閣中書。協辦侍讀,直軍機房。洊升刑部主事、員外郎、郎中。三十三年,以言兩淮鹽運提引事不密,罷職。時緬甸未靖,雲貴總督阿文成公請公佐軍事。遂至騰越,出銅壁關,擊賊江中,勝之。緬酋乞降[一三一],阿公屬公草檄允其降,班師旋永昌。緬甸[貢表]久未至,復從阿公如騰越。三十六年,温公福代阿公,移師四川,辦金川事。奉旨授吏部主事,從温公西路軍進討,温公屬公作檄斥僧克桑罪,三路進攻,克小金川。阿公奏公:『無兄弟,母年七十餘,明大義,勖以殫心軍事,今從軍五年矣。』得旨升員外郎。三十八年,至當噶山。官軍且潰,警報絡繹,詔旨壘至,公力疾叱馬懸崖,日行數百里,夜治章奏、文書,於礮火矢石

之中，無誤無畏。小金川平，補員外郎，擢郎中。復從討大金川。四十一年，三路兵合攻益急，索諸木等率衆投罪，公草露布告捷。公在軍中，前後九年，每有所克輒議叙，凡加軍功十三級，紀録八次。凱旋之日，以戎服行禮，賜宴紫光閣，賞賚優渥。奉旨：『升鴻臚寺卿，賞戴花翎，在軍機處行走。』秋，擢通政司副使。四十二年，擢大理寺卿。四十四年，乞歸，改葬父及嫡母。冬，授都察院左副都御史。四十五年，授江西按察使。六十餘日，決獄百餘案。秋，丁母憂。服除，補直隸按察使，調陝西按察使。嚴緝盜犯。回逆田五倡亂，奉命備兵長武。公嚴守備，民以無恐；大兵過境，供應速而無誤。五十一年，授雲南布政使。雲南銅政繁，公盡發古籍，著銅政全書〔一三二〕，示補救調劑之術。五十三年，調江西布政使。五十四年，擢刑部右侍郎。五十八年，乞歸修墓。冬，還京，以病乞休，上鑒其老，允之，諭以『歲暮寒，俟春融歸』。明年歸，名其堂曰『春融堂』。嘉慶元年，以授受大典至京與千叟宴。四年，純皇帝升遐，復至京謁梓宫，蒙召見，勅建言，公密封以進，不留草。夏，歸青浦。分賠滇銅，鬻田宅以入官，居於廟廡，朋舊贈遺，盡以刻書。五年，年七十有七，重游泮宫。十一年，年八十有三。病甚，口授謝恩表，自定喪禮，囑阮元爲神道碑文。六月初七日，雞初鳴，公曰：『時至矣！』遂卒。

公之扈駕巡山東、江、浙也，古帝王、聖賢、名臣陵墓祠廟嘗分遣致祭。己卯、庚辰、壬午順天鄉試，辛巳、癸未會試，五爲同考官；壬子主順天鄉試，皆以經術取士。上之出門下爲小門生及從游受業者二千餘人。又嘗主婁東、敷文兩書院。欽定通鑑輯覽、同文志、大清一統志、續三通等書，奉敕與纂修事。又奉敕删定三藏聖教經呪，編譯佛典，深於禪理者不及也。前後奉使鞫奏高郵州假印重徵、江陵縣偷減隄工等七案，公正研求，分別虛實。——高郵州案，巡撫、府、州并擬罪；隄工案，以知府草率揑飾，劾落其職。

公自弱冠時，即嗜金石之學，及宦游所至，無不訪求。自三代至遼金，積千五百通，而甄録之，著金石萃編一百六十卷。凡其文漫漶見於他書者，則爲旁注以記其全。篆隸及見古文別體者，摹其點畫，加以訓詁。即題額陰兩側，亦必詳載碑製之長短、寬博，取建初慮傂尺度其分寸，并志其行字之數。諸家題跋見於金石諸書、文集者，悉著於編。金石之書，至此可謂集大成矣！其中以門人錢侗等所考證者爲多。

公在京師時，與朱笥河互主騷壇，有『南王北朱』之稱。所至朋舊文讌，提倡風雅；後進才學之士，執業請益，舟車錯互，屨滿户外，士藉品藻以成名致通顯者甚衆。歸田後，往來吴門，賓從益盛，與王西沚、錢竹汀艤舟白公堤下，朋簪雜遝，詩酒飛騰，望之者若神仙。

公天資過人，於學無所不窺，尤邃於易。詩宗杜少陵、玉谿生，而參以韓、柳。古文則以韓、柳之筆，發服、鄭之藴。著述甚富，除金石萃編外，有春融堂詩文集六十八卷、明詞綜十二卷、國朝詞綜四十八卷、湖海詩傳四十六卷，續修西湖志、青浦志、太倉志、陝西舊案成編、雲南銅政全書〔一三三〕，皆刊行〔一三四〕於世。其未刊行者，則滇行日録三卷、征緬紀聞三卷、蜀徼紀聞四卷〔一三五〕、屬車雜志二卷、豫章行程記一卷、商雒行程記一卷、重游滇詔紀程一卷、雪鴻再録二卷〔一三六〕、使楚叢談〔一三七〕一卷、臺懷隨筆〔一三八〕一卷、青浦詩傳三十六卷、天下書院志〔一三九〕十卷。其未成書者，則群經（揭）楬櫫、五代史注。——『（揭）楬櫫』取周禮職金注『今時之書，有所表識，謂之（揭）楬櫫』之意。蓋以漢學爲表識而專攻毁漢學者。——皆藏於家。

——支偉成清代樸學大師列傳金石學家列傳第十八

十八、王昶傳

王昶，字德甫，號述庵，一字蘭泉〔一四〇〕，又字琴德〔一四一〕，江蘇青浦人。少穎異，博學，善屬文。體貌修偉。及長，游吴下，蔣恭棐、楊繩武見其詩文，謂宋文憲以後一人也。肄業紫陽書院，時從惠定宇游，潛心經術，講求聲音訓詁之學。是時沈尚書歸愚爲院長，選蘭泉及王鳳喈、吴企晋、錢曉徵、趙升之、曹來殷、黄芳亭七人詩，稱爲『吴中七子』，流傳日本，大學頭默真迦見而心折，附番舶上書於沈尚書，又每人各寄相憶詩一首，一時傳爲藝林盛事。

乾隆十九年進士。二十二年，上南巡，召試一等，欽賜内閣中書。二十三年，補内閣中書。二十四年八月，充順天鄉試同考官。十一月，在軍機司員上行走。二十五年八月，充順天鄉試同考官。二十六年三月，充會試同考官。二十七年八月，充順天鄉試同考官。二十八年三月，充會試同考官。二十九年三月，擢刑部山東司主事，辦理秋審事。三十一年，遷浙江司員外郎，署郎中。三十二年五月，升江西司郎中。三十三年四月，京察一等，記名以道府用。七月，以漏洩查辦兩淮鹽引一案，奉旨革職。九月，雲貴總督阿桂請帶往雲南軍營效力。

三十六年十月，上諭：『王昶在滇效力誠懇，賞給主事，所有應得分例，准其支食。』十一月，補吏部考功司主事。三十七年十二月，副將軍阿桂奏：『前經帶往辦事之主事王昶，由雲南軍營效力，復帶赴四川軍營，一切奏摺、文移，皆其承辦，頗爲出力。』得旨：『王昶著加恩以吏部員外郎用。』

三十八年，補稽勳司員外郎。三十九年，以軍營奮勉，經大學士阿桂保奏，以本部郎中升用。四十

年，補文選司郎中。四十一年五月，諭曰：『吏部郎中王昶，在軍機出力年久，頗著勤勞，著加恩升鴻臚寺卿，并賞戴花翎，仍在軍機處司員上行走。』七月，授通政司副使。四十二年，遷大理寺卿。四十四年，擢都察院左副都御史。四十五年三月，授江西按察使。八月，丁母憂回籍。

四十八年二月，服闋補直隸按察使。三月，調陝西按察使。十月，奏稱：『向例重犯脱逃，州縣先於本境查拏；初參限滿不獲，始造具事由清册，分咨鄰省通緝。查命案初參以半年爲限，閲時既久，頑獷之徒，早已乘間遠颺，請嗣後遇有兇犯脱逃，一面在本地嚴拏，一面飛咨鄰省通緝。』得旨：『依議速行。』十二月，奏：『陝省幅員遼闊，東南與楚、蜀接壤，最易藏奸。見飭各屬將舊有保甲逐一清理，漢中、興安一帶，流寓民人，取具相識保結，方准棲止；其無人認識、蹤跡可疑者，遞回原籍。至往來過客，於歇店給發印簿，登記稾查，儻詢出命、盜重犯曾在該店歇宿，照例治罪。再，兇器必宜禁絶。除鳥槍業已陸續收繳，其餘順刀、褲刀，不惟不容佩帶，并不許製造。仍飭各屬嚴密稽查，毋任胥役藉端滋擾。』得旨：『實力爲之。』

五十年，署陝西布政使。五十三年，調江西布政使。五十四年二月，授刑部右侍郎。五十五年七月，命赴湖南鞫湘鄉縣糧書需索案。九月，赴湖北鞫應城縣倉書浮收案。十月，鞫江陵縣書吏偷減土方案。十一月，鞫永明縣賄買武童案。十二月，鞫長沙縣勒買常平倉穀案。各得實以聞。五十一年閏七月[一四二]，遷雲南布政使。八月，充順天鄉試副考官。五十八年，乞歸修墓。冬，還京。以病乞休，上鑒其老，允之，諭以『歲暮寒，俟春融歸』。明年歸，名其堂曰『春融堂』。

嘉慶元年，以授受大典至京與千叟宴。四年，純皇帝升遐，復至京謁梓宫。蒙召見，勅建言。密封

以進，不留草。夏，歸青浦。分賠滇銅，鬻田宅以入官，居於廟廡。朋舊贈遺，盡以刻書。嘉慶五年，年七十有七，重游泮宫。十一年，年八十有三。病甚，口授謝恩表，自定喪禮，囑阮元爲神道碑文。六月初七日，雞初鳴，曰：『時至矣。』遂卒。

昶之扈駕巡山東、江、浙也，古帝王、聖賢、名臣陵墓祠廟，嘗分遣致祭。己卯、庚辰、壬午順天鄉試，辛巳、癸未會試，五爲同考官；壬子，主順天鄉試，皆以經術取士，士之出門下爲小門生及從游受業者二千餘人。又嘗主婁東、敷文兩書院。欽定通鑑輯覽、同文志、大清一統志、續三通等書，奉敕與纂修事。又奉敕删定三藏聖教經呪，編譯佛典，深於禪理者不及也。昶弱冠時，即嗜金石之學，及宦游所至，無不訪求，自三代至遼金，積千五百通，甄録之，著金石萃編一百六十卷。凡其文漫漶見於他書者，則爲旁注以記其全；篆隸及見古文别體者，摹其點畫，加以訓詁；即題額陰兩側，亦必詳載碑製之長短寬博，取建初慮俿尺度其分寸，并志其行字之數。諸家題跋見於金石諸書、文集者悉著於編，金石之書，至此可謂集大成矣。在京師時，與朱笥河互主騷壇，有『南王北朱』之稱。所至朋舊文讌，提倡風雅；後進才學之士，執業請益，舟車錯互，屨滿户外。歸田後，往來吴門，賓從益盛，與王西沚、錢竹汀䑸舟白公堤上，朋簪雜遝，詩酒飛騰，望之者若神仙焉。

昶天資過人，於學無所不窺，尤邃於易。詩宗杜少陵、玉谿生，而參以韓、柳。古文則以韓、柳之筆，發服、鄭之藴。著述甚富，除金石萃編外，有春融堂詩文集六十八卷、明詞綜十二卷、國朝詞綜四十八卷、湖海詩傳四十六卷，續修西湖志、青浦志、太倉志、陝西舊案成編、雲南銅政全書〔一四三〕，滇行日録三卷、征緬紀聞三卷、蜀徼紀聞四卷〔一四四〕、屬車雜志二卷、豫章行程記一卷、商雒行程記一卷、重游滇

詔紀程一卷、雪鴻再録二卷〔一四五〕、使楚叢談〔一四六〕一卷、臺懷隨筆一卷、青浦詩傳三十六卷、天下書院志〔一四七〕十卷。其未成書者,則群經(揭)楬櫫,五代史注。『楬櫫』取周禮職金注『今時之書,有所表識,謂之(揭)楬櫫』之意。蓋以漢學爲表識而專攻毁漢學者。

——蔡冠洛清代七百名人傳第五編藝事文學

十九、誥授光禄大夫刑部右侍郎述庵王公神道碑

清　阮元撰

公姓王,諱昶,字德甫,號述庵,以居蘭泉書屋,學者稱『蘭泉先生』。先世居浙江蘭谿縣。高祖懋忠,遷江南青浦縣,名在幾社。曾祖之輔,祖璵,父士毅,皆以公官累贈至光禄大夫、刑部右侍郎。母錢太夫人,以雍正二年十一月二十二日生公。

公少穎異,博學,善屬文。體貌修偉。弱冠,爲名諸生。侍父疾。居喪盡禮。服除,家益貧,作固窮賦以見志。乾隆癸酉,舉於鄉。甲戌,成進士,歸選班。二十二年,南巡,召試一等第一,賜内閣中書。協辦侍讀,直軍機房,洊升刑部主事、員外郎、郎中。

三十三年,以言兩淮鹽運提引事不密,罷職。時緬甸未靖,阿文成公以定邊右副將軍總督雲貴,請公佐軍事。遂至騰越,出銅壁關,擊賊江中,勝之。緬酋乞降〔一四八〕,阿公屬公草檄允其降,班師旋永昌。緬甸貢表久未至,復從阿公如騰越。三十六年,温公福代阿公,移師四川,辦金川事。奉旨授吏部主事,從温公西路軍進討,温公屬公作檄斥僧克桑罪。遂克斑爛山,進攻日耳寨。阿公奉詔由北路進

兵，兼督南路。公復從阿公軍，攻克美美卡，以皮船渡水，克小金川，僧克桑遁，澤旺降。進討大金川。阿公奏公無兄弟，母年七十餘，明大義，勖以殫心軍事，今從軍五年矣。得旨，升員外郎。三十八年，至當噶山，山脊絶險，官兵營壘與賊錯處，且雨雪甚。夏，温公兵潰木果木，阿公亦退兵至翁古爾壟。時警報絡繹，詔旨疊至，公力疾叱馬懸厓，日行數百里，夜治章奏、文書，於礮火、矢石之中，無誤無畏。冬，大兵復進據美美卡，攻大板昭，小金川平。補員外郎，擢郎中。復從討大金川，克勒烏圍、刮耳崖。四十一年，三路兵合攻益急，索諾木等率衆投罪，公草露布告捷，於是兩金川地悉平。公在軍中，前後九年，每有所攻克，輒議叙，凡加軍功十三級，紀録八次。凱旋之日，以戎服行禮，賜宴紫光閣，賞賚優渥。奉旨：『王昶久在軍營，著有勞績，升鴻臚寺卿，賞戴花翎，在軍機處行走。』秋，擢通政司副使。四十二年三月，擢大理寺卿。

四十四年，乞歸，改葬光禄公暨嫡母陸太夫人，依遷葬禮服緦。秋，赴京。冬，授都察院左副都御史。四十五年，授江西按察使。檄府縣力行保甲，禁族祠訟鬥之習。坐堂皇六十餘日，决獄百餘案。秋，丁母憂，哀毀盡禮。服除，補直隸按察使，調陝西按察使。奏『命盜逃犯宜於定案時速通緝』，議行之。逆回田五倡亂，奉命備兵長武。時賊勢張兵少，公試礮巡城，籍强壯，繕守具，民以無恐。京外大兵皆過長武，用車馬以萬計，公飛書草檄立辦之，曁乎班師迄無一誤。河南亂民秦國棟等戕官，奉旨督緝，獲之。五十一年，授雲南布政使。雲南銅政繁，公盡發故籍，著銅政全書〔一四九〕，示補救調劑之術。五十三年，調江西布政使。五十四年，擢刑部右侍郎。五十八年，乞歸修墓。冬，還京。以病乞休，上鑒其老，允之，諭以『歲暮寒，俟春融歸』。明年歸，名其堂曰『春融堂』。

嘉慶元年，以授受大典至京與千叟宴。四年，純皇帝升遐，復至京謁梓宫。蒙召見，敕建言，公密封以進，不留草。夏，歸青浦，分賠滇銅，鬻田宅以入官，居於廟廡。朋舊贈遺，盡以刻書。五年，年七十有七，重游泮宫。十一年，年八十有三。五月，病瘧。六月初六日，病甚，口授謝恩表，自定喪禮，屬元撰神道碑文。初七日，雞初鳴，公曰：『時至矣。』遂卒。子肇和以嘉慶十二年春，葬公於崑山縣雪葭灣年字圩，即公所自營生壙也。公妻鄒夫人祔焉，側室許、陸、黄三孺人，亦從葬焉。

公之扈駕巡山東、江、浙也，古帝王、聖賢、名臣陵墓、祠廟，嘗分遣致祭。己卯、庚辰、壬午順天鄉試，辛巳、癸未會試，五爲同考官；壬子主順天鄉試，皆以經術取士，士之出門下爲小門生及從游受業者，二千餘人。又嘗主婁東、敷文兩書院。欽定通鑑輯覽、同文志、大清一統志、續三通等書，奉敕與纂修事。又奉敕删定三藏聖教經咒，徧譯佛典，深於禪理者不及也。前後奉使鞫奏高郵州假印重徵、江陵縣偷減隄工等七案，公正研求，分别虚實。高郵州案，巡撫、府、州並擬罪；隄工案以知府草率捏飾，劾落其職。公之爲學也，無所不通。早年以詩列『吴中七子』，名傳海外。初學六朝、初唐，後宗杜、韓、蘇、陸，侍讌賡歌，賜賚稠疊。詞擬姜夔、張炎。古文力追韓、蘇。碑版之文照於四裔。積金石文字數千通，書五萬卷。所至，朋舊文讌，提倡風雅。後進才學之士，執經請業，舟車錯互，屨滿户外，士藉品藻以成名致通顯者甚衆。公治經與惠棟同，深漢儒之學，詩、禮宗毛、鄭；易學荀、虞；言性道則尊朱子，下及薛河津、王陽明諸家。居憂不爲詩文，不就徵聘。生平重倫紀，尚名節，篤棐之誠，本於天性。在軍營，和平簡易，自科爾沁王以下皆親重之。爲司寇時，與阿文成公爲舊識，他非所契。嘗訓子曰：『易言：「比之匪人，不亦傷乎？」非匪人之能傷比者，自重其傷也。』公所著書：春融堂詩、文兩集，宏博淵雅，有

關於經史文獻。金石萃編、青浦詩傳、湖海詩傳、琴畫樓詞〔一五〇〕、續詞綜等書，皆刊成。餘若天下書院志〔一五一〕、征緬紀聞、屬車雜志、朝聞録等書四十餘種，尚待次第校刊之。

元居憂，受公遺言撰碑銘，不敢辭。既除服，乃爲銘曰：

恂於儒者，不達政事；習尉律者，迷誤文字；惟公兼之，經術爲治。茬弱於文，無能即戎；折衝千里，於經鮮通；惟公兼之，乃多戰功。尊漢學者，或昧言性；悟性道者，妄斥許、鄭；公兼通之，履蹈賢聖。皇、熊疏義，拙於文詞；陸、沈藻績，樸學不知；華實並茂，公亦兼之。公爲君子，筮匪不比。沖澹其神，靖共其位。歘歷中外，進退禮義。公爲名臣，帝嘉厥功。金川磨盾，紫閣弢弓。獄平政飭，本孝於忠。瞻彼中江，秀鍾峰泖。海内清望，雲間大老。雖不慭遺，亦旼壽考。佳城鬱鬱，葭灣之中。杳歸春雨，蕤起秋風。勒銘無媿，碑樹桓豐。

——揅經室二集卷三

二十、刑部侍郎蘭泉王公墓志銘

清　秦瀛撰

青浦刑部右侍郎王公蘭泉，以嘉慶十一年六月〔三〕七日卒於家，於是公致仕家居十有二年矣。孤肇和述公遺言，屬余爲銘幽之文，并郵公女夫嚴太守榮所爲年譜，以書抵余京師。

按譜，公諱昶，字德甫，號述庵，又號蘭泉。先世浙江蘭溪人。高祖懋忠，始遷青浦，名列幾社，以詩名。曾祖之輔，祖瑱，父士毅，三世皆以公貴累贈光禄大夫、刑部右侍郎。曾祖妣雷氏，祖妣沈氏，妣陸

氏，生妣錢氏，皆贈封一品夫人。

公成童勵學，即擅文譽。年十七，補博士弟子，嶤然出儕輩。嘗遊長洲沈文愨公之門，時有吴中七子詩選，其詩流傳海外，公其一也。乾隆十八年，舉江南鄉試。逾年，成進士，歸班銓選。二十二年，鑾輅時巡江浙，以召試一等授内閣中書。未幾，入直軍機處，制誥文字多出公手。遷刑部主事，再遷至刑部郎中。三十三年，坐言語不密罷職。會緬酋不靖，阿公桂總督雲貴，請公從。來往永昌、騰越間，軍書旁午，贊畫機宜，公之力爲多。無何，阿公罷，温公福代之，留公戎幕如故。屬四川小金川土司僧格桑搆亂，上命温公移師討之，請以公行。會上復起阿公會剿，公又參阿公軍。除吏部主事，擢員外郎、郎中。木果木之變，公友趙公文哲，隨温公没於事，而公在南路得無恙。事既蕆，隨阿公奏凱還京師，擢鴻臚寺卿，賞戴花翎，仍入直軍機處。計前後在軍營者，凡九年始還。尋擢大理寺卿、都察院右副都御史，授江西按察使。丁母憂歸。起爲陜西按察使，遷雲南布政使，調江西。召爲刑部右侍郎，時公年六十有六矣。在刑部時，屢奉命讞獄江南、湖北，咸稱平允。乾隆五十八年，年七十，乞假省墓。假還，隨以原品致政，退居三泖湖莊者十餘年，而以疾卒，年八十有三。

論者謂公：壯歲從戎，名望重於絶域。及爲藩臬，脊訟獄，興教化，所在有治行可稱。方按察陜西時，甘肅石峰堡之役，公督兵防禦邊境，賊以無擾，勞績尤著。公所表襮，亦既章徹於時；而余則窺公生平志事，殆將以古人『開物成務』之學見諸厝施，而所見者止此，尚不足盡公之藴。公嘗言其師王芥子先生太岳，位至藩伯，而其學多闕而不舒。烏虖，其即公之所以自道與？

公窮研諸經，汎濫子史百家，著述等身。已刻者：臥遊軒詩文集、金石萃編、湖海詩傳、續詞綜。其

它尚有四十餘種，藏於家。同時名公，如盧學士文弨、王光禄鳴盛、錢少詹大昕，論撰略與公埒，而金石傳播，碑版照四裔，則或遜於公。蓋由公游歷徧中外，更事既多，故其詩文閎富，足備知人論世者之采擇，有非它人所能及。晚年尤闡性命之旨，以宋儒爲歸。病士習骫骳，風槩不立，貽書於余，索東林志，欲合天下書院，彙成一編，以蘄主張名教。蓋公之志，既老不衰如是。

公分校順天鄉試、會試者五，主順天鄉試者一，所得多知名士，今有積官至大僚者。通懷樂善，容接後進，獎掖如不及。尤篤於故舊，厚宗族。嘗倣吴郡范氏例，置義莊、義塾，而家實貧甚。既斥私産償官逋，至以丐貸自給。

娶鄒氏，係出宋忠公浩、文學維翰女。無子，以從弟曦之子肇和嗣。女一，箇室陸出，適金華府知府吴縣嚴榮。孫二：紹基、紹祖。

肇和將以嘉慶十二年二月十七日，葬公於崑山之嚴字圩，蓋即公生時所營生壙云。先從祖文恭公芥子，先生師也。公通籍後，文恭即延至邸舍，與纂五禮通考。余官中書後，於公者十九年，而公折輩行交，以文章道義相砥鏃，垂没猶以銘辭屬余，其奚忍不銘？辭曰：

萬里荒徼，草檄勒銘。依然儒生，伉伉六經。出領方岳，入貳爽鳩。老而乞骸，引年退休。東南老宿，誰與人師？玉山之陽，堂斧在兹。

——小峴山人文集卷六

二十一、其他載記資料

蘭泉司寇：青浦王蘭泉先生，名昶，字琴德(一五二)。與王西莊、吴竹嶼、錢竹汀、趙樸庵、曹習庵、黄芳亭，爲『吴中七子』。中乾隆甲戌進士，官至刑部侍郎。自㒒值内廷，參與戎幕，以至秉臬開藩，躋秩卿貳，揚歷中外者，三十餘年，並著懋績。與千叟宴。予告歸田。年八十三而卒。先生嘗東至興京，西南至滇、蜀，所至訪求金石，延覽人材。從征緬甸有功，賞戴花翎，而謙恭下士，著作等身。聞人有一才一藝者，即録其姓名籍貫，細書小摺，盛以錦囊，各分門類。每與人坐談，一聞佳士，輒從錦囊中取出補之。自古憐才愛士之誠，未有如先生者也。著有述庵文鈔二十卷，金石萃編一百六十卷。又類集所知識之詩與文，爲湖海詩傳、湖海文傳若干卷。

——清　錢泳履園叢話卷六

王昶，字德甫，又字述庵(一五三)，江蘇青浦人。乾隆十九年進士，刑部侍郎。公之爲學，無所不通。早年以詩列『吴中七子』；古文力追韓、蘇；碑版之文照於四裔。門下士藉品藻以成名致通顯者甚衆。治經與惠棟同，深漢儒之學。詩、禮宗毛、鄭；易學荀、虞；言性道則尊朱子，下及薛河津、王陽明諸家。居憂，不爲詩文，不就徵聘。在緬甸及兩金川軍營籌筆，和平簡易，自科爾沁王以下皆親重之。爲司寇時，與阿文成公爲舊識，他非所契。嘗訓子曰：『易言：「比之匪人，不亦傷乎？」非匪人之能傷比者，自重其傷也。』揅經室集

——清　梁章鉅輯國朝臣工言行記卷二十

王述庵書：己未夏，吴中有杖責諸生之獄，今得王述庵少司寇與平恕書〔一五四〕，文甚遒勁，故具載之。書云：

違晤經時，伏稔執事興居安豫。第以鼎湖大故，匍匐入都，前日始回吴下，備知諸生獲罪，深爲駭異。

諸生寒士居多，求貸於富户，乃事理之常。伊等或以教課爲業，或以筆墨爲生，無力償還，亦其常分〔一五五〕。賴有父母師保之責者〔一五六〕，正宜加之憐惜，或代爲寬解，或再爲分限，俾得從容措繳。即使伊等〔一五七〕語言粗率，亦何至不能稍貸〔一五八〕，乃致撲責寒士以媚富户？情事實無情理。此非該令平日與富户交結往來，受其餽賂，即係意存庇奸，爲事後得錢之計。情事顯然，不待推求而可見。諸生之不平則鳴，有何足怪？惟是時承審之員，非該令平日結納之上司，即係狼狽爲奸之寅好。通臬將赴湖南，不顧其後，而撫軍初莅新任，以至四出查拏，牽連數十，掌嘴鎮項，凌辱〔一五九〕不堪，成何政體！

當今律令内，從未有生員借貸不還遂致責革之條。若以聚衆爲名，亦當視其應聚與否耳。漢時太學生舉幡闕下，見於漢書不一；唐之太學生爲陽城而聚集；宋之太學生爲李綱而聚集；至周朝瑞等爲趙汝愚而聚集，史册〔一六〇〕載之，不一而足，以爲美談。蓋凡事必先定其是非。如諸生理屈詞窮，糾衆以挾制縣令，重懲之宜也。若縣令先以挾私違制，則人有同心，豈能默爾？一呼百應，籲告上臺，以求利斷，自無不可。斯時即宜告承審各員，研究富户平日與該令有無交結，何以討好如此？果無他故，然後科以性情兇暴、違制擅責之咎；仍另爲該生

起限，寬緩清還，諸生自必欣然而散，何至成此大獄，使士民重足而立也？

往在京中，那繹堂司空言宜撫軍爲人仁厚，劉竹軒倉場亦言其老成精細。及昨過蘇相見，謙和恭敬，抑然自下，實有古賢臣風範。特其時兩司未到，獄案已定，而執事又無一言救正，縱地方官之所欲，恣其蹂躪，此必非撫軍之本意也。今者荷蒙皇上坐照如神，洞燭其違例擅責之由，降旨再飭制軍研審，制軍居心公正，未必謂然。然成事不説，是否覆盆能白，尚未可知。倘〔一六一〕執事以繫鈴者解鈴，則日月之更，民皆仰之矣。弟此次進京，仰見皇上典學右文，而王韓城、劉諸城二相國以及石君冢宰、繹堂司空，贊翊〔一六二〕熙朝，愛才好士，力持大體，恐承旨之下，於此亦不慊然。

弟見數十年來，小省學政，職分本微，奉督撫如上司，與州縣相結納，甚至幸其嘑爾蹴爾之助，媕婀唯諾，殊爲可恥。若夫江浙學差，皆三品以上大員，出膺任使，地方既高，卓然自立。故遇有諸生品行不端者，斥之；學業不進、詞章不工者，令廣文夏楚之；其餘則是曰是，非曰非，所以重人才而勵廉恥。今執事久以詞林雅望，洊受主知，冀〔一六三〕旦夕入贊綸扉，惟是扶持士類，主張名教，庶可與石君諸公相見耳。至近來州縣所以魚肉諸生，其意蓋在立威。威立而諸生箝口結舌，則庶民何敢出而争控？是以獄訟之顛倒，徵收之加耗，無所不至。比者言路大開，江南漕政，横徵重斂，已一一〔一六四〕仰叨聖鑒，故制府亦力爲振作，今冬定作清漕之局。但州縣或有陽奉陰違，倍收多取，恐生監連名訐告，而州縣指爲鬨堂鬧事者甚多，未知執事可能究其是否，俟案定而後量加董戒；抑或如此案不科州縣之失，而即科諸生之罪。若使仍助其焰而長其氣，則吏治之壞，不知伊於何底也。

弟陳臬三司，且於大理寺、都察院、刑部三法司，均爲堂上官，所見生監控告之案，不勝枚舉，然未見有人因其抗令而右袒之至於此者。弟與緣事諸生，并無門生故舊之雅誼，一至蘇州，即知此案業已上聞，并荷聖明指摘。所以不辭饒舌者，實以此案追債事輕，關於士氣者大，而關於將來漕弊者尤大；且爲執事風節所關，夙叨世好，度無肯效忠告之誼者，故忘其愚戇，用布區區。如或以規爲瑱，則韓文公之諍臣論、歐陽公之與高若訥〔一六五〕及與杜祁公論石介書〔一六六〕，取而研之可也。

其文亦真可與韓、歐諸文并傳不朽矣。

——清　昭槤嘯亭雜録卷十，上海文瑞樓刊本

王昶，字德甫，江蘇青浦人。少從沈德潛授詩，有『清露滴苔徑，暮寒生竹樓』之句，爲時傳誦。與王鳴盛、吴泰來、錢大昕、趙升之、曹仁虎、黄文蓮稱『吴中七子』。日本大學頭默真迦讀其詩，自海外貽書通意，贈相憶詩，人各一章。尤喜古碑碣，詳言金石，考據者往往稱之。

——清　朱克敬儒林瑣記卷二

琴德早負詩名，與王鳴盛、錢大昕、吴泰來、曹仁虎、趙文哲、黄文蓮爲『江南七子』。所選湖海詩傳，極數十年交游之盛；又選爲今詞綜〔一六七〕。多藏金石碑版，撰金石粹編一百六十卷。

右名人尺牘小傳，梁同書撰。

——清　李桓國朝耆獻類徵初編卷九十二

國初趙氏寄園舊址，在今給孤寺鄰近。乾隆庚辰、辛巳間，王述庵侍郎、翁覃谿學士、諸桐嶼太史，結屋此鄰，時有『三家村』之目。

右［郎潛］紀聞，陳康祺撰。

王昶，字德甫，一字琴德〔一六八〕，號蘭泉，晚號述庵，江蘇青浦人。乾隆甲戌翰林，官刑部侍郎。有『江湖七子』之目。工詩，嗜金石。選湖海樓詩傳、今詞綜〔一六九〕，著金石粹編、春融堂集。張子和比部藏有寄翁覃溪詰辨碑版行書長札小卷。

——清　李桓國朝耆獻類徵初編卷九十二

王蘭泉，貫通諸學，不名一家。詩宗杜、韓、蘇、陸，侍讌賡歌皆稱旨。詞擬姜夔、張炎。古文力宗昌黎、眉山。碑版之文照四裔。治經與惠氏棟同，深漢儒之學，詩、禮宗毛、鄭；易學荀、虞；言性道宗朱子，旁及河津、餘姚諸家，不區門户。又積金石文字數千通，書五萬卷。所至，賓朋文宴，提倡風雅；後進執經請業，舟（軍）車錯互，户外屨恒滿，士藉品藻以成名者，不可勝數。

——清　張鳴珂寒松閣談藝瑣録卷三

王名昶，江蘇青浦人。少穎異，博學，善屬文。乾隆十（八）九年進士。從阿文成征大小金川，叱馭懸崖，日行數百里，夜治章奏、軍書，於礮火矢石中，無誤無畏。累官至刑部右侍郎。論公者謂：自來文學與武功、文章與政事，判然兩途。至於漢、宋互異，朱、陸殊科，治樸學者，以詞賦爲虛華；論性天者，譏訓故爲繁碎，分茅設蕝，莫能相通，而得其一，皆足以名世。惟公邃於經，健於文，富於詩詞，精於考證，達於政治韜略，研窮於性理；又北至興、桓，西南出滇、

蜀外，所過名山大川，皆足開拓胸心，增長識力，渟泓迤演，不名一家，可謂通儒也已。

——民國　易宗夔新世説文學卷二

〔一〕逸事狀：即柳宗元段太尉逸事狀。

〔二〕珠街角鎮：校見年譜序。

〔三〕國朝詩别裁集：又名欽定國朝詩别裁集、清詩别裁集，凡三十二卷，沈德潛輯評，有乾隆二十六年（一七六一）教忠堂刻本，光緒九年（一八八三）點石齋石印本等。國朝詩别裁集卷八録王懋忠詩二首。

〔四〕墓志：指盧文弨贈資政大夫大理寺卿王公墓志銘。

〔五〕字述庵：年譜作『號述庵』。

〔六〕銅政全書：校見年譜『乾隆五十二年』條。

〔七〕通鑑輯覽：校見年譜『乾隆二十四年』條。

〔八〕同文志：校見年譜『乾隆二十五年』條。

〔九〕一統志：即指和珅等奉敕纂修大清一統志，五百卷。

〔一〇〕續三通：指張廷玉等奉敕纂修續通典一百五十卷、續通志五百二十七卷和續文獻通考二百五十卷。

〔一一〕三藏：即乾隆大藏經，又名大清三藏聖教真經，簡稱『乾隆藏』或『龍藏』，泛稱『清藏』。據安上法師整理清刻龍藏筆記所言，其編刊工作始於雍正十一年（十三年付雕），迄於乾隆三年，『以千字文編號，一字一函，每函十卷，由「天」至「機」，共七百二十四函，七千二百四十卷，外有序文一卷、大清三藏聖教目録五卷』。

〔一二〕比匪之傷：易經比：『象曰「比之匪人」，不亦傷乎？』

〔一三〕春融堂詩文詞集六十八卷：即指春融堂集六十八卷，有嘉慶十二至十三年（一八〇七—一八〇八）青浦王氏塾南書舍刻本、光緒

十八年（一八九二）錢怡甫刻本。

〔一四〕國朝詞綜：尚有國朝詞綜二集八卷，有嘉慶七年（一八〇二）王氏三泖漁莊刻本。

〔一五〕征緬紀聞：春融堂雜記八種尚收有征緬紀略二卷。

〔一六〕四卷：校見年譜『乾隆三十六年』條。

〔一七〕使楚叢談：刻本作『使楚叢譚』。有嘉慶十三年（一八〇八）王氏塾南書舍本、昭代叢書本、小方壺齋輿地叢鈔本、古今説部叢書本、光緒申報館鉛印本、宣統三年（一九一一）鉛印本等。

〔一八〕臺懷隨筆：校見年譜『乾隆五十七年』條。

〔一九〕青浦縣志：王昶纂，乾隆五十三年（一七八八）刊刻，凡四十卷。

〔二〇〕太倉州志：校見年譜『嘉慶元年』條。

〔二一〕蒲褐山房詩話：道光元年（一八二一）鄭喬遷抄本不分卷，僅一册。

〔二二〕天下書院志：校見年譜『嘉慶七年』條。

〔二三〕閏七月：底本訛作『七月』，今據王昶商洛行程記校補。

〔二四〕銅政全書：校見年譜『乾隆五十二年』條。

〔二五〕銅政全書：校見年譜『乾隆五十二年』條。

〔二六〕字琴德：校見國朝漢學師承記王蘭泉先生。

〔二七〕大理寺卿：據年譜，王昶升大理寺卿在乾隆四十二年三月。

〔二八〕補授……按察使：據年譜，王昶是年十二月十九日『補授都察院左副都御史』，二十一日『有旨授河南布政使』。其『補授直隸按察使』，『改調西安按察使』，在四十八年二月。

〔二九〕叁月：據年譜，其『授江西布政使』在二月。

〔三〇〕刊入燕集中：校見年譜『嘉慶元年』條。

〔三一〕伍月初壹日：校見年譜『乾隆四十一年』條。
〔三二〕王昶……行走：校見年譜『乾隆四十一年』條。
〔三三〕成五十卷：校見年譜『乾隆五十一年』條。
〔三四〕雲貴：年譜作『寶雲』。
〔三五〕銅政全書：校見年譜『乾隆五十二年』條。
〔三六〕貳月：年譜作三月。
〔三七〕玖月：年譜、使楚叢譚均作十月。
〔三八〕四卷：校見年譜『乾隆三十六年』條。
〔三九〕西安省例：即陝西舊案成編。參見年譜『乾隆五十一年』條校。
〔四〇〕銅政全書：校見年譜『乾隆五十二年』條。
〔四一〕字蘭泉又字琴德：按蘭泉、琴德均爲王昶之號而非字。神道碑云：『以居蘭泉書屋，學者稱「蘭泉先生」。』又年譜：『因有蘭泉書屋、琴德居，故時亦以爲號焉。』
〔四二〕紫燕：校見年譜『雍正二年』條。
〔四三〕韓柳文集：年譜乾隆六年：『先生先於蔡貢生館中得東野堂〔稿〕、韓集、歸震川集、張炎山中白雲詞，讀而愛之，至是乃始學爲詩詞。』未提『柳』。
〔四四〕居喪讀禮：見年譜『乾隆十一年』條校。
〔四五〕明年：似誤。年譜乾隆十九年：『月餘，山東吴凌雲運使士功，以書幣來請，乃赴濟南。』又『抵蘇州，而陸太夫人已於是月二十四日逝矣。』
〔四六〕紅橋小志：已佚。王昶春融堂集韓懷招同學子東有梅里漁川易松滋諧再餞有作『花鳥春濃歸小志』句下自註云：『去歲，予撰紅橋小志，有二十四景。』

〔四七〕南沙：誤。日本近藤光男國朝漢學師承記王蘭泉先生注云：『年譜有「常熟蔣公」之言，江藩遂以爲蔣廷錫，故作「南沙」，實則當指其子蔣溥。』

〔四八〕九：底本訛作『二』，今據年譜校改。

〔四九〕郎：底本脱，今據年譜校補。

〔五〇〕升刑部江西司郎中：據國圖藏李慈銘批校之嘉慶二十三年（一八一八）初刻本於本句後尚有『是年，詔開經咒館，令章嘉胡圖克圖偕其徒重譯首楞嚴經及諸經秘咒，充兼校經咒館。先是，純皇帝以三藏中有俚俗猥瑣者，命劉文正公議加删定，公以屬之先生與汪舍人孟鋗，按日稽覽，六閱月而畢。上知先生深入内典，故有是命』凡九十一字，其後刊本均删。又春融堂集卷九兼值經咒館序云：『時命將首楞嚴經重繙國語、蒙古、梵字、漢文四種，用烏金紙分行横書之，送往前後印度謹藏；而經中漢魏六朝文義，僧人未能通悉，何從繙譯？故先以朱竹君任其事。近竹君督學安徽，屬昶代之。』

〔五一〕引：底本作『行』，今據行狀、墓志銘、年譜等校改。

〔五二〕允其降：校見年譜『乾隆三十四年』條。

〔五三〕辦事：校見年譜『乾隆三十六年』條。

〔五四〕築卡斷賊路：校見年譜『乾隆三十七年』條。

〔五五〕二十九日：校見年譜『乾隆四十一年』條。

〔五六〕五月朔：誤。校見年譜『乾隆四十一年』條。

〔五七〕是日：誤。校見年譜『乾隆四十一年』條。

〔五八〕四裔之樂：校見年譜『乾隆四十一年』條。

〔五九〕吏部郎中王昶……行走：校見年譜『乾隆四十一年』條。

〔六〇〕金川方略：校見年譜『乾隆四十一年』條。

〔六一〕纂：校見年譜『乾隆四十一年』條。

〔六二〕充總修官：校見年譜『乾隆四十三年』條。

〔六三〕一千七百人：校見年譜『乾隆四十九年』條。

〔六四〕萬計：年譜『乾隆四十九年』條作『千計』。

〔六五〕遁入商洛：年譜作『逃入商洛、鄖西諸處』。

〔六六〕陸見時……乃之任：漆永祥漢學師承記箋釋箋云：『王昶面辭，乃由雲南轉任江西時之事，江藩隸於由西安轉任雲南之間，誤矣。』

〔六七〕乞假南歸：年譜乾隆五十八年三月十六日載王昶陛見時，『因奏松江近海地卑，離家十年餘，墳墓間有坍塌，乞照例歸省修葺，上允之。四月初一日，由陸路行』。

〔六八〕通鑑輯覽：即御批歷代通鑑輯覽一百一十六卷，附明唐、桂二王本末三卷。乾隆三十三年（一七六八）傅恒等奉敕纂修。據邵懿辰、邵章增訂四庫簡明目録標注所述有乾隆内府刊本、江南織造覆本、浙局本、同治十年（一八七一）潯陽萬氏巾箱本等。

〔六九〕刻入燕集中：校見年譜『嘉慶元年』條。

〔七〇〕主婁東書院講席：年譜嘉慶元年正月『二十一日，陛辭……二月初一日，僦車啟行……行至瓜洲，費筠圃巡撫淳以讞事赴興化相見，言總督蘇公凌阿已聘主婁東書院。三月初五日歸家。四月初一日，赴書院』。

〔七一〕具奏回籍：年譜作：『十六日，具奏回籍。』

〔七二〕粹編：傳本及年譜等均作『萃編』。

〔七三〕明詞綜：王昶選輯。有嘉慶七年（一八〇二）王氏三泖漁莊刻本、同治四年（一八六五）亦西齋刻本、光緒二十八年（一九〇二）浦氏刻本、清末蘇州緑蔭堂鑑記刻本、中華書局四部備要本等。

〔七四〕國朝詞綜四十八卷：尚有國朝詞綜二集八卷，有嘉慶七年（一八〇二）王氏三泖漁莊刻本、同治四年（一八六五）亦西齋刻本、光緒二十八年（一九〇二）浦氏刻本、中華書局四部備要本等。

〔七五〕續修西湖志：未詳。

〔七六〕青浦縣志：青浦縣志四十卷，楊卓主修，王昶總修。乾隆五十三年（一七八八）刻本。

〔七七〕太倉州志：校見年譜『嘉慶元年』條。

〔七八〕陝西舊案成編：年譜乾隆五十一年，『各省刑名皆有省例，蓋舉部駁之案及條例之異常者，纂輯成帙，以備稽考，西安獨無，遂飭吏胥，盡發數十年舊案，編成五十卷，刻藏於署』。未見傳本。

〔七九〕雲南銅政全書：校見年譜『乾隆五十二年』條。

〔八〇〕三卷：校見年譜『乾隆三十五年』條。

〔八一〕三卷：校見年譜『乾隆三十五年』條。

〔八二〕四卷：校見年譜『乾隆三十六年』條。

〔八三〕屬車雜志豫章行程記：未見二書傳本。年譜乾隆四十五年，『是年，紀隨蹕至赴任，爲屬車雜志二卷、豫章行程記一卷』。

〔八四〕重遊滇詔紀程：未見傳本。年譜乾隆五十二年，『著重游滇詔紀程一卷』。

〔八五〕二卷：校見年譜『乾隆五十三年』條。

〔八六〕使楚叢談：校見王蘭泉侍郎事略。

〔八七〕臺懷隨筆：校見年譜『乾隆五十七年』條。

〔八八〕青浦詩傳三十六卷：青浦詩傳三十四卷，附詞二卷。有乾隆五十九年（一七九四）經訓堂刻本。

〔八九〕天下書院志：校見年譜『嘉慶七年』條。

〔九〇〕群經揭櫫：未見。年譜嘉慶八年，『先生自中歲窮經，凡讀諸家注釋疏義有所得，輒書而藏之，題爲群經揭櫫，共十數册』。

〔九一〕五代史注：未見。

〔九二〕嘉慶四年：日本近藤光男譯注國朝漢學師承記云：『此當爲嘉慶五年以後事。四年王昶尚未至敷文書院，據述庵年譜，嘉慶四年十一月，補浙江巡撫阮元過吴，具書請主敷文書院，王昶到任爲翼年正月下旬。』

〔九三〕三十卷：傳本爲十五卷。有光緒四年（一八七八）鈕維善鈔本與光緒十一年（一八八五）江蘇書局刻本。

〔九四〕字述庵：校見資政大夫刑部右侍郎致仕王公行狀。
〔九五〕字蘭泉：校見國朝漢學師承記王蘭泉先生。
〔九六〕韓蘄王墓：七子詩選與春融堂集、述庵詩鈔等均作『韓蘄王廟』。乾隆十八年（一七五三）沈德潛輯七子詩選卷五詩句同，乾隆五十五年（一七九〇）經訓堂刻述庵詩鈔詩句則改作：『湖上騎驢心未已，廟中墜馬恨何窮。』嘉慶塾南書舍刻春融堂集卷二詩句又改作：『五國君臣終陷没，一家婦女盡英雄。』
〔九七〕太倉州志：校見年譜『嘉慶元年』條。
〔九八〕雲南銅政全書：校見年譜『乾隆五十二年』條。
〔九九〕四卷：校見年譜『乾隆三十六年』條。
〔一〇〇〕二卷：校見年譜『乾隆五十三年』條。
〔一〇一〕使楚叢談：校見王蘭泉侍郎事略。
〔一〇二〕臺懷隨筆：校見年譜『乾隆五十七年』條。
〔一〇三〕天下書院志：校見年譜『嘉慶七年』條。
〔一〇四〕本傳依清國史王昶列傳而來，文字略有出入。
〔一〇五〕一：底本訛作『七』，據清國史王昶列傳及年譜校改。
〔一〇六〕閏七月：底本訛作『七月』，今據王昶商洛行程記校補。
〔一〇七〕乞降：校見年譜『乾隆三十四年』條。
〔一〇八〕琴畫樓詞：即琴畫樓詞鈔，王昶纂輯，凡二十五卷，有乾隆四十三年（一七七八）刻本。
〔一〇九〕天下書院志：校見年譜『嘉慶七年』條。
〔一一〇〕征緬紀聞：一卷，除稿本外，尚有嘉慶十三年（一八〇八）青浦塾南書舍刻春融堂集本、光緒申報館鉛印本、宣統三年（一九一一）鉛印本、小方壺齋輿地叢鈔本、古今説部叢書本等。

〔一一一〕黄河：春融堂集卷二十奉命讞事新安在保定府『鞭笞清訟牒，還擬究良圖』句下自註作『引黄河』。
〔一一二〕至：春融堂集作『至於』。
〔一一三〕歸：春融堂集作『以歸』。
〔一一四〕皆：春融堂集作『皆可』。
〔一一五〕河西而南：底本脱，今據春融堂集校補。
〔一一六〕足供民食雖南北分疆：底本脱，今據春融堂集校補。
〔一一七〕未：春融堂集作『未見』。
〔一一八〕明：春融堂集作『明初』。
〔一一九〕以實京師：底本脱，今據春融堂集校補。
〔一二〇〕字琴德：校見國朝漢學師承記王蘭泉先生。
〔一二一〕詞綜：即國朝詞綜，王昶輯，有嘉慶七年（一八〇二）王氏三泖漁莊刻本、同治四年（一八六五）亦西齋刻本、光緒二十八年（一九〇二）浦氏刻本等。
〔一二二〕四卷：校見年譜『乾隆三十六年』條。
〔一二三〕使楚叢談：校見王蘭泉侍郎事略。
〔一二四〕臺懷隨筆：校見年譜『乾隆五十七年』條。
〔一二五〕天下書院志：校見年譜『嘉慶七年』條。
〔一二六〕太倉州志：校見年譜『嘉慶元年』條。
〔一二七〕銅政全書：校見年譜『乾隆五十二年』條。
〔一二八〕閏七月：底本訛作『七月』，今據王昶商洛行程記校補。
〔一二九〕五十一年閏七月：底本訛作『五十七年七月』，今據年譜及王昶商洛行程記校改。

〔一三〇〕字琴德：校見國朝漢學師承記王蘭泉先生。
〔一三一〕乞降：校見年譜『乾隆三十四年條』。
〔一三二〕銅政全書：校見年譜『乾隆五十二年』條。
〔一三三〕雲南銅政全書：校見年譜『乾隆五十二年』條。
〔一三四〕皆刊行：誤。其陝西舊案成編、雲南銅政全書均未見刊本。
〔一三五〕四卷：校見年譜『乾隆三十六年』條。
〔一三六〕二卷：校見年譜『乾隆五十三年』條。
〔一三七〕使楚叢談：校見王蘭泉侍郎事略。
〔一三八〕臺懷隨筆：校見年譜『乾隆五十七年』條。
〔一三九〕天下書院志：校見年譜『嘉慶七年』條。
〔一四〇〕字蘭泉：校見國朝漢學師承記王蘭泉先生。
〔一四一〕字琴德：校見國朝漢學師承記王蘭泉先生。
〔一四二〕五十一年閏七月：底本訛作『五十七年七月』，今據年譜及王昶商洛行程記校改。
〔一四三〕雲南銅政全書：校見年譜『乾隆五十二年』條。
〔一四四〕四卷：校見年譜『乾隆三十六年』條。
〔一四五〕二卷：校見年譜『乾隆五十三年』條。
〔一四六〕使楚叢談：校見王蘭泉侍郎事略。
〔一四七〕天下書院志：校見年譜『嘉慶七年』條。
〔一四八〕乞降：校見年譜『乾隆三十四年條』。
〔一四九〕銅政全書校見年譜『乾隆五十二年』條。

〔一五〇〕琴畫樓詞：全名作『琴畫樓詞鈔』，二十五卷，有乾隆四十三年（一七七八）刻本。
〔一五一〕天下書院志：校見年譜『嘉慶七年』條。
〔一五二〕字琴德：校見國朝漢學師承記王蘭泉先生。
〔一五三〕字述庵：校見資政大夫刑部右侍郎致仕王公行狀。
〔一五四〕與平恕書：該書春融堂集未收。
〔一五五〕分：國朝耆獻類徵初編録作『情』。
〔一五六〕者：底本脱，今據國朝耆獻類徵初編所録校補。
〔一五七〕等：底本脱，今據國朝耆獻類徵初編所録校補。
〔一五八〕貸：國朝耆獻類徵初編録作『貰』。
〔一五九〕凌辱：國朝耆獻類徵初編録作『陵辱』。按義同。
〔一六〇〕册：國朝耆獻類徵初編録作『策』。按義同。
〔一六一〕倘：國朝耆獻類徵初編録作『儻』。按義同。
〔一六二〕贊翊：國朝耆獻類徵初編録作『翊贊』。按義同。
〔一六三〕冀：底本作『兼』，今據國朝耆獻類徵初編所録校改。
〔一六四〕一一：國朝耆獻類徵初編録作『盡』。
〔一六五〕與高若訥：即與高司諫書，載歐陽文忠公集卷六十七。可謂千古罵官之雄文。
〔一六六〕與杜祁公論石介書：即上杜中丞論舉官書，載歐陽文忠公集卷六十七。
〔一六七〕今詞綜：校見前昭代名人尺牘小傳。
〔一六八〕字琴德：校見國朝漢學師承記王蘭泉先生。
〔一六九〕今詞綜：校同上。

覺生自訂年譜

清 鮑桂星撰 熊冬冬 汪長林點校

鮑桂星（一七六四—一八二六），字雙五，一字覺生，安徽歙縣人。嘉慶四年（一七九九）以會試第四名進士及第，由庶吉士授職編修。嘉慶八年（一八〇三）廷試二等一名，擢中允，累官至内閣學士兼禮部侍郎、詹事府詹事。先生少從吴定學詩、古文，後師事姚鼐。其詩、古文并有法，姚鼐稱之：『是能合唐宋之體而自成一家者也。』著有進奉文鈔二卷，覺生詩抄十卷，詠物詩抄四卷，詠史詩抄三卷，感舊詩抄二卷，覺生詩續抄四卷，另輯有廉吏録十卷、廉士録二卷、唐詩品八十五卷、續近思録十四卷等。

覺生自訂年譜乃其自撰，時間訖於道光二年（一八二二），之後内容爲其弟鮑珊續補。簡要記述了譜主家世淵源和求學爲官之主要經歷等。

今據北京圖書館藏珍本年譜叢刊本整理點校。

乾隆[二十九年]甲申(一七六四),[一歲]。

七月五日,余生。先妣唐太恭人,娠余甫六月病痁,而余墮地百日不肯眠,太恭人劍而行於室,徹晝夜。尋以痁絶乳,余遂不食他媪乳,食餻糜。

本生先大父蘇亭公,賦二詩言鞠子之閔,有句云:『魂飄突兀參苓外,事定辛勤乳哺中。』蓋指此也。

[三十二年]丁亥(一七六七),四歲。

六月,二弟肆之淦生。

[三十三年]戊子(一七六八),五歲。

大父以三寸楮寫唐人七言絶句,授余暨從兄愛彝諱聰聽讀。明日,更書紙背授之。

愛彝兄,先伯父卣堂公子也。

九月,歸唐氏妹生。

[三十四年]己丑(一七六九),六歲。

七月,先大母吴恭人棄養。

恭人,祭酒楞香先生諱苑曾孫女、徵君東巖先生諱瞻泰孫女。兩先生名賢世胄,著述等身。恭人稟

家教，恭儉慈惠，歸大父四十餘載，賓敬無閒言。

是臘，大父爲余啟蒙。愛彝兄同受經。

大父異日賜余詩有『對語啼春鶯』之句，指此。

〔三十六年〕辛卯（一七七一），八歲。

從大父讀書程氏園。

園僮攫鴉雛，群鴉竟日噪，余占一絶句，末云：『童子不知鴉意苦，我爲揮淚兩行齊。』大父見之，曰：『兒他日必能詩，然終身多苦境也。』

〔三十八年〕癸巳（一七七三），十歲。

八月，歸畢氏妹生。

〔三十九年〕甲午（一七七四），十一歲。

學爲文。

間有合作，大父評之曰：『異時其有邱遲、郭璞分耶？』歸以呈唐太恭人，太恭人勞以果脯。

【四十一年】丙申（一七七六），十三歲。

赴童子試。

大父作四絕句送之，首章云：『百年三世抱遺經，又見孫枝十二齡。初試名場須放膽，風雲氣壓短檠青。』尋應院試，卷堂備。

是年十一月，歸葉氏妹生。

【四十二年】丁酉（一七七七），十四歲。

九月，伯父卣堂公卒。

公爲邑名諸生，工爲文，孝友忠信。以咯血暴卒，年四十有四。

【四十三年】戊戌（一七七八），十五歲。

入歙庠。督學劉文恪公諱權之面試余文置第六，奬許甚至。

時余疹初愈，髮長盈寸，大父不許赴試，余堅請，乃以輿行。蓋平時入郡，二十里往還，皆徒步也。

十一月，大父中寒疾，猝見背，年七十一。

余先世自東晉時新安太守公諱宏，葬於歙，子姓因家焉。高祖化庵公，始遷杭，以義俠稱長者。曾祖致高公，爲仁和庠生，擅文譽，有小巢壺詩集〔一〕。繼祖露繁公，隨居杭。大父年十八始遷歙，遺書一

篋，外無長物。郡邑院試皆第一，舉優行。博雅廉直，講程朱踐履之學。嘗佐吴冠山太史華孫閩學幕，苦心衡校，得怔忡之疾，不赴鄉舉者十七科。著有壽藤齋詩文如干卷〔二〕、詩四十卷，以行楷手書成帙。余既視學中州，乃以千金雙鈎摹付梓，與制舉文並刊以行世。大父里居教授垂五十年，著録多高第，最著金修撰榜、汪進士百名也。

［四十四年］己亥（一七七九），十六歲。

正月，三弟滄碧珊生。

先大夫挈余之揚州，從吴並山先生諱玨於安定書院。

秋，赴省試。

知靖江縣錢塘徐公玉衡薦余文不售，從先大夫歸。

是春，過杭掃臯亭先墓。謁舅祖汪西顥徵君諱沆，舅祖寵以詩。

［四十五年］庚子（一七八〇），十七歲。

同里金杏爲先生廷梁，延余課其子應瓌、應瑚。

先生，大父弟子也。

是歲，從吴澹泉夫子諱定遊。

夫子爲桐城劉海峰先生高弟，古今文宗法甚峻。余始受繩削，頗苦之，然得窺詞章門徑自此始。

［四十六年］辛丑（一七八一），十八歲。

歲試一等四名，補增廣生。

［四十七年］壬寅（一七八二），十九歲。

科試一等六名，食廩餼。

愛彝兄殤於楚，年二十一，未娶。

伯母羅孺人方嫠居，太恭人省外祖母於杭，聞耗，急買舟歸，以二弟肄之爲伯父後。

余課之金氏書屋。

［四十八年］癸卯（一七八三），二十歲。

赴省試，不售。

卷爲知天長縣張公謙所薦。

余館金先生許三年矣，至是先生乘省試歸櫂，偕余謁其從兄養泉太守雲槐於常，太守遂延余爲記室。

[五十年]乙巳(一七八五),二十二歲。

正月,四弟儷崑桂枝生。

三月,自常歸,娶柳恭人。

同里聖依先生諱士濱次女也。

七月,仍赴常。

[五十一年]丙午(一七八六),二十三歲。

中省試副榜第三名。

主司爲少宗伯大興朱文正夫子諱珪編修、大庾戴石士夫子諱心亨,本房知望江縣南豐李禹言夫子諱祖謨。以第三場語疵,置副籍。

冬,金公遷兩浙糧儲,余偕之行。臘,還歙。

[五十二年]丁未(一七八七),二十四歲。

三月,自歙來杭。

四月,余在杭臥疾。

以感冒誤投補劑,不寐五閱月,浸成怔忡,飲食不下咽,瀕死者數矣。

秋，金公督漕北上，卒於道。十月，余乃扶疾買舟歸。

十一月，庚兒生。

是歲，二弟肄之從舅氏唐渠清先生諱汝明賈於浙。

[五十三年]戊申（一七八八），二十五歲。

同里程杏軒煌，後更名文囿。診余疾，漸起。

正月，邀入其鄉湖岔龍山寺養痾。四月，乃歸。

是秋，落解。

[五十四年]己酉（一七八九），二十六歲。

仍落解。遂自金陵溯皖，謁大府，就州判職，循副榜例也。

余家自高、曾以來，手一經，無立錐地。大父卒，而家益貧。余久困棘闈，至是萌棄繻意。

冬杪，攜二金一千錢，附舟東下，留杭度歲，乃北行。

是春，宗祠爲族伯賃作逆旅，余憤焉，竭力稱貸與之訟，逐逆旅主人去。

[五十五年]庚戌（一七九〇），二十七歲。

舅氏助川費，余郵以歸，沿途假貸而北。三月，抵京師。入國門，賃柴車，肩一橐耳。

謁朱文正夫子，夫子知其就職也，訶止之。

四月，考取八旗教習第二名。

閲卷爲文正夫子暨少宰平湖沈雲椒夫子諱初、少宗伯滿洲冶亭夫子諱鐵保。

五月，補鑲藍旗官學教習。

家儀部論山先生諱之鍾〔三〕，薦余館方仰齋水部體祖宅，遂移榻居焉。

是冬，大妹歸於杭。壻則舅氏第三子澧也。

是歲，二弟娶婦篁南吴氏。

〔五十六年〕辛亥（一七九一），二十八歲。

余館方氏。

時伯相和珅勢張甚，其舅氏某於賓座語不遜，余怒詈之，人頗爲余危。

四月，二妹歸同里半沙畢在梧先生諱起鳳長子春萌。妹故有瘵疾，畢强迎之，及門而卒。在梧先生爲買地以葬，而祔其主於先祠。余感其義，癸酉在楚北提學任，贈妹壻五百金。

〔五十七年〕壬子（一七九二），二十九歲。

中順天鄉試二十九名。

本房爲編修平原張牧邨夫子名翻，主司爲冢宰諸城劉文清夫子諱墉、少司寇青浦王蘭泉夫子諱昶、少宗伯滿洲和庵夫子諱瑚圖禮。

榜發，祭酒汪瑟庵先生名廷珍目爲『管鮑榜』。以第七名甘泉管君粤秀，亦有文譽也。

［五十八年］癸丑（一七九三），三十歲。

會試不第。

五月，教習期滿，引見，以教職用。

六月，遂南還。

至揚州，聞太恭人病瘵，急馳歸。抵家一晝夜，而太恭人見背。太恭人出元儒唐白雲先生後，莊静勤儉，曉詩書大義，得大父母歡心。先大夫性豁達，不問家人産。余兄弟四人，女兄弟三人，皆太恭人自乳之。中更大父母、伯父、伯兄之喪，黽勉有無，悲哀況瘁。舅氏渠清先生助薪水殆十年。余自教讀至入都，每歲郵所入以供饘粥，猶不給。太恭人心力交盡，積勞致疾，秘不令余知，書問往還，稱無恙。嗚呼，痛已！

［五十九年］甲寅（一七九四），三十一歲。

方水部鄭川費三百金，延余北。

〔六十年〕乙卯（一七九五），三十二歲。

三月，聞先大夫訃，亟辭方水部。水部以余貧，致厚賻而留余，余不可，遂奔歸。

時余再罹閔凶，四壁如洗。歸而兄弟、夫婦相向哭，至不能出聲，平生荼毒之境，無踰此也。先大夫負文譽，與卣堂公稱競爽。性豪邁，不可一世；急人之難，至斥衣被不少恡，人呼爲『貧孟嘗』云。

嘉慶元年丙辰（一七九六），三十三歲。

方水部復郵三百金延余北，遂攜三弟滄碧偕行。館方氏者，又三年。

〔二年〕丁巳（一七九七），三十四歲。

五月，耈兒生。

〔三年〕戊午（一七九八），三十五歲。

三弟入宛平學。明年，食廩餼；娶弟婦皖江李氏。

〔四年〕己未（一七九九），三十六歲。

中式會試第四名。

本房爲侍講學士黄岡李小松夫子諱鈞簡，總裁爲冢宰朱文正夫子、總憲長沙劉文恪夫子諱權之、少司農儀徵阮芸臺夫子名元、少宰滿洲遠皐夫子諱文幹。

時紀文達昀與文正論文不合，乾清宫覆試，文達讀一卷，疑爲余，抑置下等，而持所擢第一卷語同列曰：『此必非鮑某所能及。』坼封，乃余也。尋與朝考，欽取二十一名。殿試二甲十名，改庶吉士。

是年［九月］，恭逢高宗純皇帝升祔〔四〕，覃恩加一級贈考妣、貤贈祖考妣，封典如例。

十月，請假歸。

［五年］庚申（一八〇〇），三十七歲。

二月，攜家肯園先生諱志道〔五〕書，爲漢皐之遊，回櫂南昌。

兩地諸桑梓業鹺者，合助三千金，肯園先生力也。

四月，歸。

五月，偕江步李先生楷、族兄慎修永遊黄山，十日而還。

黄山一步一奇，奇秀甲天下。余答友人句云：『有峰皆是石，無岫不成雲。』蓋實境也。

六月，葬先大夫、唐太恭人於歙之宋邨。

吾鄉人溺堪輿，親死久不葬，余思以身矯之，遂渴葬焉；且爲青烏歎〔六〕一詩梓以行，鄉人多駭詫。爲余卜阡者，吴盡道先生名德賓也。先生一貧士，葬其先高、曾以下十餘棺，四十而後娶，爲人卜兆，不索多金，蓋里之賢者云。

八月，挈柳恭人及兩兒北上，兼爲同年張皐文惠言攜眷而行。
皐文，武進人，館吾歙金氏，同捷南宫者。去年，余出而彼留京也。
冬，三妹歸河坑葉易禾穎。
[六年]辛酉（一八〇一），三十八歲。
三月，散館第三名，授職編修。尋充國史館纂修。
時恭輯高宗實録，朱文正夫子爲總裁，欲余與纂修，余力辭，文正訝之，余對曰：『願處不争之地。』文正爲憮然。
[七年]壬戌（一八〇二），三十九歲。
三月，適山陰朱氏女生。
以京師居不易，遣眷屬歸，而自攜四弟、大兒館於禮親王邸。
[八年]癸亥（一八〇三），四十歲。
三月〔七〕，大考二等一名，擢右中允。
七月〔八〕，轉左中允。
十一月，校理文淵閣。

七月,余生辰〔九〕,鎖扉謝客二日。

二月,仁宗睿皇帝舉乾隆甲子故事幸翰林院,賜諸臣宴,以張説『東壁』『西園』〔一〇〕句分韻賦詩,御用起結二字,親王、大臣以下分賦三十八字,凡三十八人,而余得與焉,恭賦得『爲』字,蓋異數也。又恭和聖製七言律二章。尋以進呈皇雅十篇擢超等,拜文綺之賜。

[九年]甲子(一八〇四),四十一歲。

是秋,奉勅典河南鄉試。副之者,丙午同年新城陳玉方秋曹希祖也。

河南卷八千有奇,余與玉方分校之。搜落卷幾盡,得拔貢董廣益等七十一人,副榜十三人,多宿學能文之士。

是冬,派撰進奉文字,充國史館總纂、詞林掌故總纂〔一一〕。以『功臣傳』告成,議叙加一級,紀録二次。遣四弟、庚兒歸娶,弟婦曹素功裔孫毓東華之女,兒婦方湛庢巑尹溥之女。

[十年]乙丑(一八〇五),四十二歲。

四月,磨勘會試卷。

九月,上幸盛京,謁三陵,恭進頌十篇,擢超等,賞荷包、大緞。

十一月,奉勅視河南學。朱文正夫子贈詩〔一二〕寵行,有『鮑生賦仙才』『文章富於火』等句。

余以閏六月臥疴,屢瀕於殆,如丁未在浙時,至是彊起輿疾行。明年春,庚兒以程杏軒至,診療如前

疾，乃起。

［十一年］丙寅（一八〇六），四十三歲。

三月，擢洗馬。

十月，轉侍講。詞林掌故書成〔一三〕，議叙超等，加二級。

七月，迎柳恭人來學使署。

［十二年］丁卯（一八〇七），四十四歲。

三月，轉侍讀。

十月，卸學政篆還京。

是秋，三弟捷京兆。

［十三年］戊辰（一八〇八），四十五歲。

正月，充皇清文穎〔一四〕總校。

四月，磨勘會試卷，充殿試收掌。

上幸天津，進十箴〔一五〕，擢超等。與前所獻雅、頌俱選入皇清文穎梓行。

五月，教習戊辰科庶吉士。

七月，奉勅典山西鄉試。席子遠編修諱煜副之。

山西卷五千餘，余徧閲之，得鄭起昌等六十一人，副榜十人。

九月，以國史議叙，加一級，紀録二次。

十一月，充日講起居注官。

是年，三弟考取咸安宫教習第二名。二月，柳恭人卒於京寓。秋，遣兩兒扶櫬歸。

恭人性婉淑，耐勤苦，甘貧約。歸余二十四年，疾病死喪，舟車水陸，瘁憊無虚日。生二子一女。以時症誤於醫，余甚悼之。

［十四年］己巳（一八〇九），四十六歲。

正月，萬壽覃恩，加一級，請贈考妣、貤贈本生祖考妣，封典如例。

三月，納妾汪氏。

同邑稠墅人，四弟自里中送來京。

四月，磨勘會試卷。

是春，三弟成進士第五十四名。

［十五年］庚午（一八一〇），四十七歲。

元日，恩加紀録一次。

二月，京察，掌院和庵夫子戴文端公衢亨，以『品學兼優，才具明達』保列一等，引見，交軍機處記名。
四月，擢侍講學士。
七月，皇清文穎書成，議叙加二級，紀録二次。
八月，高宗純皇帝本紀告成，議叙加二級。
九月，奉勅視學湖北。
是年六月，三兒虔生。

[十六年]辛未(一八一一)，四十八歲。

是年，三弟教習期滿，引見，以知縣待銓。
前此已奉旨改籍歸歙。

[十七年]壬申(一八一二)，四十九歲。

三弟選知陝西大荔縣。
七月，轉侍讀學士。
九月，擢少詹事。
十二月，聞伯母羅孺人訃。
明年，遣耇兒歸，爲愛彝兄後承重。原名褁，更名承輝。

［十八年］癸酉（一八一三），五十歲。

四月，升詹事。

九月，升内閣學士，兼禮部侍郎。

十二月，充文淵閣直閣事。

是年，舅氏唐渠清先生卒。

先生少孤貧，能立志。事母汪太君極孝，待弟汝器先生諱鑨，友愛肫篤。弱冠依西顥徵君於杭，爲人理鹺務於紹。性慷慨豪俠，三黨待以舉火者十餘家。計助余家薪水凡千金，至今思之感涕。余先後所以報德者，雖竭綿薄，而心猶歉然也。

八月，廙兒生。

［十九年］甲戌（一八一四），五十一歲。

閏二月，稽察中書科事務，充會試搜檢大臣。

三月，授工部右侍郎，管理錢法堂事務。派閱辛未科散館卷、甲戌科會試覆試卷、新進士朝考卷，查殿試讀卷大臣標識。國史館議叙，紀録二次。

七月，充武英殿總裁。

九月，奉勅典武會試。李前輩春湖、廷尉宗瀚副之。

十一月，查審通州倉務。共事者穆少司馬鶴舫彰阿暨普侍郎恭、蔣爰亭先生予蒲。二倉場也。

十二月，條奏武英殿事宜，并劾提調某、副管某不職狀。爲提調所訐，謂余薄視滿洲人。詔軍機詢問，余奏在殿校書時，曾恭述聖諭以戒諸同官，詞色俱厲則有之，無所爲薄視也。尋以莠言亂政，照溺職例奪官，詔在京閉門思過，而所陳十事，則准行其九矣。

高宗純皇帝聖訓二十部，每部三百卷，合六千卷，余以五閲月親校一過，至是悉進呈。

［二十年］乙亥（一八一五），五十二歲。

輯唐詩品八十五卷，以司空表聖二十四品〔一六〕排次之。

冬，病傷寒幾殆，以服表劑不汗，余屏藥餌不入口，至是十四日，而汗疾乃解。

病中夢人似以文卷投大戥盤中，初則曰不稱去，俄乃曰稱矣。又夢至一公廨，甲仗器物甚設，從人爭迓余，余忽曰：『尚少我金瓜二、玉帶一，吾不行也。』覺而疾瘳。

是年九月，長孫勗生，庚兒出。

［二十一年］丙子（一八一六），五十三歲。

輯廉吏録十卷、廉士録二卷，俱手鈔。

是秋，庚兒中式順天鄉試八十六名。

是年，二弟肆之卒於楚。繼子聯輝幼，遣耇兒往楚，扶柩回里。

弟醇謹寬厚，有遠志。佐舅氏營浙鹺二十餘年，補苴彌縫，倚如左右手。余罷職後，弟乞余書爲楚遊，依余姻家章蘭臺觀察廷梁於湖北鹽道署，蘭臺甚信任之。未踰年，以痧脹服薑遽卒，可痛也。

［二十二年］丁丑（一八一七），五十四歲。

耇兒娶婦程於歙。同里紫峰如嵩之女也。

是年，爲廙兒議親於白侍讀小山同年鎔。

［二十三年］戊寅（一八一八），五十五歲。

秋，嫁女於朱慶畬同年意園太史淥之第三子。

時意園守臨江，遣庚兒附糧艘送妹行。

是年七月，三兒庱殤。

兒九齡，端慤慈諒，有成人風，余冀其爲長者也。以瘰癧誤於醫，傷哉！余妻與此子皆爲劣醫所害，自是戒家人毋得延醫。

［二十四年］己卯（一八一九），五十六歲。

九月，仁宗睿皇帝六旬萬壽，賞復編修。

是時蒙恩擢用者十餘輩，有『素行尚堪録用』之褒，而復編修者僅余一人，洵異數也。

[二十五年]庚辰(一八二〇),五十七歲。

四月,磨勘會試卷,撰擬進奉文字。

七月,仁宗睿皇帝龍馭上賓。隨班哭臨,余不覺痛絶。伏念一介寒儒,通籍十五載,由詞垣洊陟卿貳,屢竊文柄,無涓埃之效;獲譴後,仍蒙湔擢,感激悚惶,如何可言?際此天地崩坼,能無肝膽摧裂耶?是日攜襆被宿署中,不茹葷酒者累月。

今上登極,覃恩加一級,貤贈愛彜兄,封典如例。恭上仁宗睿皇后册寶,覃恩加一級,貤贈外祖考唐景韓公琦、妣汪孺人,封典如例。恭上皇太后册寶,覃恩加一級,貤贈祖考妣,封典如例。以前此但請貤庶吉士封也。

是年冬,耇兒婦程卒。

道光元年辛巳(一八二一),五十八歲。

三月,恭送仁宗睿皇帝梓宫於昌陵,還京,恩加隨帶一級。

四月,升祔,覃恩加一級,恭請本身妻室,封典如例。

是月,具呈掌院乞代奏請假修墓,得旨允行。遂赴關中,踐三弟對牀之約。

遊華山,登其巔。

華山高四十里,方十里,真若削成,奇奥埒黄山,而秀竦過之,洵天下名山也。

還歙一月，扁舟泛嚴瀨，過七里瀧，渡錢唐，看大女於紹興朱氏。時意園已罷歸紹矣，拉之遊秦望、蘭亭諸勝。

台州劉太守肇紳，招余遊天台，籃輿赴之，一旬而返。

天台曠邈幽邃，名蹟甚多，石梁瀑布，尤奇勝。梁修五丈，廣不盈尺，余杖策過之，從人皆詫焉。

冬，返於杭，居西湖月餘。

明年，看桐廬九里洲梅花，乃北上。

洲廣九里，梅花十萬株，偉觀也。

在里中，輸千金倡修水口浮圖、鳳山臺、科第坊、芥舟文會諸境。

勸洪閬城比部炘任塔工，比部慨然應之。踰二年，各工次第畢。

［二年］壬午（一八二二），五十九歲。

三月，回京銷假。

五月朔，召對乾清宮。

天顔温霽，詢曩日劾何人，以某對。上曰：『朕已褫其職矣。』又曰：『汝無他，但以後須加慎。』往復垂問甚悉。兩朝知遇，渥厚如此，小臣何以仰酬耶？

七月，擢侍講。

八月，充日講官，教習本科庶吉士。

十二月，授侍講學士。

内閣不戒於火，庚兒時改名唐。適當直。兒久躓場屋，勤習舉子業，是日尚拈二題入直廬，成詩文各一。倦而寢，不知火何自起。夢有撼之者，裸而出，傷其腓，歸臥四旬餘。吏議罪城旦，上憐之，但奪職。

［三年］癸未（一八二三），六十歲。

正月，次孫劼生。

七月，升通政使〔一七〕司副使。

上召見，謂曰：『汝未歷各衙門，當習練也。』余叩首謝。

八月，令稽查順天府東壩飯廠。又查南城二飯廠。

召見，詢廠務，余因言：『救荒無良策，然平糶不如煮賑之善。』上頷之。

十一月，詔稽察右翼宗學。

是冬，三弟擢知乾州。

［四年］甲申（一八二四），六十一歲。

二月，升詹事。

召見，問：『汝五十有幾？』以『六十一』對。上曰：『汝六十一耶？精神面貌尚如舊。』咨詢詳悉，温

霽有加。

尋充日講起居注官。

是年，以宗祠久圮，遣耆兒歸葺之。竭力稱貸，售所藏書，得三千金；復書致三弟，鄆千金以助焉。

耆兒繼娶程紫峰次女。

右先宫詹兄所自爲年譜也。手稿至甲申二月而止。是年：『四月二十八日，奉派驗看月官。九月二十八日，奉派驗看月官。十一月，考試滿洲筆帖式，欽派搜檢大臣。十二月二十七日，充文淵閣直閣事。』此所紀見於另紙履歷中。蓋欲續編入年譜，而未及删潤者。至乙酉年，則并未録履歷也：

乙酉五月初四日，與乾清宫二三品大臣之試。先兄已刻即交卷出，詩文皆未存稿。聞京朝知好，皆服其速藻之如昔也。秋九月，感冒暑疾，發寒熱。後遂胸膈脹痛，徹夜不眠。日兩飯不能盡一勺，强食之，則胸膈痛甚，醫者以爲類膈症，然非真膈，尚可治，顧投之藥，輒不效。至十一月二十一日，遂具摺乞病，託同列代奏，摺云：『竊臣於本月初七日因病奏，蒙賞假十五日調理，舉家感激，莫可言宣。半月以來，趕緊醫治，外邪漸去；而胸膈脹痛，晝夜仍不得眠，食少形羸，兩足瘦軟，難於舉步。醫家謂氣血兩虧，病在肝脾，急切不能取效。伏念臣蒙皇上高厚殊恩，亟思及時報稱，無如心愈焦灼，病愈纏綿，戀棧曠官，倍形慙懼，惟有瀝懇聖恩將臣詹事開缺，俾得專心調治，一經痊愈，即行趨詣宫門，叩求賞給差使。臣不勝惶悚待罪之至，爲

此具摺恭奏，伏祈聖鑒訓示。謹奏。』奉旨准其開缺調理。至今年春，病益憊，客來問疾者語多，則氣不能屬。前時已謝客，及今春，雖至交親友亦不能多見。然終日居室中，仍危坐，未嘗釋冠帶。及三月十六日，始伏枕。十九日未刻，遂瞑目長逝矣。嗚呼，痛哉！兄病中嘗語人曰：『吾生平患此疾，及今而三矣。丁未及乙丑，皆瀕於死，皆賴程杏軒治之而愈。今無杏軒，吾病殆不可爲矣。』

余聞兄疾，遣次子庠北行省問。其時兄次子承輝，亦自家至京省問。承輝與庠以書來，詳述病狀如此。承輝云：『兄唐病，支離不能愈。弟廙年甫將及成童，未諳外事。承輝自幼居家治生計，不知書，於先府君志事，不能舉筆爲纂述。三叔事先府君久於外，宜述先府君行實，以乞銘誄於當世。』余得此書，魂神飛越，又痛離兄側亦逾十年，於兄居官之詳，亦有不能深知者。自愧不文，不敢更爲行實之紀，乃舉承輝所寄來年譜，屬承輝刊於京師，而泣爲此跋，以志其顛末。至先兄居家之孝友，居官之清直，則同朝知好類多知之者，更無俟珊之贅述也。伏乞有道能文之大人、先生賜以銘誄，則生生世世感且不朽。

期服弟鮑珊泣跋

〔一〕小巢壺詩集：傳本名『小巢壺詩』二卷，有嘉慶二十一年（一八一六）刻本。

〔二〕壽藤齋詩文如干卷：傳本有壽藤齋詩三十五卷，乾隆三十五年（一七七〇）、嘉慶十三年（一八〇八）刻本；壽藤齋詩集不分卷，稿本；壽藤齋時文一卷，嘉慶二十一年（一八一六）刻本；壽藤齋文集六卷，稿本。

〔三〕之鍾：鮑之鍾（一七四〇—一八〇二），字論山，號雅堂。乾隆三十四年（一七六九）進士，官户部郎中。與洪亮吉、吴錫麒、趙懷玉有『詩龕四友』之目。著有論山詩鈔十五卷附詞一卷、論山詩選十五卷。

〔四〕升祔：清史稿仁宗本紀：嘉慶四年九月，『甲戌，高宗純皇帝、孝賢純皇后、孝儀純皇后升祔太廟，頒詔覃恩。』

〔五〕志道：鮑志道（一七四三—一八〇一），原名廷道，字誠一，自號肯園，歙縣人。清朝著名鹽商，以『資重引多』出任兩淮總商達二十年。

〔六〕青烏歎：見覺生詩鈔卷三，其序云：『青烏家言貽害久矣，吾鄉惑此尤甚。治中項西清先生應蓮入都，相見於邸舍，談次爲之累欷。歸而慨焉，作青烏歎。』

〔七〕三月：底本脱，今據仁宗睿皇帝實録嘉慶八年『三月』條校補。

〔八〕七月：清史列傳本傳作『八月』。

〔九〕生辰：據本譜，鮑桂星生於『七月五日』。

〔一〇〕東壁西園：爲張説恩制賜食於麗正殿書院宴賦得林字首聯四字，其詩云：『東壁圖書府，西園翰墨林。誦詩聞國政，講易見天心。位竊和羹重，恩叨醉酒深。緩（一作載）歌春興曲，情竭爲知音。』

〔一一〕詞林掌故：即皇朝詞林典故，又名續詞林典故，凡六十四卷三十四册。檢該書職名表，鮑桂星時以『文淵閣校理、左春坊、左中允』之身份任『纂修官』而非『總纂』。以此，前『國史館總纂』之『總纂』亦屬『纂修』之訛。皇朝詞林典故有嘉慶十年（一八〇五）武英殿刻本。

〔一二〕贈詩：知足齋詩續集卷三題作『送鮑雙五中允桂星典學中州』。

〔一三〕書成：據皇朝詞林典故序落款爲『嘉慶乙丑仲冬』，其刻成蓋在嘉慶十年（一八〇五）十一月。

〔一四〕皇清文穎：指董誥等輯皇清文穎續編，凡一百八卷首五十六卷目録十卷，有嘉慶武英殿刻本。下同。

〔一五〕十箴：即百官箴，凡十篇。見皇清文穎續編卷十三及覺生進奉文鈔。

〔一六〕二十四品：指司空圖二十四詩品。

〔一七〕使：底本脱，今據宣宗成皇帝道光三年八月『辛丑』條校補。

附録

一、詹事府詹事鮑公行狀

清 夏寶晋撰

曾祖善基，杭州府學生。祖倚雲，歙縣優貢生，累贈翰林院侍讀。父嘉命，歙縣學生，累贈翰林院侍讀。

安徽徽州府歙縣某鄉某里鮑桂星年五十九狀：

公字雙五，一字覺生。先世歙人，遷於杭州，至公祖復歸於歙。祖、父皆名諸生，以文業授徒，爲里中大師。公少承家學。稍長，從其父授業於桐城姚姬傳先生，爲詩文益有法度。繼游京師，大學士朱文正公，一見器之，館於其■。舉順天鄉試。嘉慶四年成進士，改翰林院庶吉士。是科會試總裁，即文正公也。文正衡鑒冠一時，公亦名譽素著，論者不以爲嫌。散館授編修，出爲山西考官，河南、湖北學政，皆稱厥職，在任累擢至侍讀學士。還京，再遷爲工部右侍郎。

公以孤生釋屩登朝，洊陟卿貳，敭歷既久，明於政體，於人之邪正，辨之尤嚴。受知於仁宗最深，不僅以文人侍之，前席敷陳，於事無隱，感奮思報，意氣慷慨。視儕輩如無，大爲俗士所嫉，而其歷官，職事

修舉，持身高潔，無纖豪過失可指，雖甚嫉之，而無可如何也。是時，今上在潛邸，以親王充武英殿總裁，公爲之副，有提調與公不相得，以詭辭洩密訐之。事聞，有旨即訊。公自以本無其事，又無左證，不足置辨。獄急，竟以酒後侻失引罪，坐是除名。猶命居京師不得歸田里，以是度公，且當復召。

不數年，果起用爲編修。及今上踐阼，夙知公之枉，乃罷訐公者官，而擢公至詹事。有咎公對簿時不自力辨者，公曰：『古之人，以語言疏直獲罪者，如孔融、柳宗元、蘇軾輩，一遭論列，或坐死刑，或貶竄於外，或放廢終身不復用，且株連其交游、戚黨，而成莫解之禍者多矣！賴先帝神明，不欲以單辭成獄，快姦人之志，而吾仰邀眷注久而自明，故不復對理陳冤，惟冀以精誠自達。今而後，庶幾全身名而遠禍患，又何他求乎？』言者慙而退。故雖官位不極，而風裁稟然，老而彌著，士大夫莫不高尚其節，物論翕然歸之。

以道光六年二月移疾解職，遂不起。前三年，感異夢，有厭生之嗟，預爲輓辭，書楹帖藏之。愛城南龍樹院幽曠，於隙地築蒹葭閣，暇輒吟歗其間。至是，乃於其處殯焉。

公再爲翰林時，余試於禮部，以行卷投謁，遂引爲忘年交，與東鄉吳蘭雪嵩梁、海寧陳受笙均、吳潘公甫曾沂，在公邸舍，往復文讌，時或禿巾屣履，偕游郊野，不以長老自居。其論詩，以明七子於唐人爲近，所作率用其體，守姬傳先生說也。有集十六卷。

配某夫人，先卒。二子：庚，舉人，候補內閣中書；某，尚幼。庚猝病狂易，不能執喪，幼子於終事如禮。余忝公風義之末，又嘗稱余古文辭當備著作之選，今方除外吏以去，因述公歷官行事狀，上之史館，請垂編録。謹狀。

——冬生草堂文録卷三

二、皇清誥授資政大夫詹事府詹事原任工部右侍郎覺生鮑公墓志銘〔一〕

清　陳用光撰

道光六年三月十九日，詹事鮑公，以疾卒於京師之寓齋。公邃於文學，質厚性直，敢任事，有明斷才，皆爲兩朝所深知。故嘗中躓，而終顯，使公不乞病，卿貳旦晚可復，乃不能留其身，以仰副聖天子之眷注。朝之士大夫，莫不重公之學行，爲朝廷惜，而余與公遊從最久且熟，其以文字相質證，蓋誼在師友間，一旦失所瞻侍，其爲悲尤深矣。今執筆銘公之墓，言之安得不痛也。

公諱桂星，字雙五，一字覺生，歙之巖鎮人也。曾祖善基，祖倚樓，父嘉命，三世皆以公所歷官，得封贈如例。公兄弟四人，次居長。少有異稟，八歲能詠詩，本生祖嘗奇其才。十五補縣學生。居貧，授徒爲養。

丙午，中江南鄉試副榜。壬子，舉京兆試。己未，成進士。由庶吉士授職編修。癸亥，廷試翰詹列高第，擢中允，自是進奉文字，輒拜文綺之賜。甲子，典河南試。乙丑，督河南學。丙寅，擢洗馬，旋擢侍講、侍讀〔二〕。戊辰，典山西試。庚午，擢侍講學士，督湖北學。轉侍讀學士，擢少詹事〔三〕。癸酉，擢詹事，旋擢內閣學士兼禮部侍郎。當受代，聞林清之變，上書陳十事，疾馳至京。仁宗亟稱之，曰：『已次第見之施行矣。』顧以爲未經明發，諭旨遂削其稿。余雖〔四〕習於公，未嘗以示余也。甲戌，擢工部右侍郎，充武英殿總裁；條奏武英殿事劾提調及副管不職狀，提調摭公平日語中公，遂落職，使居京師閉門思過，逾五年而復之編修。及今上即位，以編修召對，上語之曰：『汝所劾者，朕褫其職矣。』既由侍講擢至通政司副使，上召見，復謂曰：『欲汝習練諸事也。』甲申，擢詹事，召對，詢年齒甚悉。

公感兩朝之湔濯，益自奮勵，思見之事以爲報，而以得暑疾，患胸膈痛，醫逾數月，終至不起。疾革〔五〕時，余省之至榻前，執手與語，咿唔不可辨。蓋公自痛未能酬國恩，以余習於公，欲爲明其志而以墓銘相屬也。

公少從吴澹泉定學詩、古文，因以溯劉海峯。中年師事姚姬傳先生。於爲詩，力守師説。及乙亥落職，居京師，縱心於唐人，詩益進。嘗輯唐詩品八十五卷，以司空表聖二十四〔詩〕品排次之。其所爲詩，姬傳先生嘗稱之曰『是能合唐宋之體而自成一家』者也。著有進奉文鈔二卷〔六〕，詩十卷〔七〕，詠史、詠物、懷人詩共九卷〔八〕。

余爲庶常時，公以姬傳先生語先來示〔九〕余，自是遂質以詩賦學。及晚年，過從益密，嘗申之以婚姻，會其子殤，遂不果。然公所以待余者，乃獨至。公叔弟珊，今爲乾州知州，以書來敦余，曰：『葬有期矣，先兄所自爲年譜存君所，其毋忘銘幽之請。』嗚呼，余安忍以不文辭？

公娶同里柳恭人〔一〇〕，先公卒，生子二：長唐，嘉慶丙子舉人。少爲文，有奇氣，公愛之甚。顧得狂易之疾，雖旋愈而復發，公喪時乃不能執喪。既歸，逾年而遂卒矣。次承輝，以後其從兄聰聽。女一，適同年朱意園太守渌第三子慶畬〔一一〕側室。汪氏生子二：庱，殤；廙，聘白小山侍郎鎔女。孫二人。孫女五人：長適兵馬司指揮張公立銓子廷綬，次適孝廉吴公泰初子椿齡，三字拔貢生候選知縣白公詠卿子樸，四字原任湖北督糧道孫公謙子明易，五字現任廣西思恩府知府蔣公明遠子道模。公得年六十三，某月葬於某。公叔弟〔一二〕迎其庶嫂及廙至乾州撫教之。爲之銘者新城陳用光也。銘曰：

文足以繼燕、許兮，而才足以追姚、宋也。文既顯而才終閟兮，何命之嗇而疾之縱也？意皎皎以特

立兮，情落落而獨厚。余痛虎賁之無人兮，溯典型於遺書。

賜進士出身誥授資政大夫內閣學士兼禮部侍郎提督福建學政侍生陳用光頓首拜譔。賜進士出身誥授光禄大夫經筵講官吏部右侍郎兼署工部右侍郎管理錢法堂事務加三級年姻愚弟白鎔頓首拜書。

三、黄海雪漁傳

清　鮑桂星撰

歙之境，有黄山焉，芙蓉削天，雲出如海。居士某，夏日登其巔，見磵中多古雪，愛之，因自稱『黄海雪漁』。雪漁，故世家。大父有道而文。父名諸生，母亦列女也。雪漁之生也，娠七月，左目重童子。稍長，乃如常瞳。性戇直，疾惡若仇，既通籍，慨然以擊貪强、擢幽仄爲己任。以翰林晋宫秩，典試、視學皆再。所至，大吏多憚之。尋躋閣學，貳司空，雪漁益感奮，思自效，每召對，知無不言。總裁武英[殿]，怒提調某陰狡，劾之。爲所齮，遽以落職。雪漁故志功名既不遂，閉門埽一室，取架上書，徧讀之。頗嗜飲，飲盡一升輒屏去。嘗喟然曰：『上遇我厚，我以戇直故，孤上恩，不能竟吾志。雖然戇何病，病未能戇耳，漢汲長孺何人乎？』語罷，則仰天而笑。

平生愛士如飢渴，顧獨喜河内天門二生及其長子，以爲三少年，奇士也。所譔經史雜編、詩賦選如干卷，文十卷，詩九百篇，雪漁自謂：『九百篇者，半可傳。』

一日，謂其子曰：『吾艾矣，將死。死無恨，恨息壤盟未踐，漫稱雪漁耳！他日歸，必葬我黄山麓。』

——覺生詩續鈔

四、鮑桂星列傳

鮑桂星，安徽歙縣人。嘉慶四年進士，改翰林院庶吉士。六年，散館授編修。八年三月，大考二等，擢右春坊、右中允。八月，轉左中允。九年二月，上幸翰林院，分韻賦詩，桂星與焉。進雅十篇，賜文綺。七月，充河南鄉試正考官。十年九月，上幸盛京，進頌十篇，賞荷包大緞。十月，提督河南學政。十一年三月，授司經局洗馬。九月，遷翰林院侍講。十二年三月，轉侍讀。十三年正月，充文潁館總校。七月，充山西鄉試正考官。十一月，署日講起居注官。十五年二月，京察一等，記名，以道府用。四月，授侍講學士。八月，提督湖北學政。十七年七月，轉侍讀學士。九月，擢詹事府少詹事。十八年四月，授詹事。九月，遷内閣學士兼禮部侍郎銜。十二月，充文淵閣直閣事。十九年閏二月，命稽察中書科。三月，擢工部右侍郎兼管錢法堂事務。

七月，署武英殿總裁。九月，充武會試正考官。十一月，命往通州察驗倉儲。十二月，條奏武英殿刊刻、校勘及收存版片各事宜，得旨：『交軍機大臣議奏。』又參奏：提調劉榮黼聲名平常，居心險詐；總管祝麟聲名亦復不好，難以姑容，命：『武英殿總理事務王大臣及總裁，會同秉公查奏。』尋將所詢情節奏入，諭曰：『朕召見常福，據奏伊等在武英殿查詢時，提調劉榮黼對衆指稱鮑桂星因熙昌校勘修改，恐致遲延，曾言「熙總裁所校，不過偏旁點畫，可以將就」。並言「近日有旨，旗人多靠不住，此時督撫多用漢人」等語，當交軍機大臣傳詢，鮑桂星即據認有此語，係本年秋間聞自周兆基，並稱在部與滿員共事，見多有循私背公者。適是日周兆基自盛京差回，遂著傳詢周兆基，兼令鮑桂星將循私背公係何人何

事，據實指出，隨據周兆基登覆。伊於召見時並未奉有此旨，亦未與鮑桂星言及。現在已據鮑桂星自認，仿佛記憶是日赴園太早，假寐初醒，周兆基所言，聽聞不真。其鮑桂星所指熙昌囑託武英殿供事，又託將吉林開採煤窑議准，及慶溥託伊工程委員等款，據熙昌登覆，實無請託供事之事，即鮑桂星亦不能指出所託供事姓名。其囑託吉林煤窑一節，據熙昌覆稱，但言吉林請開煤窑，係屬好事，並非託其議准。慶溥登覆祇認曾在朝房問過鮑桂星所奏何事，鮑桂星答以具奏董率工程，亦未囑託委員。以上各情節，如果鮑桂星存心公正，則周兆基以召對時諭旨矢口向人宣露，鮑桂星應立時參奏，朕必將伊加以褒獎；乃以仿佛無稽之言，輒向劉榮黼轉述，其誕妄之罪，尚何所辭？即慶溥、熙昌等果有囑託情弊，鮑桂星亦應將所託何人何事，原交名條，據實參奏，乃因口舌争競，牽連率指，一經研究，全無證據，豈能以此坐周兆基等之罪。鮑桂星任性乖張，妄言亂政，著交部嚴加議處。』尋議革職，得旨：『鮑桂星指訐慶溥、熙昌等囑託公事，一無證據，其咎猶小；至其所述朕輕滿洲重漢人之語，此則妄言亂政之大者。朕統御寰區，滿洲、漢人，一視同仁，從無偏愛偏憎於其間。國家設官定制，如東三省及新疆各城，並各省駐防文武大員，皆專用滿洲，此因地制宜之道，有漢人所必不能勝任者。若直省督撫，漢、滿間用，因材器使，惟視其人之賢否，何嘗有畸輕畸重之見乎？鮑桂星以私意揣度，爲此無稽之言，謬妄已極，著即照部議革職，不准回籍，令其在京閉門思過，仍責成五城御史不時稽察，如私著詩文有怨望誹謗之詞，即行嚴參，從重治罪。』

二十四年，上六旬萬壽，命軍機大臣將獲咎各員開單具奏，桂星特賞編修。道光二年七月，授翰林院侍講。八月，署日講起居注官。十二月，授侍講學士。三年，補通政使司副使，兼稽察左翼宗學。四

年二月，擢詹事府詹事。十二月，充文淵閣直閣事。五年，因病乞假，尋卒。

——清國史本傳

五、鮑桂星列傳

鮑桂星，字雙五，安徽歙縣人。嘉慶四年進士，選庶吉士。授編修，遷中允。九年，典試河南，留學政。十三年，典試江西。十五年，督湖北學政。累遷至內閣學士。十八年，任滿，既受代，聞林清之變，疏陳十事，急馳至京，仁宗嘉之，曰：『汝所奏，已次第施行矣。』擢工部侍郎，充武英殿總裁。

桂星性質直，勇於任事。十九年，疏陳刊書及校勘事宜。又劾提調劉榮黼等不職，命王大臣按之。榮黼面訐桂星曾言『滿總裁熙昌所校，不過偏旁點畫修改，徒延時日』；且言『近日有旨，旗人不足恃，故督撫多用漢人』。上聞之，怒，命傳詢桂星，對：『聞自侍郎周兆基』，且言『在部與滿員共事，多有徇私背公』，而兆基不承。又指同官熙昌及慶溥囑託部事，兩人亦不承。以『任性妄言』下部嚴議。詔斥桂星指訐慶溥、熙昌囑託無據，其咎小；妄言朝廷輕滿洲重漢人，亂政之大者：革職，不准回籍，令在京閉門思過，責五城御史嚴察，如私著詩文有怨望誹謗之詞，從重治罪。越五年，上意解，復官編修。

宣宗即位，召對，諭曰：『汝昔所劾，今已罷斥。』擢侍講，又擢通政司副使，意頗嚮用。道光四年，擢詹事。未幾，卒。

桂星少從同縣吴定學，後師姚鼐，詩、古文並有法。著有進奉文及詩集，又嘗用司空圖說輯唐詩品。

——清史稿卷三百七十七

六、鮑桂星傳

鮑桂星,字雙五,一字覺生,歙縣人也。八歲能詩文,十五入縣學。嘉慶己未進士,選庶吉士。授編修,御試高等遷中允。撰進奉文字,輒賜文綺。甲子,典試河南,遂督學河南學政。擢洗馬,晋侍讀。戊辰,典試山西。庚午,擢侍讀,督湖北學政。在任遷少詹事〔一三〕。癸未,晋詹事,除内閣學士。既受代,聞林清之變,疏陳十事,馳入京。丙戌,擢工部右侍郎,充武英殿總裁。條奏武英殿事,劾提調及副管不職狀,提調摭桂星平日語中之,落職,令閉門思過。越五年,復官編修。宣宗即位,因召對諭曰:『汝所劾者,朕今褫其職矣。』既由侍講擢通政司副使。甲申,擢詹事。明年卒,年六十有三。

桂星邃於文學,質厚而性直,敢任事,有明斷才。少從吴定學詩、古文,後師姚鼐。著進奉文鈔二卷、詩八卷、詩史、懷人詩十卷。又嘗用司空表聖説,輯唐詩品八十五卷。子長庚,舉人。少爲文有奇氣,顧得狂易疾。後桂星之喪逾年卒。國朝先正事略、陳用光撰墓志、清史稿。

贊曰:青藜、桂星,皆以文學侍從之才,遭時隆盛,洊擢高秩,糾彈權勢,直節彪炳,隔代聲香,隱然可接,所謂鐵中錚錚者其非與?

——皖志列傳稿卷四

七、鮑桂星小傳

清 張維屏撰

鮑桂星，字覺生，江南歙縣人。嘉慶四年進士，官工部侍郎。有覺生初稿。覺生先生天分過人，爲詩文不拘一格，不專一家，隨意所之，學之輒肖。余嘗於友人齋中見其零篇碎句。陳伯芝庶常云先生奉旨閉門思過之日，曾自訂其生平所爲詩付之剞劂，余尚未見，故所録止此。聽松廬詩話。

——國朝詩人徵略初編二六十卷

八、鮑桂星小傳

金毓紱輯

鮑桂星，字雙五，號覺生，一號琴舫，倚雲孫。嘉慶四年進士，官工部右侍郎。兼工八法。定遠方太守士淦，嘗從之學書。木葉厱法書記。

——皇清書史卷二十五

九、鮑桂星傳

鮑桂星，安徽歙縣人。嘉慶四年進士，改翰林院庶吉士。六年，散館授編修。八年三月，大考二等，

擢右中允。八月〔一四〕，轉左中允。九年二月，上幸翰林院，分韵賦詩，桂星與焉，進雅〔一五〕十篇，賜文綺。七月，充河南鄉試正考官。十年九月，上幸盛京，進頌〔一六〕十篇，賞荷包、大緞。十月，提督河南學政。十一年正月，授司經局洗馬。九月，遷侍講。十二年，轉侍讀。十三年正月，充文潁〔一七〕館總校。七月，充山西鄉試正考官。十一月，署日講起居注官。十五年二月，京察一等，記名以道府用。四月，授侍講學士。八月，提督湖北學政。十七年，轉侍讀學士〔一八〕。九月，擢詹事府少詹事。十八年四月，授詹事。九月，遷內閣學士兼禮部侍郎銜。十二月，充文淵閣直閣事。十九年閏二月，命稽察中書科。三月，擢工部右侍郎。

七月，署武英殿總裁。九月，充武會試正考官。十一月，命往通州查驗倉儲。十二月，條奏武英殿刊刻、校勘及收存版片各事宜，得旨，交軍機大臣議奏；又奏參提調劉榮黼聲名平常、居心險詐，副管祝麟聲名亦復不好，難以姑容，命武英殿總理事務王大臣及總裁會同秉公查奏。尋將所詢情節奏入，諭曰：『朕召見常福，據奏伊等在武英殿查詢時，提調劉榮黼，對衆指稱鮑桂星因熙昌校勘修改，恐致遲延，曾言「熙總裁所校，不過偏旁點畫，可以將就」，並言「近日有旨，旗人多靠不住，此時督撫多用漢人」等語。當交軍機大臣傳詢鮑桂星，即據認有此語，係本年秋間聞自周兆基，並稱在部與滿員共事，見多有徇私背公者。適是日周兆基自盛京差回，遂著傳詢周兆基，兼令鮑桂星將徇私背公係何人何事，據實指出。隨據周兆基登覆，伊於召見時並未奉有此旨，亦未與鮑桂星言及。現在已據鮑桂星自認，仿佛記憶是日赴園太早，假寐初醒，周兆基所言，聽聞不真。其鮑桂星所指熙昌囑託武英殿供事，又託將吉林開採煤窑議准，及慶溥託伊工程委員等款，據熙昌登覆，實無請託供事之事；即鮑桂星亦不能指出所託

供事姓名。其囑託吉林煤窑一節，據熙昌覆稱，但言吉林請開煤窑係屬好事，並非託其議准。慶溥登覆，祇認曾在朝房問過鮑桂星所奏何事，鮑桂星答以具奏董率工程，亦未囑託委員。以上各情節，如果鮑桂星存心公正，則周兆基以詔對時諭旨，失口向人宣露，鮑桂星應立時奏參，朕必將伊加以褒獎；乃以仿佛無稽之言，輒向劉榮黼轉述，其誕妄之罪，尚何所辭？即慶溥、熙昌等，果有囑託情弊，鮑桂星亦應將所託何人何事，原交名條據實奏參，乃因口舌爭競，牽連率指，一經研究，全無證據，豈能以此坐周兆基等之罪？鮑桂星任性乖張，妄言亂政，著交部嚴加議處。』尋議革職，得旨：『鮑桂星指訐慶溥、熙昌等囑託公事，一無證據，其咎猶小；至其所述朕輕滿洲重漢人之語，此則妄言亂政之大者。朕統御寰區，滿洲、漢人，一視同仁，從無偏愛偏憎於其間。國家設官定制，如東三省及新疆各城，並各省駐防文武大員，皆專用滿洲，此因地制宜之道，有漢人所必不能勝任者。若直省督撫，滿、漢間用，因才〔一九〕器使，惟視其人之賢否，何嘗有畸輕畸重之見乎？鮑桂星以私意揣度，爲此無稽之言，謬妄已極。著即照部議革職，不准回籍，令其在京閉門思過。仍責成五城御史不時稽察，如私著詩文，有怨望誹謗之詞，即行嚴參，從重治罪不貸。』

二十四年九月，上六旬萬壽，命軍機大臣將獲咎各員開單具奏，鮑桂星特賞編修。道光二年七月，授侍講。八月，署日講起居注官。十二月，授侍講學士。三年，補通政使司副使，兼稽察左翼宗學。四年二月，擢詹事府詹事。十二月，充文淵閣直閣事。五年，因病乞假，尋卒。

——清史列傳卷三十二

十、鮑覺生先生事略

清 李元度撰

鮑先生桂星，字雙五，一字覺生，安徽歙縣人。八歲能詩文，十五補諸生。嘉慶己未進士，選庶吉士。授編修，御試高等，遷中允。每撰進奉文字，輒拜文綺之賜。甲子，典試河南，遂督河南學政。擢洗馬，晋侍讀。戊辰，典試山西。庚午，擢侍讀學士，督湖北學政。遷少詹事。癸酉〔二〇〕，晋詹事，除内閣學士。既受代，聞林清之變，疏陳十事，馳入京。仁宗亟稱之，且曰『已次第施行矣』。甲戌〔二一〕，擢工部右侍郎。充武英殿總裁。條奏武英殿事，劾提調及副管不職狀，提調摭先生平日語中之，遂落職，令閉門思過。越五年，復官編修。宣宗即位，以編修召對，諭之曰：『汝所劾者，朕令褫其職矣。』既由侍講擢通政司副使，上召見，復諭曰：『欲爾習練諸事也。』甲申，擢詹事。召對，詢年齒甚悉。明年，卒於位。

先生邃於文學，質厚性直，有明斷才，敢任事。少從吴澹泉定學詩、古文，因以溯劉海峰。後師姚姬傳。於爲詩，力守師説，姬傳稱之曰：『是能合唐宋之體而自成一家者也。』著《進奉文鈔》二卷，《詩》八卷，《咏史》、《懷人詩》十卷。又嘗用司空表聖説，輯《唐詩品》八十五卷。

——《清朝先正事略》卷四十四

十一、鮑桂星象傳

清　葉衍蘭撰

鮑桂星，字雙五，號覺生，安徽歙縣人。少時聰敏絶倫，八歲即工詩文，十五補諸生。嘉慶四年，年三十六始成進士，選庶吉士。散館，授編修。八年，大考，遷中允。每撰進奉文字，輒拜文綺之賜。九年，典河南試，即督河南學政。旋擢洗馬，晋侍讀。十三年，典山西試。十五年，擢侍講學士，督湖北學政。晋少詹事。十八年，晋詹事，除内閣學士。既受代，聞林清之變，疏陳十事，馳入京。仁宗亟稱之，且曰：『已次第施行矣。』十九年，充武會試正總裁。二十二年，擢工部侍郎，充武英殿總裁。條陳武英殿事，劾提調及副管不職狀。提調乃摭先生平日語中之，遂落職，令閉門思過。越五年，復官編修。時宣宗御極之初，先生仍以文學之臣侍從。嘗以編修召對，諭之曰：『汝所劾者，朕今褫其職矣。』既由侍講擢通政司副使，召見，復諭曰：『欲爾習練諸事也。』道光四年，復擢詹事。召對，詢年齒甚悉。明年，卒於位，年六十有二。

先生邃於文學，質厚性直，有明斷才，敢任事。少從吴澹泉學詩、古文，因以溯劉海峰。後師姚姬傳，於爲詩，力守師説，姬傳稱之曰：『是能合唐宋之體而自成一家者。』所著有進奉文鈔〔二二〕二卷、古今體詩十卷、咏物詩〔二三〕四卷、詠史詩〔二四〕三卷、懷舊詩〔二五〕二卷。

——清代學者象傳第一集

十二、鮑雙五侍郎

清 昭槤撰

鮑雙五侍郎桂星，雖以妄言失職，然其人性伉爽。未第時，爲淶水方氏主計臣，出入百萬計無遺筴，方氏賴之以富。爲中州學政，督課士子最勤，五更時，即朝服坐堂皇，校閱文字。以河南士風多弇陋，故命題多以典故考詁，以誘士子勉於學問誦讀。其叙中州試牘有云：『士子弇陋不已，必至有懷挾代倩之弊，而國法隨之矣。』語雖激烈，亦見其苦心也。癸酉秋，任湖北學政時，聞林清亂，慷慨就道，數日急驅至京。時滑縣道梗，公主僕數人，直摩賊壘而過，嘗曰：『吾既以身許國，豈可畏禍紆行以干名義也！』途中上疏調劑兵食，語多裨益，上采行之，故滑縣之成功較速，公之策居多。

公爲余之畏友。丁卯冬，余邸既遭回禄，公每勸宜急修葺，以存國體，至丙夜修書，洋洋數千語以責之。又余挾優過其寓，公拒不納，其嚴厲也若此。

——嘯亭續録卷三

十三、安徽通志稿藝文考史部集部提要摘録

廉士録十卷

廉吏録十卷

清鮑桂星撰。桂星，字雙五，一字覺生，歙人。嘉慶己未進士。授編修官，終詹事。少從吴定學詩、古文，後師姚鼐。是書見前志，今已佚。

清鮑桂星撰。桂星，見上。是書見前志，與廉吏録同佚。

覺生詩抄十卷、詠物詩抄四卷、詠史詩抄三卷、感舊詩抄二卷、覺生詩續抄四卷

清鮑桂星撰。桂星字雙五，號覺生，自稱黄海雪漁，歙人。嘉慶四年進士，官終詹事府詹事。事蹟具前國史列傳。詩抄十卷，分體編次。前有嘉慶二十五年自序。詠物詩抄四卷，補唐李巨山未備，皆五律。詠史詩抄三卷，自周季札至明史可法，皆七律。感舊詩抄二卷，自吴雄至吴邦俊，凡七十三人，皆五律。詠物、感舊亦各有自序。都千五百八十四首，皆自定。道光、光緒通志皆著録。詩續抄四卷，方濬師等所編。一遵前詩例，惟卷四附續感舊〔二六〕五律十二首，都六百二十九首。首載國史列傳及自撰黄海雪漁傳〔二七〕、方濬頤題詞、濬師序〔二八〕、夏家鎛及姪康跋〔二九〕，後附墓〔志〕銘、年譜〔三〇〕。同治四年刻。桂星師吴定、姚鼐。定爲劉大櫆高弟，論詩主格律。桂星守其説，兼采崑體。詩抄卷九贈楷堂〔三一〕注。及落職居京師，詩益進，鼐嘗稱其能合唐宋之體自成一家。陳用光撰墓〔志〕銘〔三二〕。王昶湖海詩傳、張維屏詩人徵略、方士淦蔗餘偶筆皆録其詩〔三三〕，昶謂可希風北地〔三四〕。惟續鈔、感舊詩謂劉開『卒時僅三十』，則誤，劉卒時實已逾四十也。

〔一〕清陳用光太乙舟文集卷八題作『詹事鮑覺生先生墓志銘』。按該墓志有覺生詩續鈔本與陳用光太乙舟文集本二種，後者爲墓志初本，前者屬立碑時其姻弟白鎔最後書丹定本。二者文字有所出入，今以覺生詩續鈔爲底本，參校太乙舟文集本。

〔二〕侍讀：據年譜所載，丙寅三月擢洗馬，十月轉侍講，次年三月轉侍讀。

〔三〕轉侍讀學士擢少詹事：據年譜，嘉慶十七年（一八一二）壬申七月鮑公轉侍讀學士，其擢少詹事在本年九月。

〔四〕余雖：太乙舟文集作「雖余」。

〔五〕疾革：太乙舟文集作「大漸」。

〔六〕進奉文鈔二卷：傳本實際不分卷。

〔七〕詩十卷：太乙舟文集作「詩八卷」。其詩傳世刻本尚有詠物詩鈔四卷、詠史詩鈔三卷、感舊詩鈔二卷、覺生詩續鈔四卷及覺生先生未刻詩不分卷。

〔八〕詠史詠物懷人詩共九卷：太乙舟文集作「詠史懷人詩各□卷」。

〔九〕示：太乙舟文集作「視」。

〔一〇〕柳恭人：太乙舟文集作「柳恭人，有婦德」。

〔一一〕第三子慶畲：太乙舟文集作「第三子」。

〔一二〕孫二人……公叔弟：太乙舟文集作「孫幾人。公得年六十有三。某月葬於某。公叔弟珊」。

〔一三〕遷少詹事：據年譜，遷少詹事在壬申。

〔一四〕八月：年譜作「七月」。

〔一五〕雅：即皇雅，見覺生奉進文鈔。年譜「甲子，四十一歲」條：「尋以進呈皇雅十篇，擢超等，拜文綺之賜。」

〔一六〕頌：即東巡頌，見覺生奉進文鈔。年譜「乙丑，四十二歲」條：「九月，上幸盛京，謁三陵，恭進頌十篇，擢超等，賞荷包、大緞。」

〔一七〕文穎：即皇清文穎。年譜「戊辰，四十五歲」條：「正月，充皇清文穎總校。」

〔一八〕轉侍讀學士：年譜「壬申，四十九歲」條：「七月，轉侍讀學士。」

〔一九〕才：仁宗睿皇帝實録作「材」。

〔二〇〕癸酉：底本訛作「癸未」，今據年譜校改。

〔二一〕甲戌：底本訛作『丙戌』，今據年譜校改。
〔二二〕進奉文鈔：傳本作覺生進奉文鈔。
〔二三〕詠物詩：傳本作覺生詠物詩鈔。
〔二四〕詠史詩：傳本作覺生詠史詩鈔。
〔二五〕懷舊詩：傳本作覺生感舊詩鈔。
〔二六〕續感舊：覺生詩續鈔作『感舊詩續』。
〔二七〕黄海雪漁傳：覺生詩續鈔該傳排在夏家鐔跋後。
〔二八〕濬師序：覺生詩續鈔方濬師序排在方濬頤題詞前。
〔二九〕康跋：覺生詩續鈔康跋排在夏家鐔跋前。
〔三〇〕墓志銘年譜：覺生詩續鈔卷四結束後即排墓志銘，次爲年譜，次爲康、夏跋，最後排黄海雪漁傳。
〔三一〕贈楷堂：覺生詩鈔卷九題作『戲贈楷堂』。
〔三二〕墓銘：太乙舟文集題作『詹事鮑覺生先生墓志銘』。
〔三三〕皆録其詩：檢蔗餘偶筆並無鮑桂星詩，當誤。
〔三四〕袒謂可希風北：檢湖海詩傳無此語。

啖蔗軒自訂年譜

清 方士淦撰 郭春陽點校

方士淦（一七八七—一八四八），字蓮舫〔一〕，嘉慶十二年（一八〇七），皇帝巡幸澱津，召試舉人。由内閣中書歷官浙江湖州府知府，辦災賑、修石塘，有治聲。道光五年（一八二六）因公務被貶職，遠戍伊犁，戊子（一八二八）賜還歸里。方氏師事鮑桂星，受古文法，爲文簡潔質樸，有剛健之氣。撰啖蔗軒自訂年譜一卷、東歸日記一卷、蔗餘偶筆一卷、啖蔗軒詩存三卷。另有爐橋方氏家譜、金井志、梁聞山戴文節書畫雜録等。

啖蔗軒自訂年譜（又名清方蓮舫先生士淦自訂年譜），記其仕歷、家事及宦跡；後附東歸日記一卷，記其歸里途中旅次、見聞。

今據北京圖書館藏珍本年譜叢刊本整理點校。

乾隆五十二年丁未(一七八七),[一歲]。

六月十一日巳時,余生。

時有兄,方周晬前一月殤,至是先妣宣太恭人勞瘁無乳,伯父步瀛公命庶伯母潘太孺人代哺以待乳媪。予生而多病,兩歲脅下以積成痞,醫藥不濟,幾僨矣。張媪者,善鍼術,適陳祖姑母,命爲予治,再鍼而愈。

[五十三年]戊申(一七八八),二歲。

歸武大妹生,庶妣徐太孺人出。

太孺人甲辰年來歸,辛亥年歿。

[五十四年]己酉(一七八九),三歲。

二妹生,宣太恭人出。

[五十五年]庚戌(一七九〇),四歲。

[五十六年]辛亥(一七九一),五歲。

三妹生,宣太恭人出。

[五十七年]壬子(一七九二),六歲。

正月二十五日,宣太恭人見背。

太恭人籍隸含山縣,外大父觀察晉山公世濤、外大母庸太恭人之次女。隨任滇南,乾隆乙巳來歸。端莊慈儉,得大母陳太恭人歡,伯祖耐齋公及同堂諸伯叔咸稱其賢。因産三妹彌月感寒疾,醫家誤投涼劑,倉卒棄世,春秋三十有四。劬勞罔極,永慕曷勝!

是年,超亭閔先生步青課讀。

時伯祖餘齋公致仕家居,花晨月夕,杖履追隨。

冬,繼妣徐太恭人來歸。

[五十八年]癸丑(一七九三),七歲。

[五十九年]甲寅(一七九四),八歲。

讀爾雅至『梁山,晋望也』,請於先大夫曰:『成王封叔虞爲唐侯,至子燮乃改國號曰晋;爾雅先儒

以爲周公作，周公時安得稱「晋」耶？』先大夫頷之。

[六十年]乙卯（一七九五），九歲。

庶妣龐太孺人來歸。

嘉慶元年丙辰（一七九六），十歲。

[二年]丁巳（一七九七），十一歲。

二弟鍾彦生，徐太恭人出。

[三年]戊午（一七九八），十二歲。

[四年]己未（一七九九），十三歲。

予自壬子從超亭師，經籍古文皆成誦，八年如一日焉。

[五年]庚申（一八〇〇），十四歲。

受業懷遠楊馥亭先生新蘭。

先生精『子平』，爲余推休咎，無不奇驗。

是年，歸林四妹生，龐太孺人出。

[六年]辛酉（一八〇一），十五歲。

業師含山王石屏先生勤垣，教詩賦、楷法。

冬，宣太恭人附葬邱家岡先大父墓側。

邱岡地勢紆秀，枕山帶湖。乾隆丁酉，伯祖耐齋公爲大父卜吉於兹，並諭先大夫：『墓左有餘地，汝夫婦異日可同穴祔焉。』届期定兩穴界，先開外穴，土性埴而色晦，已成井矣。先大夫奉伯祖之命唯謹，且恐再啟之再如前也，二伯父晴巖公力持不可，乃開裏穴。去浮土，即獲舊磚半片，蓋古人潛記也。以下堅細油潤，五色斑爛。是役也，微二伯父决策幾誤，諸公送葬者咸歎。耐齋公友于慈愛，精鑒如神，益徵宣太恭人福德之兆。

[七年]壬戌（一八〇二），十六歲。

應縣試。

歸黄五妹生，徐太恭人出。

［八年］癸亥（一八〇三），十七歲。

入縣學，學使爲協揆山陽汪文端夫子廷珍。

九月，大母六十壽。

三弟士鼐生，龐太孺人出。四弟士銜生，徐太恭人出。

［九年］甲子（一八〇四），十八歲。

南闈鄉試。

是年三月，二、三兩妹相繼病殤。

五弟生，龐太孺人出。

［十年］乙丑（一八〇五），十九歲。

大母節孝坊告成，率子孫望闕叩頭。

予先世家於休寧，五世祖公衍公，國初以布衣還居鑪橋。時兵燹之餘，行篋中書劍自隨。高祖兼山公，績學篤行，始入定遠籍。曾祖厚齋公，邑庠生，敦品誼，稱長者，皆以伯祖餘齋公貴贈如公官。大父太學生龍坡公，乾隆戊子棄養，大母苦節三十餘年，仰荷旌褒，悲喜交集。

三月，予自六安迎娶楊恭人來歸。

是年，從學劉南溪先生崧秀。

與十六叔父采卿公、晉三從兄錫誥、先生之孫以興大令嘉嗣，講習於老塋之側。厥後科第相繼，至今以爲美談。

［十一年］丙寅（一八〇六），二十歲。

補增生。

五弟殤。

［十二年］丁卯（一八〇七），二十一歲。

雲間陳水伊先生縉書，設教淮南，晉三兄、許劍星宏鉅暨予咸請業。

九月，科場報罷。

明年，仁廟巡幸瀫津，有召試之典。嘉平朔束裝，歲除前日到京，隨二伯父寓。

是年，歸林六妹生，徐太恭人出。歸楊七妹生，龐太孺人出。

［十三年］戊辰（一八〇八），二十二歲。

師事鮑覺生先生桂星，學詞賦，肄楷法。

三月，赴瀫津。直隸總督太谷温景僑夫子承惠、學政少宰東武劉信芳夫子鐶之會考，帶領直隸暨各

直省士子七十三人，河干接駕，進獻詩册。皇上御安福艫，閲視長隄，駐蹕柳墅。春臯雨霽，宫樹煙和，雲日就瞻，天顔喜悦，學政齊集士子恭應召試。定親王綿恩、貝子丹巴多爾濟帶領侍衛八人奉命監場。欽取一等第五名，賞給舉人。一體會試，讀卷大臣爲相國大庾戴文端夫子衢亨、協揆長白煦齋夫子英和、少司馬如臯戴紫垣夫子聯奎、倉埸侍郎睢州蔣元亭夫子子蒲。

先是，進呈試卷二十二本，予名第八。御覽將五名内摘黜二卷，遂第六，復蒙皇上拔置第五，誠異數也。伯祖餘齋公爲中書翰林，前輩戴文端夫子眷念舊交，向予垂問；少宰劉信芳夫子有『二十人中最少年』之譽。翌日，隨制軍學使前詣道旁，碰頭謝恩。旋京，二伯父云：『乾隆甲辰，高廟六巡江浙，叔祖珠泉公恭應召試，名列二等，今汝擢巍科，誦芬詠烈，未可限也，其努力以副予望。』

【十四年】己巳（一八〇九），二十三歲。

會試後南歸。

六弟鍾元生，徐太恭人出。

【十五年】庚午（一八一〇），二十四歲。

八月，中暍病，滯下幾殆。叔祖珠泉公屬許君峴山用大黄，藥得下乃瘳。

[十六年]辛未(一八一一),二十五歲。

正月,應禮闈。

迂道過曲阜,謁至聖廟林,仰聖容,撫碑碣,遥瞻泰岱,北峙巖巖。

二月,抵京,仍隨二伯父寓。及試,薦而不售。房師,編修漢陽劉雲浦先生彬士。

七月,二伯父謝世。十四叔父恬菴公與予爲晋三兄襄理大事。

二伯父自乾隆庚子侍伯祖餘齋公於京師,既而服官,先後卅年。諄諄勗昆季子姓讀書立品,承先啟後。嗚呼,不忘!

秋,援例得内閣中書,到閣行走。

七弟生,龐太孺人出。

[十七年]壬申(一八一二),二十六歲。

春,楊恭人率側室王孺人來京。

夏,晋三兄扶二伯父靈輿附糧艘南下,予與余秋湄鴻祖孝廉送至潞河。

[十八年]癸酉(一八一三),二十七歲。

充本衙門撰文、方略館分校。

九月，大母七十壽。
是年，八弟鍾琇生，徐太恭人出。

[十九年]甲戌(一八一四)，二十八歲。

會試，復薦而不中。房師，編修江西謝向亭先生階樹。
四月初二日，大母棄養。
予仰承重慈鞠育，顧復未嘗一日遠離，惟以兩次北上離膝下者再。大母不言而神傷，聞病中猶呼予名不置，讀李令伯陳情表能不痛哉！
七弟殤。

[二十年]乙亥(一八一五)，二十九歲。

大兒濬頤生，側室王孺人出。
冬，大母合葬於邱家岡。
同年汪孟慈喜荀以尊甫、容甫年伯中所藏定武蘭亭五字未損本見示，真希世之寶也。

[二十一年]丙子(一八一六)，三十歲。

協辦侍讀，補中書實缺，引見。捐請勅封父母，封典如例。

歸凌八妹生，龐太孺人出。

[二十二年]丁丑(一八一七)，三十一歲。

會試，薦而不中。房師，陽湖吕仲音先生子班。

[二十三年]戊寅(一八一八)，三十二歲。

正月，選授湖北德安府同知。

因上年復校高廟實録紅綾本優叙也。

二月，引見。

四月，偕眷出都。

臨行見汪文端師，論云：『顧自己處分，不顧地方公事，外官陋習也，當脚踏實地做去。』又云：『曹儷笙相國在朝房，每贊爾差事好，勉旃。』

歸里省親，假滿赴楚。謁從母舅、漢陽司馬宣香坡公葆光。

是秋，布政使訥公訥福，派充湖北鄉試内簾監試官。

十月，側室王孺人病殁。二弟來，慰予於鄂。

〔二十四年〕己卯（一八一九），三十三歲。

總督慶公慶保、巡撫張公映漢，委審辦白蓮教案。又赴襄、鄖一帶，拏獲習天主教三十餘人。

八月初五日，回省。督撫合詞保奏，併案送部引見，以示獎勵，得旨允准。旋隨撫軍入闈，幫辦提調監試事宜。

九月，署布政使章公廷梁，委解鹽課銀兩，赴東河交納。

冬，請咨赴部。殘臘大雪，寓裕州。

遊漢世祖祠，祠中有井，名扳倒井，光武故蹟也。

萬壽覃恩，誥封父母，貤贈祖考妣，封典如例。

〔二十五年〕庚辰（一八二〇），三十四歲。

二月初，至京。

十四日，引見，奉旨著先換四品頂戴，交軍機處記名。

五月初九日，奉旨補授浙江湖州府知府。

初十日，具摺謝恩，請訓。召對乾清宮，詢審案、獲犯、辦理各情節暨出身、籍貫、年紀，諭：『湖州錢漕最重，浙西要缺，好生去做。』碰頭謝恩。

假旋修墓。

是年正月下旬，過保定，謁制府家來青公受疇。公戊辰年任方伯，津門之役，予曾一見於行幄。及佐郡楚中，書問常垂，引延益厚。六月朔出都，公派武弁送至德州。月杪抵家。

七月，偕晋三兄省二伯父之墓於池河，遂東下。

前兩廣制軍常熟吴公熊光，退居姑蘇，予造門爲請。公備述先外大父宦雲南時，緬甸用兵，通省糜爛，外大父以郡守左右帷幄，頓使炎徼投誠，上紓宵旰，追歎久之。公中乾隆壬辰中正榜，值機務，曾隨鉅公某至滇，與外大父訂交焉。香坡舅氏，吴人，八十歸田，尚健在。

八月，抵省。恭逢仁宗睿皇帝龍馭上賓，隨班哭臨。接印赴任，會率僚屬成禮。

九月，十一叔父瑞廷公以福州郡丞引疾旋里，迂道霅溪，談讌數日。

冬，二弟送楊恭人挈大兒至湖州署。

歸安地棍陸名揚抗糧不法，訪拏，竄逸，請委員督辦。

疊奉覃恩，誥封父母，貤贈祖考妣，並請本身妻室，封典如例。

道光元年辛巳（一八二一），三十五歲。

正月，右髀病疽，危甚，少司寇吴門宋悦研先生鎔，薦休寧胡君春圃秉鈞診治。忽一夕，夢大母來榻上，命予翻身，用力推助。醒而面果向陽，自是霍然矣。先大夫命二弟前來，與晋三兄參酌調護。

是時，陸名揚就捦伏法。

八月，寓會垣吳山片石居。

石堰塲鰱尹從伯父葦川公膺薦來省，侍遊西湖。

十二月，覺生先生杭城掃墓，予以舟迓至苕川，臨別贈詩，有『不信戴安道，能迎王子猷〔二〕』句，以志寵修碧浪湖浮玉塔。

[二年]壬午（一八二二），三十六歲。

秋，長興四安鎮旱災，請緩徵。

重修右文館，拓東西號舍基址數丈。學使少宰杜石樵先生堮顔其軒曰『聞喜』，余亦製楹帖以紀事。蓋安定先生講學之所。

十二月，先大夫六十壽。三弟入縣學。

閔峙亭中丞鶚元，出其家藏明莊毅公珪天順甲申十同年圖〔三〕卷見示。遺像清高，令人仰止。

[三年]癸未（一八二三），三十七歲。

郡大水，烏程、歸安、長興、德清、武康五邑，皆成澤國。

七月初二日夜，大雨如注，太湖水聲震天，土人云：『此湖翻也。』聞是夕嘉興府屬之乍浦海嘯亦然，實爲奇災。

撫軍黄梅帥公承瀛奏請全賑，予勸各縣紳富捐輸，添辦民賑。湖郡災務向照分數辦理，吏胥因緣爲奸，民不堪命。予痛懲痼弊，破格祈恩，力懇以全災奏報，屢飭屢請，用是積迕。方伯常公常德，羽檄交馳，幾登白簡。時張蘭渚先生師誠在籍，慨然謂予曰：『太守愛民，吾鄉之福。方伯格於成例，恐干部詰耳，曷擇每邑稍近山鄉者，區分數以合例，餘概十分，可乎？』予勉從之，乃解。

［四年］甲申（一八二四），三十八歲。

春歲大熟，修復長興縣太湖石塘七十餘丈。作記，立碑。

商城大鴻臚周鑑堂姻丈鉞，率芝生比部祖植，由豫來浙，道出湖州，盤桓二日。

［五年］乙酉（一八二五），三十九歲。

因德清縣案，巡撫程月川含章參奏，革職，軍臺效力贖罪。

楊恭人攜側室宋氏暨大兒返里。三弟、四弟自金陵來，三弟病瘧先歸，四弟留杭。

是年，建黄龍洞祠宇，重刊洞志〔四〕。郡庫向貯前代潘羽士鐵牌，懸之洞中，祈雨神驗，仙跡也。中忽遺失，乾隆丙午雷太守輪修愛山臺復得之，仍藏庫，祈禱如初。雷曾撰序，余亦屬文，并鐫志中，屬歸安孫柳君孝廉衍慶考定郡守題名碑記。

予自庚辰秋承乏於斯，至是六年，課士皆有程式。又喜愛山〔五〕講席，得趙味辛懷玉、茅松坪潤之

兩前輩，巡撫左杏莊先生輔，先後作揚，人文繼起。

八月，解組。都人士繪峴南祖帳圖。

柳君作記，韻語連篇，齊梅麓〔六〕同年亦有句云：『半生仕宦皆陳迹，萬里關山實壯遊。莫遣秋風明鏡裏，會看圓月大刀頭。』

遊雲棲，讀香光墨蹟。

[六年]丙戌（一八二六），四十歲。

二月，北行。

舟泊吴門，宋悦研先生已返道山，親詣奠醊。胡春圃拉品第二泉。

四弟送至揚州，黯然握别。

夜過桃源縣，誤走湖路，山東巡撫參奏，奉旨拏交刑部治罪，而予已先至兵部投到矣。刑部奏請改發新疆。計在部凡一旬。

憶丙子在京，遇蜀人金孝廉某，相予官止四品；又劉瞽者推予命亦官四品，但刃馬重逢，行程將數萬里，今皆驗矣。

覺生先生三月十九日薨於邸。

病革時盼予不至，手緘餽贐，屬家人勞問如生平。予立雪程門，廿年誼篤，山頹木壞，恨未能哭諸寢也。

四月二十五日，發都城外天寧寺。涇縣翟君守培從而西。

王雨農太守錦雯時宰清苑，爲言往年之案。礪堂相國涖直督任，公暇，每謂與予家有舊耳。予名信，予有守甚堅。讞成獲譴，以『拘泥』聞，王益服公。

由真定而南瞻大佛，重搨隋碑。庚辰曾到。欲訪梁大司馬第宅，而習池風流已銷歇久矣。

自晉歷秦，過平涼，周太守礁招遊崆峒。

予策馬陟山背而上，十里，憩頭天門大寺。挽鐵絙，歷階以升，經問道宫，訪元鶴洞。又十里，躡山頂，窮荒大漠，高處不勝寒。忽暴風雨，留寺宿。主人飲饌極豐，予題句有云：『瑶琪曲澗能通馬，風雨懸巖自挾龍。絶頂直堪長劍倚，下山依舊白雲封〔七〕。』鐫『西至崆峒』篆章。

七月，至皋蘭。見制軍楊忠武公遇春，定戍伊犂，適回疆有警，忠武奉總統師干之命，予隨行出關。識楊誠村通侯芳，唱和，有詩〔八〕。

移營至哈密，勉亭都護恒敬，過從尤勤。

初，予備官薇省，每際木蘭秋獮，威勤侯宜軒公相勸保留守，予趨直之下，曾叨奬掖。長君襲侯英惠，好客，有平原之目，予過烏魯木齊，侯任都護，款予。

十日日南至，抵戍，下榻於領隊大臣、今升陜督子謙制府布彦泰署中。

制府久歷邊陲，老成練達，與予爲忘年交。西北長城之寄，予於哈密道中，覿面早卜之矣。

次兒濬孚生，側室宋氏出。

【七年】丁亥（一八二七），四十一歲。

揚威將軍文襄公相長齡，丙戌秋伊犁登程，建大營於阿克蘇，函屬署將軍德英阿，以予奏辦漢字事件。七月，因四城克，復奏請鼓勵文武各員，予蒙恩免罪釋回〔九〕。

伊犁地處極邊，控馭南北。師興以來，軍儲將罄。余先請署將軍奏准大營停運，以實後路。

冬，静止參贊容安到任。

余議廣置屯田、修河、節費，兩帥深韙之，惜未果行。冰嶺高寒險滑，曩以四城失守，徵調稽遲，致奉履勘改道之旨。予以冰嶺要害適中，歸化已久，餘徑涉布魯特遊牧，野性難馴，繹騷足慮，力懇據實復奏，事遂寢。雲嶠公帥慶祥駐伊犁有年，回疆殉難，世篤忠貞，請專摺奏入祀伊犁祠堂。伊江文武員弁，調赴南路死事者數千人，請奏咨入祀昭忠祠，均得旨准行。

先大夫命四弟率大兒葬其生母於萬善寺。

【八年】戊子（一八二八），四十二歲。

三月，自伊犁言旋安西。

旅次逢張桐莊大令珍臬謫戍伊江班荊道，故余口號一律以贈，起句云：『不信陽關外，從來無故人〔一〇〕。』至肅州，知大兒入府庠。撰東歸日記一卷、生還小草〔一一〕詩一册。惟兩瞻華嶽，俱值盛暑，未暇攜謝句躋落雁峰，至今神往。度函谷關，取道潁川。

八月初七日，抵里。

前歲，北戍過京師，占六壬於合肥李孝廉欽香，得卯、寅、丑三傳，李以『枉屈煞』發動，情事顯然；然否極泰來之象已著，明年當有西方人奏請免釋者。俄而竟改西陲，踰二年而返，神乎技矣。

爲翟君完娶。

［九年］己丑（一八二九），四十三歲。

課八弟、大兒讀書。

至霍邱竹子村掃六世祖可升公之墓。

三弟之太湖縣教諭任。

［十年］庚寅（一八三〇），四十四歲。

三兒濬侗生，側室宋氏出。

［十一年］辛卯（一八三一），四十五歲。

六月，徐太恭人六十壽。

八弟入府庠，大兒補增食廩餼。

四兒濬復生，側室薛氏出。

[十二年]壬辰(一八三二),四十六歲。

四月二十七日,先大夫捐館舍,是年届七十。囑云:『我自幼失怙,伯祖耐齋公撫養之恩,子孫不可忘。祖姑母、大伯父之墓,汝當勤展,以追念生初再造之仁。』

先大夫爲伯祖餘齋公所鍾愛,公常語人曰:『是能獨當一面者。』吴少司馬香亭先生玉綸嘗爲大母立傳,稱先大夫『熟於史,觥觥能自立,持論有所見』云。

静止參贊,章佳文毅公那彦成之冢嗣也,時被逮,書來唁慰,且致賵。

昔予丁亥冬迓參帥於伊江,如舊相識。恰值南疆除夕,捡渠紅旗報捷〔一二〕。文毅銜命出關,籌善後。途間詢知公子幕府交遊唯子謙制府,予亦與焉,公喜得人。昔太白以未識韓荆州爲憾,今予與文毅景仰徒殷,謬邀采訪;又蒙參贊國士之遇,幽居清室,猶念故人,良可感已。

十月,大兒迎婦自京南歸。周芝臺侍郎長女也。

[十三年]癸巳(一八三三),四十七歲。

家居讀禮。

[十四年]甲午(一八三四),四十八歲。

節孝坊後立支祠以奉祭祀。

三侄濬泰入府庠。

大孫女生。

【十五年】乙未（一八三五），四十九歲。

冬，葬先大夫於高塘澗。

大兒江南鄉試中式副榜。

六月，側室宋氏病殁。

【十六年】丙申（一八三六），五十歲。

家譜稿久藏宗祠，率三弟敬謹校對，用聚珍板刷印成書，計六十部。

大孫臻大生。

【十七年】丁酉（一八三七），五十一歲。

春，詣休寧三十三都鄣源、長汀省祖墓。

時族人瑞元盜葬兩棺於七世祖宗周公墓側，聞予至，畏罪遷去。予大會族人祭宗祠，留句。日著紀略一卷。往還經白嶽，因風雨不能登，倩老友施墨癡寫雨中望白嶽小照，自題三律〔一三〕，末章云：『憑君青鏤管，寫我故鄉山。』

覺生先生長孫伯荀孝廉曧，晤予於巖鎮里第〔一四〕。

知先生歸窀穸十餘年，不禁華屋、山邱之感。

蕪湖渡江，登蟂磯。

大江南北，縱目遐觀，亦快事也。

大女生，側室薛氏出。

【十八年】戊戌（一八三八），五十二歲。

閏四月初五日，徐太恭人棄養。

太恭人事大母以孝聞，撫子女勝己出。先大夫常云：『婦人内夫家，外父母家。恭人動合古訓，子孫其式法焉。』

次孫女生。

二侄濬履入縣庠。

【十九年】己亥（一八三九），五十三歲。

春，合葬徐太恭人於高塘澗。

大兒至京應順天鄉試得售。冬十月，考取國子監學正、學録，引見、記名。

從弟蘅臯錧，南闈亦登賢書。

[二十年]庚子(一八四〇),五十四歲。

正月,龐太孺人六十壽。

以徐太恭人制未除,不許稱慶。

[二十一年]辛丑(一八四一),五十五歲。

大兒旋里。

十一月初七日,龐太孺人去世。

太孺人奉大母至孝,大母病,衣不解帶者累月。助徐太恭人理内政。先大夫園林樂志,詩酒娱賓,年届古稀,康强逢吉,皆太孺人力也。

屬郭源族人燦輝,重修遠祖澤三公墓前石塘數丈。

施君墨癡爲予寫嶺上白雲圖。

[二十二年]壬寅(一八四二),五十六歲。

大兒入都。

澤三公祖墓側有汪姓盜葬兩棺,呈請周芝生觀察檄縣押遷,申復立案。

七月,爲次兒娶婦,四妹之次女也。妹夫爲茂才林鶴亭士恭。

次女生，側室薛氏出。

十一月，翟君寓六安麻埠山病歿。以其素愛金氏竹園，遂厝焉。明年，送還涇。君曉陰陽命數學，貌愨愿，遇事接物如不慧然。與予邊塞周旋，相從萬里，先大夫用是多君。予輓詩〔一五〕有句云：『豈意識歸金竹圃，卻憐生入玉關門。』且更憫其子一元生未見君而孤也。

〔二十三年〕癸卯（一八四三），五十七歲。

大兒援例得内閣中書，到閣行走。

五侄濬師入縣庠。

九月，命大媳攜一孫、兩孫女進京。

〔二十四年〕甲辰（一八四四），五十八歲。

大兒成進士〔一六〕，改庶吉士。

三孫女生，次兒出。

〔二十五年〕乙巳（一八四五），五十九歲。

大兒散館授職編修。

九月初五日，御園東書房輪班，召對詢科分、甲第、散館名次、籍貫、歲數、祖父出身、父年齒，問：

『汝父年紀不大，何以不做官？』對：『因檢驗錯誤罷職。』蒙諭：『這係公罪。』大兒叩頭謝恩，寄書以告。予免冠碰頭，感慚無地。屬門生歸安姚蓉裳圻繪近光圖卷，恭紀二律〔一七〕。

春，鐵君從弟鍇，招遊維揚，詩以謝之，有『鄉夢尚縈黄海月，壯心空負廣陵潮』〔一八〕之句。

皇太后七旬，萬壽覃恩，大兒請敕封父母、生母，貤封胞叔父母，封典如例。二弟夫婦得與焉。

三弟選東流縣教諭〔一九〕。

冬，葬龐太孺人於吴家湖。

［二十六年］丙午（一八四六），六十歲。

三弟之任。

次兒入縣庠。

周親家芝臺侍郎奉命校閲營伍，將之壽春，道出鑪橋，攀留一宿。

側室薛氏，生一子兩女，在中饋十餘年，五月以胃痛痼疾不起。雲圃從弟成均，好風鑑『子平』，多奇中，每以予三刃入命爲内壼傷。予行老矣，豈意生子理家之妾，卅年間凡三淪喪，命果不爽耶？

六月，爲三兒娶婦，祖姑母之曾孫女，上舍陳雨香澍培表弟之長女也。

嘗閲梁聞山先生巘論書筆記〔二〇〕，知得天諸老，師承有自。予閒居，學書二十餘年，因追悟香光執筆之法，有『啖蔗居士』小印。著蔗餘偶筆一卷。又口占云：『始信坡翁詩句好，差能忍事腹如

囊〔二二〕。』蓋綜六十年以前之境言之也。

〔二十七年〕丁未（一八四七），六十一歲。

大兒分校禮闈，得士劉有銘等十三人。

四孫女生，三兒出。

〔二十八年〕戊申（一八四八），六十二歲。

爲四兒娶婦，懷遠陳環極學博汝諧之女。

啖蔗軒自製楹帖：『時至即行，再休戀身外浮雲、天邊朗月；知足不辱，問誰似殿前作賦、塞上從軍？』

右伯兄所自訂年譜也，紀事至戊申年而止。己酉〔道光二十九年〕春，自爲楹帖，書於册後。嗚呼！至此絶筆矣。

是年正月，四兄芝山公先以疾卒，伯兄悲惋過甚，時覺胸惋脹痛，日啜粥糜，初以爲胃弱耳。

三月，宗祠春祭，猶勉强成禮。數日後，病勢漸增，食已即吐，醫家以反胃證，治不效；更以膈證，方進而嘔吐轉甚。

四月，七侄濬復入郡庠。伯兄稍慰，然已形銷骨立，伏枕不起。諸兄侄問疾者，皆酬應如常，時惟以

『力行孝友、勤慎持家』相勉。至閏月〔二二〕十二日，遂瞑目長逝矣。嗚呼，痛哉！

時，兄長子濬頤在京官編修，奉敕典雲南鄉試，未及行而聞訃。八月，奔喪旋里。十月，卜葬於花章廟之新阡。庚戌，元配楊恭人卒，葬於萬善寺之北，從兄命也。

癸丑，大侄服闋，擬檢遺稿入都校梓。值粵寇破安慶，沿江諸州郡相繼告陷，淮南北在在籌防，遲至乙卯春始北上。旋補山東道監察御史，轉京畿道御史、户科給事中。戊午，京察一等，俸滿截取，均蒙恩記名以道府用。己未冬，以禮科掌印給事中特授廣東南韶連兵備道，加四級，請二品封。甲子，蒙恩授兩廣鹽運使。乙丑，兼攝布政使事。

先是，戊午之歲，吾鄉寇賊交訌，二兄盡室赴松江；三兄奉檄委署潁州教授，以疾卒於壽州；六兄與濬耆侄皆避亂他徙；余亦間關入京。庚申秋，遂相隨抵粵。大侄請於余曰：『先大夫一生孝友篤行，鄉黨無間言。平居訓戒子侄，孳孳不倦。近年來，賊氛肆擾，骨肉流離。四弟濬孚，病殁懷遠；弟婦林，城破不辱，抗節死難。三弟濬泰，以松江府經歷署丹陽縣知縣事，庚申閏三月，禦賊陣亡。所以使婦孺能知大義，子侄輩亦皆濯磨奮勵。二弟濬履，以附貢選授桐城縣訓導。五弟濬師，由内閣中書擢補侍讀，加四品銜。七弟濬復，由兩廣候補鹽知事捐升同知。九弟濬益，由州判薦升江蘇知縣，加同知銜；而侄長子臻大，亦由湖南知府保升道員，加鹽運使銜。癸亥十一月，次子臻廣，生於南韶道署。一官薄俸，聚族於斯，凡夫仰庇蔭而沐餘光者，其來有自也。八叔父率諸弟侍先大夫疾四十餘日，親聆遺訓，宜追述之，以乞銘誄於當時。』

鍾琇夙承伯兄教誨，不克早自樹立，譾陋不文，何能爲行實之紀？然於伯兄彌留之際，諄諄戒勸，至

今謹記弗忘，敢不敬爲補志以垂示後嗣？

至兄之二女，一歸於吴，一歸於孫。長孫臻大，娶婦章氏，續娶王氏。長孫女適孫，次孫女適孫。次孫臻治，三孫太平。四孫女字張，爲六侄濬侗出。四孫臻淮，五孫女字孫，爲七侄濬復出。六孫女字張，爲四侄濬孚出。曾孫燕昭，爲長孫臻大出。皆兄所未及見者，乃撮其顛末，而泣爲之跋，且以明伯兄見背十有六年之後，而始成其志，蓋有爲而緩也，非敢緩以有待也。伏乞有道能文之大人先生賜以銘誄，則生生世世感且不朽！

期服弟鍾元、彦、琇泣跋

〔一〕字蓮舫：劉聲木桐城文學淵源考、方士淦啖蔗軒自訂年譜作字『蓮舫』，方濬頤師子岡阡表作『字濂舫』，李放皇清書史作『號蓮舫』。

〔二〕不信……王子猷：見覺生詩續鈔卷三，題作吴興太守方生蓮舫士淦以舟迓余至其署口占二律贈之之一。

〔三〕甲申十同年圖：明吕紀作。圖中所繪乃弘治十六年三月二十五日，王軾、焦芳、謝鐸、曾鑒、閔珪、張達、戴珊、陳清、劉大夏、李東陽等十位天順八年（一四六四）甲申榜進士在閔璉府中聚會時情景（焦芳雖因事不在，但仍被繪入）。圖後有李東陽序，並有與會者唱和詩十八首，皆爲本人親書，卷尾有次年謝鐸所作之書十同年圖後。此圖當時繪製十本，分藏各家，後僅存閔珪家藏本流傳至今，現藏北京故宫博物院。

〔四〕洞志：即金井志四卷、首一卷，清姜虯緑纂輯，方士淦重輯，道光五年（一八二五）方士淦刻。蔗餘偶筆云：『湖州郡藏求雨鐵牌，仙跡也。乾隆間，前守雷公輪有記，予搜獲刻入金井洞志中並附録於此。』

〔五〕愛山：即愛山書院。據乾隆湖州府志載愛山書院在府治西偏，爲乾隆十九年（一七五四）知府李堂即通判舊署廢址興建。

〔六〕齊梅麓：齊彦槐，字夢樹，號梅麓。蔗餘偶筆有『同年齊梅麓彦槐有磚硯一方』之記。啖蔗軒詩存卷之上生還小草之懷人詩十三首

已作煙波客序云：『齊梅麓同年彦槐，以金匱令隱退，家宜興，近聞起疾，坐補原缺，又捐升太守矣。』

〔七〕瑶琪……白雲封：見啖蔗軒詩存卷之上生還小草，題作登崆峒山遇大風雨遂宿山寺。

〔八〕有詩：見啖蔗軒詩存卷之上生還小草，題作丙戌七月寓臯蘭呈楊誠村芳軍門二首。

〔九〕免罪釋回：見啖蔗軒詩存卷之上生還小草，題作蒙恩免釋感懷三律即柬達鐵侯司馬馬星芳大令。

〔一〇〕不信……無故人：見啖蔗軒詩存卷之上生還小草，題作安西道中遇張桐莊珍臯大令赴戍。

〔一一〕生還小草：安徽通志稿集部别集二十二作『生還詩草』。

〔一二〕捻渠紅旗報捷：見啖蔗軒詩存卷之上生還小草，題作戊子上元喜聞南疆歲除擒渠寄懷馬星芳。

〔一三〕自題三律：見啖蔗軒詩存卷之中古錞于齋吟稿，題作白嶽一名齊雲山距休寧縣西門十餘里余道光丁酉春赴縣之西北鄉鄣源村展謁祖墓往返遇雨未遂登臨癸未秋墨癡過訪因請寫圖詩以紀事。

〔一四〕晤予……里第：見啖蔗軒詩存卷之中古錞于齋吟稿，題作過嚴鎮謁鮑覺生先生故居晤先生之孫伯荀勖茂才。

〔一五〕輓詩：見啖蔗軒詩存卷之中古錞于齋吟稿，題作翟老卒於麻埠遂厝於金竹園詩以輓之。

〔一六〕大兒成進士：見啖蔗軒詩存卷之下撫松書屋唱和詩，題作道光甲辰四月望日聞大兒禮闈報捷抒懷四律。

〔一七〕恭紀二律：見啖蔗軒詩存卷之下撫松書屋唱和詩，題作乙巳九月初五日兒子濬頤輪班召對恭繪近光圖賦詩紀恩。

〔一八〕鄉夢……廣陵潮：見啖蔗軒詩存卷之下撫松書屋唱和詩，題作鐵君自維揚來書召遊焦山僕未能也詩以謝之兼柬同年桂太守。

〔一九〕三弟……教諭：見啖蔗軒詩存卷之下撫松書屋唱和詩，題作調臣選東流學博口號抒懷。

〔二〇〕論書筆記：蓋指梁巘承晋齋積聞録不分卷，分古今法帖論、名人書法論、自書論跋、執筆論、學書論、硯論、印章論及雜論八部分。成書於乾隆時期，至民國三年（一九一四）始有裴景福校訂，安徽官紙印刷局鉛印本。

〔二一〕始信……如囊：啖蔗軒詩存未見。

〔二二〕閏月：本年閏四月。

附録

一、東歸日記〔一〕

清　方士淦撰

道光戊子〔道光八年（一八二八年）〕三月十五日未時

自伊犁惠遠城起身〔二〕。三十里，住綏定城。如蒼崖鎮軍柏，留住署中。天陰無風，樹木纔見新緑。三十里流水潺湲，冰雪初消，沙土帶潤。送行者，色司馬拉本、前山西令吕明府錫齡。

伊犁西南，卡倫外那林河〔三〕草地，群山圍繞，中有大海，海沿有碑，相傳漢張騫立。松湘圃相國筠遣人摩搨，字在有無間，不可辨識。昔有筆帖式某，隨大員經過，見一石矗立，略具人形，遂用筆戲寫眉目鼻口。有頃，暴風大雨，人馬難行，大員望山禱祭。有心者潛往看石，則墨戲已被雨淋凈如拭矣。奇哉！

伊犁有草生石面上，紅花嬌艷可愛，家家用衣綫懸於窗槅間，見水則萎，名曰『濕死乾活〔四〕』。

札義烈公，伊犁將軍保文端公之父，乾隆間葉爾羌殉烈，至今城門上時現公像。伊犁南門外龍王廟，相傳龍神像確似義烈公〔五〕。

伊犁白頸鴉，十月從南路飛來，烏鴉飛去。二月，烏鴉北來，白頸鴉南去，謂之换班〔六〕。

十六日

六十里，至蘆草溝城内。小雨。夜大雨。

十七日

住一日。

十八日

晴。四十里，至頭臺，進果子溝〔七〕。又四十里，住二臺。果子溝兩山矗立，松樹參天，中有澗溪一道，迤邐盤曲。小橋七十二道。石壁巉巖，青緑相間，人在畫中行。山景之佳，甲於關外。保文端公〔八〕相修平山路，利賴至今。余〔九〕丙戌子月過此，大雪瀰漫，半夜始到二臺，翟兄徑停車達坂上度夜。但見松林茂密，野獸奔馳，冰塞長河，雪滿群山，爲平生所僅見。

十九日

二十里。出果子溝，上達坂。有伊犁前巡檢顧謨立碑一座，紀保公功德，嘉慶三年立。往來行人過達坂者，無不下馬而拜，散擲錢文。口外之俗如此。至松樹塘，走海子沿，四十里至三臺灣。海子周圍

數百里，四山環繞，衆水所歸，天光山色，高下相映，澄鮮可愛。中有海島，内有海眼通大海。有海馬，人常見之。又八十里，盡山路。靠海沿而行。住〔一〇〕四臺，亦有碑，與前碑同。

二十日

八十里，住五臺。以上幾處，房屋、飯食甚窘。

二十一日

八十里，住牌房。水草好，平路，有柴薪。山南北盡土爾扈特游牧。

二十二日

八十里，住精河。有城，有文武員弁。城土地，鹽池出鹽。

二十三日

五十里，沙泉子打尖。又五十里，沙窩頭住，盡沙戈壁。

二十四日

一百二十里，住古爾圖。十里沙石河。

二十五日

八十里，住敦木達。以上水草極多，地盡堿土。

二十六日

七十里，庫爾喀喇烏蘇。有城，有文武大員。又六十里，住奎屯。以上灘河甚多，且寬，石子大，難走。

二十七日

九十里，住安集海。

二十八日

七十里，住烏蘭烏蘇。自喀喇烏蘇以下直至烏壘，村落、樹木、小橋、流水，風景絶佳，間斷戈壁。

二十九日

八十里，住綏來〔一一〕縣，俗名瑪納斯。自此西至巴里坤，城池、衙署、農田、學校與内地同。綏來，城鄉富庶，地産金銀玉石。

三十日

出綏來東門，三十里，樹陰茂密，風景絶似江南。又五十里，住土魯克。

四月初一日

七十里，住呼圖壁。有城，有文武員弁。巡檢王岡安慶人。留住一日，索書『景義園』，方丈大字。

初三日

七十里，住昌吉縣，縣令盧銘瑚。此處煤好。

初四日

到烏魯木齊，見英通侯。惠勤宣軒公相保之長子。

初五日

拜客。

初七日　沈禮田〔一二〕太守招飲。

初八日　前濟木薩縣丞吴龍光招飲。吴，山東人，由内閣供事出身。

初九日　晤張河帥文浩、張粟園金。是日，張河帥招飲。

初十日　英通侯招飲。

烏壘爲新疆腹地，唐之庭州，漢之輪臺，通南路。吐魯番大城之東北，即巴克達山〔一三〕，高峰插天，冰雪不化，頂上常有雲氣。每年五月，阜康縣令率民人致祭，香火極盛。山行十五里，下輿步行，直至中層，平衍寬廣，有天池二，形似葫蘆，清泠可愛。乾隆年間初開闢時，明將軍瑞欲引池水下山，通渠溉灌，水不下注。池邊有琪花瑶草，相傳爲達摩祖師面壁之所。仰視高峰，如在天際，人不能上矣。

十二日

四十里，住古牧地。

十三日

五十里，[住]古泉。地極乾枯，水不能到，近山處稍好。四十里，住阜康縣。

十四日

九十里，住滋泥泉。夜行頗涼爽，走巴克達山背後。

十五日

七十里，住三臺。盡戈壁。三臺城外有『緑樹村邊合，青山郭外斜』之致。七十里，至濟木薩。中亦戈壁，妙在水泉處處流通，民居、田畝絡繹不絕，亦不減西路綏來也，即古甌脱。

十六日

住濟木薩城外。萬家煙火，市肆無物不有。

十七日

九十里,至古城。有滿漢大員,漢之渠犁也。

地方極大、極熱鬧。北路通蒙古臺站,由張家口到京者,從此直北去。

蒙古食路,全仗此間。口内人,商賈聚集,與蒙古人交易,利極厚。

口外茶商,自歸化城出來到此銷售,即將米麵各物販回北路,以濟烏里雅蘇臺等處,關係最重;茶葉又運至南路回疆八城,獲利尤重。

十八日

九十里,住奇臺縣。俗名金綏來、銀奇臺,其沃壤可想見也。

十九日

四十里,[住]腰站。地方不大,而旅店頗佳。山環水繞,草場肥美,牧畜尤旺。五十里山路,住木壘河。居民鋪户極多。大河一道圜匝,樹木好。過此以東至巴里坤,計八站,盡戈壁,地無青草,上無飛鳥。尖宿各站,按程計里,大略相同。但旅店寥寥,僅能棲止,米麵草料一無所有,所以謂之『窮八站』也。該處客商通北路,與古城奇臺同。

二十日

九十里，住三個泉。中間腰站，山溝一道，頗難行。高高下下，層巒起伏，皆鐵板沙也，滿目荒涼。回首奇臺以西，真有天壤之别。又九十里，住沙窩頭。三十里，大石頭。

二十一日

九十里，北山子。大風，盡山路。又三十里，至噶順溝。千巖萬壑，山産鐵石，盡黑。有山無水，風冷之至。溝邊設卡汛以防奸宄。又二十里，住吉吉臺，店好。

二十二日

大雨，盡山路。山不高，而岡巒重複，彌望無邊。自此至巴里坤以西，皆天山背面，故氣候寒冷，終歲披裘。過南山口，則山之陽。至哈密，氣候温暖矣。是日雨後，沙路净，無塵，但荒涼世界耳。七十里，住烏土水。山溝之中，孤館寂寂，房屋不堪，非復人境。

二十三日

一百八十里，住孤柺泉，店可。大雪。

二十四日

七十里，[住]巴里坤，漢之月支也。本係蒙古游牧地，居天山之陰，冬夏冰雪不化。山逼城垣，居民商賈皆在城外，府、縣、總兵在城中，滿城相距不遠，一大都會也。氣候寒冷異常。山之夾套皆蒙古也。城外三里，西北有海，方圓六十里，海沿泥淖，人不能到，[後]漢書『蒲類海』也。常現海市，相傳中有寒鼉。城内文武衙門只放頭礮，不放二礮。松相國奏入祀典，春秋，文武大員致祭。地方重鎮，爲口外牧場最繁之區。總兵帶緑營兵三千鎮守之，專管牧養馬廠。城内外樹木不生，荒涼清冷，滿目淒然。雖有屯田，而收成甚薄。

晤德鎮軍克精額、圖太守勒炳額、前湖南令金桐軒德榮〔一四〕。江南人，戊午孝廉，遣戍烏垣〔一五〕，年滿釋回，尚未起身。

巴里坤有八景，曰天山松雪、蒲海鼉城、岳臺留勝、我朝岳大將軍駐兵山上。尖山曉日、鏡潭宿月、黑溝藏春、龍宮煙柳、秋稼堆雲。

二十五日

桐軒來訪，坐談良久。極風雅，能詩。

出城四十里，路旁石人一座〔一六〕。相傳我朝岳大將軍帶兵過此迷路，夜間有兩人引出山口至大道，天明視之則兩石人也。此後不解何時，一人移至奇臺城外道旁。現亦完好，略爲短小。此間石人，

高五尺許，頭大而面上有眼鼻，形像乃天生而非人工也。近年，土人因其能行動，踐踏田禾，乃建小牆以限之。往來車夫經過，必以蘸〔一七〕車油漬其面，云車無損折，殊爲可笑。

漢燉煌太守碑，在鎮西府關帝廟。石質年久，直如黑玉。桐軒多贈數張，相傳能避風，船上攜之吉。桐軒『八景』皆親見之，云：『岳臺最雄傑，前有八陣奇門，兩旁能容萬馬。黑溝去城三十里，路難行，一入山内，豁然開朗，蒼崖絶壁，樹木千章，飛泉瀑布，琪花瑶草，别有洞天。惟高處不勝寒，風雪無常耳。鼉城，即海市蜃樓也。天陰則見，亦奇觀也。龍王廟獨有柳樹，他處絶無，故有煙柳之勝。』

二十六日

八十里，至松樹塘。一路近山行走，愈近愈妙。雖係山陰，而山頂雪厚，日光照耀，半山以下，松樹蒼翠，千重萬疊。此山直接伊犁天山一脈，石骨嶙峋，草緑如茵，流泉百道，野花燦發，異香襲人，極壯游之樂事。對面山腳下有沙坡一段，獨無青草，横長數十里。相傳唐時營盤爲沙所壓，至今常聞金鼓聲。

二十里，由山腳十餘里折曲盤旋而至。山頂關帝廟三層，深嚴幽邃，靈顯最著。旁有小屋，係唐貞觀十九年姜信本征匈奴紀功碑〔一八〕。自來不許人看，看則風雪立至。余丙戌九月杪過此，曾進屋内一看，碑文約四五尺高，字字清楚，不甚奇異。因廟祝云不可久留，旋即出屋。頃刻間果起大風，雪花飄颻，旋即放晴，幸未誤事。乃今年二月望前，伊犁領隊大臣某過此，必欲看碑。廟祝跪求，不准，强進屋内。未及看完，大風忽起，揚沙走石。某趨馬下山，七十里至山下館店。大雪四日夜，深者丈餘，馬廠官馬壓死者無數，行路不通，文書隔絶數日。吁！真不可解也。旁有福郡王碑一座，乾隆年間立。此間，漢書之祁連山

也，唐之『三箭定天山』也。

二十七日

早謁關帝廟。聯額頗多，唯徐星伯太史有句云：『赫濯震天山，通萬里車書，何處是張營岳壘；陰靈森秘殿，飽千秋冰雪，此中有漢石唐碑。』姜信本碑，相傳係漢石所刻。余坐東廂閲壁間詩，亦題二律〔一九〕而别。

七十里，住南山口。一路盡山峽，一水中流，大似伊犁果子溝。特亂石崎嶇，小橋尤少，行者苦之，始歎保公之明德遠矣。

南山口至哈密一百二十里，盡黄沙、白草，一片荒涼景象，與西路迥别。有大渠一道，自山引注，分溉田畝，故能建城而成都會，即唐之伊吾也，爲新疆南、北兩路咽喉扼要之區。以在山之陽，故極暖多風。

二十八日

八十里，住哈密。城小而固，關外熱鬧。另有回城，回王住之。余丙戌九月初隨楊制府到此，恒勉亭都護敬在此爲辦事大臣，楊提軍芳亦領兵經過，相待極厚。目下辦事大臣爲恩蘭士同年銘，留住招飲。余丙戌西行，十月望前過古城，蘭士適爲古城領隊大臣，攀留一日。今又在此一遇，不勝天涯之感！

二十九日
哈密廳志星垣太守招飲。即起身，七十里，住黃蘆溝。

五月初一日
八十里，住長流水。哈密多沙窩路，間段有之，其餘處處有水可通。長流水，水尤好，大城至此，皆白楊樹。過此以往至安西州十餘站，又『窮八站』，與巴里坤以西同。中有苦水等處三站，無甜水，須攜帶而行。即苦水，素亦不旺，夏秋天熱，行人尤爲竭蹶。土人鑿地引泉，僅足供用，若遇差使較多，即形短絀。余丙戌八月隨楊宫保大軍過此，軍書旁午、人馬萬千，宫保每下車，必先遣人看水，所用不竭，識者已卜爲師貞之兆。

初二日
夜至格子煙墩，七十里。自南山口以來，日日大風。與〔二〇〕山北各路迥異，無山故也。氣候多暖，路盡沙戈壁，帶甜水。
吐魯番之熱、巴里坤之冷、安西州之風，三絶也。

初三日

六十里，至紅山。一家店，無水。又八十里，至苦水住。此兩站戈壁大。

初四日

八十里，至沙泉。九十里，住星星峽。中有達坂，難走。

初五日

八十里，至馬連井子。七十里，住大泉。

初六日

四十里，至紅柳圈子。盡山路。七十里，住白墩子。

初七日

九十里，住安西州城内。自長流水以東，盡戈壁，無草無樹，直至此間方見。城外河名疏勒。

初八日

二鼓起身，住小灣。水草好，店可，有樹木，惟沙窩太大耳。小雨，清涼。

初九日

九十里，至布隆吉。地盡沙土，水泉曲折旁通，無處不到。城内外樹木參天，陰森茂密，一望無際，街市尤好，亦東路勝境也。晤張同莊於腰站。

初十日

九十里，至三道溝。樹木之盛、水泉之旺、田畝之廣，近關所罕見。

十一日

住玉門縣。五十里沙土，間段戈壁。

十二日

九十里，住赤金峽。大戈壁，有山坡。

十三日

六十里，腰站。沙路，站上有大殿〔二二〕一座，高敞宏軒，與口内無異，爲關外絶無僅有者。又二十里草地。又三十里，盡係崇岡疊阜，高澗深溝，沙石崎嶇，行者苦之，所以有『九溝十八坡』之目。住惠回

堡。有城，樹木好。又七十里，盡戈壁，進嘉峪關。

十四〔二二〕日

住城内肅州。關城至此七十里，漢之酒泉也。桂杏農菖同年觀察招飲。

十五日

四十里臨家驛，六十里雙井，俱〔二三〕平路。

十六日

七十里，深溝，大風，極熱。

十七日

一百里，住高臺。魚米之鄉，風景絶佳。弱水、黑水皆在此。

十八日

四十里，撫彝廳。六十里，沙井，盡沙土，多白楊柳〔二四〕。良田沃壤，西路精華悉在此。五十里，住甘州府城，外極熱。

十九日

住沙井。

二十日

住甘州〔二五〕府張掖縣。

二十一日

住東樂縣，七十里。

二十二日

四十里，山丹縣。四十里，新河。六十里，峽口。盡戈壁。

二十三日

四十里，水泉。六十里，永昌縣。亂石路極多。

二十四日

一百里,住涼州府城外四十里鋪。石子極多。

二十五日

四十里,住涼州城内。雄健而秀,富庶甲於省門大郡也。

二十七日

住靖邊驛。

二十八日

住古浪縣。城小而固,山水青緑,草樹茂密,風景亦妙。又三十里,黑松堡。

二十九日

六十里,鎮羌住。盡山路,山俱青緑可看。唯過烏稍嶺,極高寒,山多嵐嶂。又五十里,岔口驛。

三十日

七十里,住平番縣。山水、樹木皆好,城市尤好。

六月初一日

七十里，紅城。紅樹黃花，麥麻被野，風景不減高臺、張掖，且近黃河。又五十里，哈家嘴。山路尤妙。

初二日

七十里，過黃河浮橋，到省。漢之皋蘭山也。

十二日

起身蘭州。東路盡土山，山無石，而崎嶇難走。無草樹，無水，荒涼枯槁，遠不及西路也。是日，五十里住。

十三日

八十里，住乾草店。山溝難走，俗有『九溝十八坡』之名。

十四日

六十里，經過車道嶺。路從山頂盤曲而下，極險峻。秤鉤驛中尖。二十里，岔口住。

十五日

四十里，住安定縣。大雨，河漲，阻水。古之天水郡。

十六日

六十里，住西鞏驛。過王公橋，極難走。又青嵐山亦在此，高寒淒涼之境。

十七日

六十里，住會〔二六〕寧縣。此數站，山河水苦鹹不可喫，且無井，唯窖水可喫，人家掘地蓄天雨水也。過静寧州則不然。

十八日

七十二里道腳不乾。兩山相夾，河水中流，每遇暴漲，常衝没漂壓。四十里，翟家所小住。大雨，午後晴。住清家驛。

十九日

四十五里，高家鋪，山漸開展，路寬平好走。四十五里，住景寧州。

二十日

九十里，住隆德縣。缺小差繁，最陋之地。

二十一日

過六盤山。四十五里，瓦亭。二十五里，過峽口，住蒿店。山下十里，即河上原〔二七〕。

二十二日

七十里，住平涼府。城高大而荒涼，無草無樹。城外三十里，即崆峒山，名山也。丙戌六月，過此曾登，一宿。城係前明韓王府也。

二十三日

四十里，埠中尖。路難走。又三十里，住白水。

二十四日

七十里，住涇州。城外大河，盡山路。

二十五日

一百里,住長武縣,入陝西〔二八〕界。

二十六日

四十里,平路。過河,又盡山路。過大佛閣,石壁中鑿成大佛,相傳唐貞觀年間鄂公建。其四旁山洞,皆小佛也。又十里,過花果山水簾洞。以山路崎嶇,未暇一遊。住邠州城外。西來至此,方見樹木。初聽蟬鳴,亦清趣也。過此以東,漸入佳境。邠州西門外有范文正公舊治碑,東門外有太王公劉廟。

二十七日

立秋。七十里,盡山路,住永壽縣。

二十八日

七十里,住乾州。與鮑滄碧刺史一談。

二十九日

過醴泉,住咸陽縣,一百一十里。

三十日

住省城。

——小方壺齋輿地叢鈔

二、師子岡阡表

清 方濬頤 撰

嗚呼！我顯考榮禄府君，以道光二十八年閏四月十二日，卒於定遠里第，春秋六十有三。長男濬頤，時官翰林，在京師，聞赴奔喪，八月抵里。諸叔父告濬頤曰：『汝父遺命速葬。前年即以所得師子岡新阡繪圖寄汝，汝宜從親志，毋遼緩也。』嗚呼，痛哉！濬頤敬從府君遺命，卜葬於十月十九日，並以庶母宋孺人、薛孺人兩柩祔於府君之側。依形家言，午山子向，兼丁癸。時以期迫，弗獲具狀，諸叔父曰：『汝父手訂年譜，將來可本之以表於阡。』忽忽至今二十二年，每念音容，悲愴靡已，惴惴焉大懼府君之嘉言懿行淹没不傳於世也。謹按年譜：

府君以乾隆五十二年六月十一日生。

甫六歲，大母宣太夫人即見背，大父繼配徐太夫人撫之如己出。八歲時，讀爾雅至『梁山晋望也』，請於大父曰：『成王封叔虞爲唐侯，至子燮乃改國號曰晋。爾雅先儒以爲周公作，周公時安得稱「晋」耶？』大父異之。

十七歲，補博士弟子員。嘉慶戊辰澱津召試，賞舉人，一體會試，援例捐内閣中書。春闈，屢薦不售。丙子，以復校高廟實録獎叙，選湖北德安府同知。奉大府檄捕獲習天主教犯三十餘人，大府奏獎。庚辰入覲，奉旨先換頂戴，交軍機處記名。五月，擢浙江湖州府知府。

道光辛巳正月，右髀病疽，危甚。忽一夕，夢曾大母陳太夫人坐榻上，掖府君身使之外向，醒而霍然。蓋府君素爲曾大母所鍾愛，故有此夢云。是年，修碧浪湖浮玉塔，以閤郡文風所係也。

壬午，長興四安鎮旱災，請緩徵，大府從之。重修右文館，拓東西號舍。

癸未，湖州大水，烏程、歸安、長興、德清、武康五邑皆成澤國。巡撫帥公承瀛請賑於朝，府君復勸五邑紳衿富民捐輸，以補官賑之不足。故事辦振必報分數，吏胥因緣爲奸，民不堪命。府君廉得其弊，破格以全災報，駁而復請者再，積迕某方伯，幾登白簡。時張蘭渚先生家居，語府君曰：『太守愛民，吾鄉之福。方伯則拘於成例，恐干部詰耳。盍擇每邑稍近山鄉者區分數以合例，餘則概報十分，可乎？』府君如其言，事乃解。

甲申，修復長興太湖石塘七十丈有奇，樹碑記事。

乙酉，因德清徐蔡氏案，以檢驗錯誤罷職，戍軍臺。八月，解組，都人士繪峴南祖帳圖，以揚德政、表去思焉。

丙戌，北上至山東桃源，以不由驛路詣縣，縣令某白諸大府，張皇入告，奉嚴旨究治，而府君則已先期至兵部矣。凡在刑部獄十日，部議改戍新疆。直回匪煽亂，督師揚威將軍長文襄公知府君之才，屬署伊犁將軍德英阿公以府君辦理漢字事件，奏入報可。

時伊犂軍儲不足，府君請署將軍奏大營停運，以實後路，允之。適參贊大臣容安公涖任，府君議廣置屯田、修河、節費，兩帥皆韙之，惜不果行。冰嶺高寒險滑，曩以四城不守，徵調稽遲，致有履勘改道之命。府君以冰嶺爲適中之地，歸化已久，他徑則涉步魯特游牧之所，野性難馴，繹騷足慮，乞兩帥據實復奏，遂寢其事。又以慶祥公殉難回疆，請入祀昭忠祠，伊犂文武員弁調赴南路，死事者數千人，並請入祀，皆從之。七月，四城克，復敘功，蒙恩賜環。

戊子，入關歸里，時濬頤年十四歲，舉茂才。大父母在堂，府君偕諸叔父晨昏侍奉維謹，課季父及濬頤讀書，教以懸捥中鋒、香光執筆法。府君性嗜書，每日晨起，必至草堂臨元祕塔〔二九〕五百字，求書者户外常滿，府君不以爲苦也。

壬辰，大父棄養，府君年已四十六歲，盡哀盡禮，戚黨稱之。

甲午，於大母節孝坊後建支祠奉祀，顔曰『筠心堂』。

丙申，率三叔父重修族譜。

丁酉，以休寧故里三十三都鄣源村族人有盜葬祖塋事，府君親往。族人聞府君將至，畏罪將兩棺遷去。至則大會族人祭祀、展墓，留旬日焉。

戊戌，大母棄養。府君已五十二歲，哀毁骨立，如喪大父時。炎暑居廬，疽發於背，幾殆，幸療治得瘥。

壬寅，鄣源遠祖澤三公墓側復有汪姓盜葬兩棺。府君請於有司，令遷去，而不科其罪。

甲辰，濬頤成進士，改庶吉士。乙巳，散館授編修。九月，召見，詢父年齒，濬頤以『臣父五十九歲』

對,宣廟曰:『汝父年紀不大,何以不做官?』濬頤以『檢驗錯誤罷職』對,宣廟曰:『此公罪也。』濬頤敬録奏對語上達府君,府君感先皇恩遇,屬門下士歸安姚圻繪近光圖,紀以二律。

府君前在伊江,著東歸日記、生還小草,歸田後著蔗餘偶筆、古錞于齋吟稿、撫松書屋唱和詩。年譜至六十二歲而止,後書自挽楹帖云:『時至即行,再休戀身外浮雲、天邊朗月;知足不辱,問誰似殿前作賦、塞上從軍?』嗚呼,痛哉!

季父告濬頤曰:『己酉正月,汝四叔父先以疾卒,汝父悲惋過甚,時覺胸膈脹痛,日啜粥糜,初以胃弱耳。三月,宗祠春祭,猶扶病成禮。嗣日加劇,醫治罔效,竟至不起,傷何如也!』

濬頤回憶官京師日,府君每賜書,必諄諄以砥行立名爲戒,自謂:『宦海風波,屢遭危險,幸而玉關生入,事親教子俾得以成名。汝當專心致志,讀書中祕,能耐清苦,久之必晋坊階,慎毋違吾訓言,別趨捷徑也。』嗟嗟,言猶在耳!予小子知識蒙昧,上負提撕,乃以給諫轉外臺,碌碌毫無建樹,浮沉禺筴者又逾十稔,禄不逮養,抱恨終天。嗚呼,痛哉!

曾祖諱瑛,累贈榮禄大夫。曾祖妣陳氏,旌表節孝,累贈一品夫人。祖諱玉逵,累贈榮禄大夫。祖妣宣氏、陳氏,累贈一品夫人;庶祖妣龐氏,誥贈淑人。府君諱士淦,字濂舫,誥授朝議大夫,累贈榮禄大夫。妣楊氏、生妣王氏,累贈一品夫人。府君兄弟六人,府君居長。子四人:濬頤,妻周氏,妾謝氏、朱氏。周氏、謝氏已卒。濬孚,庠生;妻林氏,皆卒。濬侗,候選同知;妻陳氏,妾徐氏。濬復,庠生,湖南候補同知;妻陳氏。女二人:長適吴。次適孫,已卒。孫八人:臻大,庠生,甘肅平慶涇道。臻鵬、臻邁、臻廣、臻進、臻德、臻高、臻善。孫女八人。曾孫燕昭,選拔貢生。曾孫女一人。玄孫女二人。

嗚呼！我府君一生孝友忠厚，然諾不欺，師友之間勤拳肫摯，視死如生，有古人風。年譜雖略載一二，未足以盡之也。吾家自大父時，即號素封。迨府君於諸叔父析産分爨，亦尚充裕。府君則持躬勤儉，冠履不敝不易，子弟稍染華奢之習，即呵斥之不少寬貸。族中有行止乖禮法者，見府君來，皆引避；遇有争競之事，聽府君一言而決。府君病革日，家中兄弟子姪來視疾者，環坐堂前，屏息以待，不忍去也。蓋由府君性情剛正，處分家事毫無偏倚，故爲合族所敬服若此。

濬頤自孩提至授室，未離親側。我府君教誨周詳，無微不至，俾博科名以蒙光顯，非仰承厚澤庇蔭，烏能以有今日哉？濬頤大懼嘉言懿行之湮没不傳於世也，爰詳列世系，和淚濡墨，並揭於阡。

光緒元年正月，賜進士出身翰林院編修誥授榮禄大夫布政使銜加一級兩淮都轉鹽運使男濬頤表。

——二知軒文存卷三十四

三、論方士淦詩

民國　陳詩撰

定遠方蓮舫先生士淦與弟調臣學博士鼐俱能詩。

先生於道光庚辰官湖州守，後因公罣誤，遠戍伊犁。戊子賜環，有丙戌過凉州贈程憩棠贊采太守〔三〇〕按太守後改名懋采，官至安徽巡撫。云：『長空雨洗萬山秋，隴水淒清繞郭流。香案詞華傳令史，雄疆聲望冠諸侯。書生也許參戎馬，劍氣真堪射斗牛。獨惜我勞歸未得，天涯還喜識荆州。』題陳夢湖廷桂先生典試滇南詩卷淩瘦生所藏〔三一〕云：『曾依絳帳楚江濱，展卷如逢座上春。萬里星河勞遠夢，十年身

世感秋蘋。詩留炎徼聲逾壯，人到林泉樂最真。今日憑君還寄語，爲言張翰飽鱸蓴。』前篇雄健，此篇和雅。『蘋』韻一聯，頗似唐人。辭府主詩『萬里家山歸養志，十年門館受恩身』，真所謂文生於情者。公之立身，可以見矣。

李忠定公印歌用昌黎石鼓歌韻〔三二〕七古，序云：『篆文「尚書右丞親征行營使李綱印」，旁鐫「靖康元年勅賜」，壽州孫飲生所藏。』詩云：『忠定李公有遺印，飲生家醇示我屬我歌。南渡業已棄淮汴，拈韻誰克希陰何。印方四面一寸許，字體柳脚兼虞戈。靖康元年紀勅賜，玉石光澤疇琢磨。親征行營名號壯，紅泥摹勒宜輕羅。公之聲名〔三三〕儷趙鼎，立朝豐采咸峨峨。奈何大廷失其政，權奸盜竊持太阿。此印直可擬鐵券，寶器定有神鬼呵。花石朘民民力竭，撫字安得循南訛。公登進士隸邵武，釋褐曾瞻孔壁蝌。麟鳳在郊應時瑞，鈞天廣樂鼓靈鼉。提舉安置屢顛蹶，龜山悵望手無柯。作相僅能七十日，斜陽返照如織梭。駭絶魏公出蜚語，此老行事豈委佗。況復金牌召良將，之水而外僅曹娥。回首中原半淪喪，傷哉漢廣江之沱。却溯我公策仕初，早在政和與宣和。陳東撾鼓訴公屈，羅辟誰實司其科。歐陽澈戮倍慘酷，善類澌滅何其多。和議已成甘忍辱，會見荊棘埋銅駝。此印無乃竟虛設，三湘八閩勞經過。人生精力自有限，奚堪既切仍復磋。尤恨伯彥與潛善，更工讒諂興風波。公竄南荒不許赦，刑章國典真偏頗。宵小鬼蜮緣底事，全軀保室匪有佗。建炎當寧靦人面，用人行政誠媕婀。遐想我公當此境，抑塞無語空摩挲。君從何處得此印，助我酒興長吟哦。好將搨本慎藏弆，譬如名帖珍群鵝。稽之史傳數百載，流光瞥去洵刹那。彼蒼夢夢信難測，獨使賢傑遭坎軻。公之精爽寄斯印，應懸霄漢凌山河。題詩願和石鼓韻，敢云學步翻蹉跎？』論斷暢達似東坡。

先生卒於咸豐元年，壽六十六，著有啖蔗軒詩集〔三四〕三卷。哲嗣濬頤以甲辰翰林外簡兩廣鹽運使，爲刻於粵中。先生第三弟芝山茂才士銜亦能詩，有咏投壺句云：『錚錚矢聲疾，衆耦互升降。』簡鍊可誦。濬頤字飲茗，號子箴。乙未京兆舉人，登第時年三十。亦能詩，有家風。兹録其省學博叔父於東流同作菊江淵明隱處，因名菊江。雜咏二首云：『峨峨銅佛閣，密蔭擁沙墩。浩浩清湖水，分流到寺門。慈悲心早覺，覺心庵。自在默無言。絶頂凝眸望，渾如鳳翼騫。』又：『永晝耽閒静，空齋兀坐時。論文差免俗，學字未嫌遲。學博叔善書法。豈有尋花興，曾無飲酒詩？角聲淒欲斷，鄉夢水天涯。』並録於此，以存一家之言。詩案：先祖菊生公以鹾尹宦粵，與子箴都轉同時，頗荷知遇。

蓮舫太守又有追懷合肥畫師施墨癡〔三五〕詩云：『下筆欲追吴道子，前身合是李公麟。』自注：『壽州〔三六〕孫陶圃有四十賢人圖，乃墨翁得意之作。』墨癡既没，其子小癡爲先生繪啖蔗圖〔三七〕。先生贈詩云：『小米臨池有父風。』墨癡名桂庭，小癡名森柏。墨癡嘗爲孫不菴先生畫像，刊於詩集，神采奕奕。小癡能詩，光緒初年尚存。

方調臣學博，蓮舫太守仲弟也。研經工文，以優貢官太湖、東流教諭。殫心教士，多登科者，如太湖趙太史昀、東流江孝廉映樓，道光己酉中式。皆是也。咸豐初，擢署潁州教授，因亂未赴任。多公隆阿統兵至皖，檄辦壽州、鳳臺團練。丁巳二月，賊攻壽城，堅守十餘日，圍解。積勞成疾，仲夏病卒，年五十五。先生耽吟咏，篤於兄弟。當伯兄赴戍，每賦詩懷之。時杭州顧受笙茂才均館其家，和詩有『有酒得依金谷例，看花翻憶玉關人』句，蓋紀實也。所著四持軒集，如題趙生晉生畯岵存昀兄弟西窗共詠圖云：『三間瓦屋判西東，二陸才華出此中。家世本來金鼎重，二生皆介山殿撰之子。清心期與玉壺同。丸成猶記分

韓母，艫唱端應到宋公。夜半書聲聽不斷，聯床風雨一燈紅。』菊江即東流。雜咏云：『地僻居民少，城荒樹木繁。浴波翻水鳥，歸市剩河豚。亦有人呼渡，曾無吏候門。清風吹滿座，獨自倒芳尊。』二詩清切厚重，似香山、放翁語云。言爲心聲，信哉！

先生哲嗣濬師，字子嚴，咸豐癸卯舉人，以内閣中書官至肇羅道。先生有四持書屋觀蓮圖詩，趙岵存編修寄和有云：『十二年來見未能，離蹤長託玉壺冰。開械宛近春風座，問字回思雪夜燈。』附録於此，亦龍華會上一段公案也。

道光乙巳秋暮，蓮舫先生里居，聞林少穆制府在新疆戍所奉旨來京以四五品京堂候補，喜而賦寄二律，少穆制府和之云：『輪蹄未息鬢毛斑，始願惟期入玉關。垂老重嗤鮎上竹，報恩祇學雀銜環。三邊到處都留月，萬里歸來飽看山。漫記泥痕鴻爪在，倦飛早似鳥知還。』其二：『林園蒼鬱竹枝斑，小隱知君静掩關。顧渚茶香澆塊壘，虞墩麥飯弔珠環。定遠有虞姬墩。家傳燕許新簪筆，謂長君飲茗太史。心薄巢由舊買山。何日春明扶杖過，相看兒輩早朝還。』二詩雍容大雅，具見名臣風度。

全椒黄琴士廣文典五，乃李申耆門人。客淮上，與蓮舫先生頻相賡唱，有咏雪詩四疊東坡聚星堂韵和蓮翁〔三八〕云：『不學老儒烹匏葉，終日吟哦一卷雪。縋幽鬬險語盤空，狂歌大笑冠纓絶。方干能詩復善書，屋漏痕兼釵股折。年來著作等身成，雄心那許名磨滅。老我書城作蠹魚，百不如人甘肘掣。胸中磊塊酒杯澆，世態炎涼消醉纈。笑他俗子競錐刀，手數青錢亦瑣屑。鄭嵎詩『青錢瑣屑安足數』。積霰連朝苦未晴，繁霙歷亂隨風瞥。多少窮民鴻雁嗷，陳規吾服晏嬰説。安得大裘千萬丈，廣被陽春起寒鐵。』

——尊瓠室詩話卷一

〔一〕東歸日記：本篇以小方壺齋輿地叢鈔爲底本，以啖蔗軒自訂年譜所附東歸日記（以下簡稱『年譜本』）爲參校本。

〔二〕自……起身：見啖蔗軒詩存卷之上生還小草，題作戊子三月望日自伊犁起身。

〔三〕卡倫外那林河：見啖蔗軒詩存卷之上生還小草，題作伊江雜詩十六首草澤浩無邊。

〔四〕活：底本訛作『枯』，據生還小草之伊江雜詩十六首惡濕偏宜燥校改。原序曰：『草名濕死乾活，人家從石上採來，繫於窗户間，開花頗好。』

〔五〕札義烈公：見啖蔗軒詩存卷之上生還小草，題作伊江雜詩十六首城外緑陰稠。

〔六〕換班：見啖蔗軒詩存卷之上生還小草，題作伊江雜詩十六首有鳥能知氣。

〔七〕果子溝：見啖蔗軒詩存卷之上生還小草，題作伊江雜詩十六首海色浮青島。

〔八〕保文端公：見啖蔗軒詩存卷之上生還小草，題作伊江雜詩十六首上相殫忠藎。

〔九〕余：年譜本作『予』。

〔一〇〕住：底本作『往』，據年譜本校改。

〔一一〕綏來：見啖蔗軒詩存卷之上生還小草，題作綏來道中。

〔一二〕沈禮田：見啖蔗軒詩存卷之中古錞于齋吟，題作贈沈禮田琮太守。

〔一三〕大城……巴克達山：年譜本作『其建置封域悉見聞見録，兹不贅叙。烏魯木齊』。巴克達山，見啖蔗軒詩存卷之上生還小草，題作過烏壘遥看巴克達山。

〔一四〕金桐軒德榮：見啖蔗軒詩存卷之上生還小草，題作過巴里坤贈金桐軒。

〔一五〕烏垣：底本訛作『烏桓』，據年譜本改。按『烏垣』又作『烏丸』，秦漢時期部分遷居烏垣山，即今内蒙古阿魯科爾沁旗北境。

〔一六〕座：年譜本作『坐』。

〔一七〕蘸：年譜本訛作『醮』。

〔一八〕姜信本征匈奴紀功碑：見啖蔗軒詩存卷之下撫松書屋唱和詩，題作再和東園先生原韻八首唐碑漢石幾經秋。蔗餘偶筆亦有記載。

〔一九〕二律：見啖蔗軒詩存卷之上生還小草，題作登天山絶頂。

〔二〇〕與：年譜本作『去』，意澀。

〔二一〕殿：年譜本作『店』。

〔二二〕十四日：年譜本訛作『十七日』。

〔二三〕俱：年譜本訛作『但』。

〔二四〕柳：年譜本作『樹』。

〔二五〕州：年譜本缺。

〔二六〕會：年譜本訛作『惠』。

〔二七〕河上原：啖蔗軒詩存卷之上生還小草有河上原懷古一首。

〔二八〕西：年譜本作『縣』。

〔二九〕元祕塔：即柳公權玄秘塔碑。

〔三〇〕丙戌……太守：見啖蔗軒詩存卷之一生還小草，原題作過凉州贈程啟棠贊采太守。

〔三一〕題陳夢湖……詩卷：見啖蔗軒詩存卷之二古錞于齋吟稿，題作凌瘦生以陳夢湖廷桂先生典試滇南詩卷屬題。

〔三二〕李忠定……歌韻：見啖蔗軒詩存卷之二古錞于齋吟稿。

〔三三〕聲名：啖蔗軒詩存作『聲望』。

〔三四〕啖蔗軒詩集：應爲啖蔗軒詩存，同治壬申兩淮運署刻本。

〔三五〕追懷……施墨癡：見啖蔗軒詩存卷之下撫松書屋唱和詩，題作小癡見訪持贈二律懷其尊人墨癡。

〔三六〕壽州：啖蔗軒詩存原詩註無『壽州』二字。

〔三七〕啖蔗圖：見啖蔗軒詩存卷之下撫松書屋唱和詩，題作自題啖蔗圖。

〔三八〕東坡……和蓮翁：見啖蔗軒詩存卷之下撫松書屋唱和詩，分別題作連日大雪奉和蓮翁先生用聚星堂雪原韻兼懷許抑齋、和蓮翁雪夜詠懷疊前韻、雪窗無聊感懷今昔再疊前韻質之蓮翁、四疊前韻和蓮翁。

吴竹如先生年譜

清 方宗誠撰 汪長林點校

吴廷棟(一七九三—一八七三),字彦甫,號竹如,晚號拙修老人,安徽霍山人。道光五年(一八二五)拔貢,任刑部七品官,後官至直隸河間知府、直隸按察使、山東布政使及刑部右侍郎。入仕後益植節礪行,蹇蹇自靖,曾國藩極敬重之。其學遠紹程、朱,近守張、陸,以居敬窮理,返躬實踐爲宗,而尤嚴於義利、誠僞之辨。其於心性之微,理氣之辨,與夫國家天下之故,每能直揭其要。生平不事著述,間有讀書札記以及與家人、朋友論學之作,亦不自收拾,故其著述多散佚,傳世者僅有拙修集十卷、拙修集續編四卷而已。

吴竹如先生年譜,乃清方宗誠所撰。是譜主要記其論學及仕歷,間附人事。

今據柏堂遺書本整理點校。

乾隆五十八年癸丑［一七九三］，［先生一歲］。

［乾隆五十八年癸丑］五月十八日辰時，先生生於桐城新安渡。

先生姓吴氏，諱廷棟，字彦甫，號竹如。祖籍安徽徽州府休寧縣，後遷六安州之霍山，遂世爲霍山縣人。曾祖諱均，字迺成；曾祖妣孫氏。祖諱鉌，字東安；祖妣龔氏。父諱正潮，字信泉；母葉氏。三世皆以先生貴累贈光禄大夫，妣皆贈一品夫人。

東安公客桐城卒，遂權厝於新安渡。信泉公隨叔祖垠仍客居桐城，娶桐城北鄉孔城鎮葉氏。葉太夫人博通書史，治家有法。生先生兄弟四人，先生其長子也。幼渾厚端重，聰明内含，不好嬉弄，叔曾祖甚愛之。客至，令隨侍，端坐竦立，終日無倦容。每夕侍叔曾祖亦如之。簡默沈静，叔曾祖與語乃對，否則終日不儳一言也。夜二鼓，命之歸，乃就寢。鄰有質衣賈人，愛先生，欲試之，故以碎金、玩物置席上，臥帳中，令人招先生。先生見金，即止步揚聲，不入亦不去。賈人應聲始至帳前，賈人敬服焉。

有小過，太夫人撻之泣，太夫人曰：『汝首骨堅，觸痛吾手矣。』即止泣，捧母手撫摩之，笑曰：『如再撻，當用綢巾裹母手。』太夫人爲之解顔。四歲後，太夫人持書教以字句，數過輒成誦，未嘗或忘。每欲服一新衣，太夫人訓之曰：『服美欲以説於人也，不知人以衣而愛敬汝，是汝以衣重矣，汝自己人品在何處？將來得功名，人以功名愛敬汝，是汝以功名重矣，汝自己人品又在何處？』居常訓誨如此，所以先生自幼即不恥惡衣食，而功名之淡，亦自此始。先生集中有新安渡感舊詩。

嘉慶八年癸亥〔一八〇三〕，先生年十一歲。

隨侍祖母龔太夫人歸霍山。

十一年丙寅〔一八〇六〕，先生年十四歲。

就學於桐城南鄉樅陽鎮，師事邑廩生陳溢晁先生。

陳先生，桐城劉海峰先生門人也。海峰以詩、古文名天下，陳先生亦嗜爲詩。先生獨慨然以文藝爲末，嘗於殘書中得『五子』近思録，讀而好之，遂欲求明夫性分之所固有、職分之所當爲，於詩、古文、制藝之屬，雖亦研究之，而不屑藉此以成名也。然先生善爲詩亦自此始。集中有登白鶴峰詩。白鶴峰，樅陽名勝地也。

先生篤於師友之誼。陳先生卒後，子孫貧乏，先生視之如家人骨肉，終身教誨而安全之。有童穎夫兄弟，嘗與先生同門受業，先生貴待穎夫兄弟諸子如兄弟諸子焉。仕京都、山東、直隸時，陳先生及穎夫子孫常依之。集中有與陳雨蕖往還詩〔一〕，即陳先生子也。又有和童穎夫詩〔二〕。

先生讀書不務强記，而自不忘，幼時閱陳先生詩，至老猶能諷誦之，一字不遺。

十四年己巳〔一八〇九〕，先生年十七歲。

娶夫人葉氏。

葉夫人，太夫人侄也。幼閑閨訓，勤儉守禮，性行類太夫人。家貧，每夕止一鐙，夫人侍太夫人紡

績、治鹹鹺；先生偕幼弟讀書，或侍太夫人談論古今家範及言行箴訓，一室之中雍雍如也。

嘗聞先生孫兆張言，先生與夫人終身無戲言，亦無忤容，相敬如賓。夫人亦敦厚簡默，每先生公暇退食，相與端坐，静對無一語，先生常稱爲益友云。又先生有堂聯云：『君子道存居室，正尊卑，嚴内外，敦敬讓，崇儉勤，祗造端夫婦；家人誼重反身，戒忿慾，飭言行，慎威儀，節好惡，庶式穀兒孫。』

十五年庚午［一八一〇］，先生年十八歲。

師事桐城廩生趙玉田先生。

十七年壬申［一八一二］，先生年二十歲。

歸霍山應縣試，遂留侍龔太夫人養。

十九年甲戌［一八一四］，先生年二十二歲。

補縣學生。

先生祖與父久客桐城，叔祖賈於新安渡數世矣，土田室廬在焉，例應入商籍。辛未年，十九歲，就試桐城，列前茅，聲譽大起。已而以事歸霍山應試，至是年入泮，學使者白公鎔也。

二十一年丙子〔一八一六〕，先生年二十四歲。

師事同邑黃澣亭先生。

二十三年戊寅〔一八一八〕，先生年二十六歲。

科試列高等，食餼。學使者賈公允升也。

先生留霍山七年，是年葉夫人歸霍山，隨侍祖母龔太夫人養。龔太夫人生贈光禄公兄弟三人，仲名泰，季名清，俱娶於霍山，故先生年十一隨龔太夫人歸霍山。祖東安公權厝桐城，未得反葬，故贈光禄公暨葉太夫人仍客居桐城。時家貧，不得不客桐城，爲負米計也。先生時往來於桐城、霍山之間。及龔太夫人春秋高，先生遂留葉夫人於桐城奉養父母，而自居霍山侍龔太夫人起居。至是光禄公與葉太夫人始命夫人歸霍，先生授經爲養，孝敬誠篤，明經修行，鄉里族戚奉爲楷模。

是年，有送二弟鐵香還桐〔三〕詩五章。

二十五年庚辰〔一八二〇〕，先生年二十八歲。

長子應熾生。

道光三年癸未〔一八二三〕，先生年三十一歲。

葉太夫人歸自桐城。是年冬，有即事感賦詩三章〔四〕。

四年甲申〔一八二四〕，先生年三十二歲。

次子應焯生。

五年乙酉〔一八二五〕，先生年三十三歲。

季弟栻殤。

先生昆季四人：叔弟已先殤。仲弟仍隨贈光禄公客桐城。季弟隨太夫人歸，先生授以經，友愛篤摯，忽病殤。先生有哭季弟詩。

是年，應選拔科，取第一名，貢太學，學使者爲張公璘也。

習俗應選拔科者，必多倩同輩助之作文，己惟繕寫，期筆畫無誤而已。先生文必己出，不肯毫髮苟且。

六年丙戌〔一八二六〕，先生年三十四歲。

入都應朝考，取一等。以七品小京官簽分刑部學習，遂留京師，事六安沈舜卿先生。繼又師事歸安

姚鏡塘先生。

習俗考得京官者，以清苦難當，必出都謀資斧。先生以仕宦之始，當以遠榮利、恥干謁、耐窮忍餓爲立身之本，故留京當差，且可應順天鄉試兼教讀以爲生，節用、寡交，而亦無不給也。部中案牘，悉心考究，部吏送稿呈閱者數倍於他人。先生異之，吏曰：『他人一日閱數稿，尚須往反翻閱例案，猶不能定。公一日兼數人所閱，例案過目不忘，不待翻閱舊案，准駁增改，毫無錯誤，省事多而且速，故提其難辦者俱呈公閱也。』每問案，必重初供，一切閒情節及其事中之時刻，無不留心，衡情酌理，批隙導窾，往往得其情僞，使無可逃遁。故雖狡猾之徒，一訊無不服，曾未嘗用重刑，亦不事誘供，既成讞，即不能翻駁。簿書之暇，博覽群書，未嘗少閒，而亦不與諸名士相角逐也。

沈先生名巍皆，時官編修。姚先生名學塽，時官兵部郎中。姚先生爲人清介，詩文皆高潔，後病卒，無子，醫藥、殯殮、送柩還鄉，皆先生經理。既又以其賻布之餘，爲刻竹素齋遺集焉。先生詩集中，有春暮有感用姚鏡塘師送春原韻〔五〕詩，又有送沈舜卿先生歸省〔六〕詩。

七年丁亥〔一八二七〕，先生年三十五歲。

在京師，授經座主張公璘家。

是年有寄仲弟鐵香〔七〕詩八章。

十年庚寅〔一八三〇〕，先生年三十八歲。

四月，贈光禄信泉公卒。

先生聞訃，即日就道，星夜抵里，哀毁逾常；日侍祖母龔太夫人、母葉太夫人側。時龔太夫人年九十四矣。

十一年辛卯〔一八三一〕，先生年三十九歲。

九月，母葉太夫人卒。十月，祖母龔太夫人卒。遂卜宅兆，十一月迎贈光禄東安公柩於桐城，歸以龔太夫人合祔。

先生居喪，不用浮屠，殯殮謹守禮制，苫塊茹素，不入内寢者三年。東安公權厝桐城，久貧不克反葬，至是與諸叔父議擇吉壤爲安厝計。鄉俗治形家言者多以術自矜，而售葬地者亦往往居爲奇貨。先生與人開誠布公，無機心詐語，光明正大之概，久爲人所敬信；又深明於山川聚散之氣，形勢消長之理，故人亦不能欺。惟南方多山，一不慎，即有水石風蟻之患，與北方平地不同，兆域極難卜；又苦無貲財，故既葬東安公、龔太夫人於高廟河沖，因奉贈光禄公、葉太夫人柩權厝排坊沖之陽。

十四年甲午〔一八三四〕，先生年四十二歲。

服闋，入都供職。

十六年丙申〔一八三六〕，先生年四十四歲。

學習期滿，改官主事，廣西司行走。

先生性恬退，素位而行，不願乎外。時京官多窮乏，先生力自刻苦，常守朱子『志士不忘在溝壑』〔八〕之訓。故不以利害爲欣戚，不妄拜一人，惟先施者以禮答之，亦必擇而後交，一詞色不輕假；人無因至前者，不妄受一錢一粟。嘗言：『廉恥者，人心之天理也。風俗波靡，使無一二人存此天理於不絶，世運何由否而復泰？』又曰：『人生縱不能爲轉移風俗之人，亦不當爲敗壞風俗之人。然果能不爲風俗轉移，即必能轉移風俗，而其根本則自存心立身，不欺幽獨。』始先生詩書之外，無他嗜好，而盡心職守，不以賢知先人。部中凡才具出衆者，他司即回。堂官請往主稿，先生不應。自分廣西司，始終不離本司，至坐辦秋審處。始居秋審處，凡有優差保送，堂官先期示意，欲先生一言，先生若爲不知也者，堂官異之曰：『他人求者接踵，某欲與之而不願，何也？』或問之，先生曰：『堂官爲部中拔取人才，如某才，堂官自用之；如不才，求亦何益？』堂官益重之。先生嘗言：『此日立身行己之道，即他日濟世澤物之本，不可不慎。分所當爲，不可稍存畏難之隱而生諉謝之心；分所不當爲，更不可稍萌冒進之私而懷見長之意。』先生見客不作浮語，與先生交者多真修之士，其一切浮華意氣之徒，往往一見即不復至。

十九年己亥〔一八三九〕，先生年四十七歲。

弟廷桂送葉夫人及二子入都。

先生自傷禄不逮養，故不忍以妻子自隨，惟慮及二子失學，不得已令至京師。部務冗煩，因移居内城，以省酬應。公餘專究心朱子之學，凡前儒之書，亦無不玩味，而必以朱子之言折衷之。宗誠所編先生拙修集，有劄記一卷、讀書記疑兩卷，大約皆官刑部時所記也。

二十年庚子〔一八四〇〕，先生年四十八歲。

刑部公暇時，與朝賢講明正學。

時唐確慎公鑑爲太常寺卿，潛研性道，宗尚洛閩，喜扶掖賢俊，倡導正學。於是，相國文端公倭仁時爲翰林院侍讀學士，曾文正公國藩時爲檢討，吕文節公賢基時爲御史，何文貞公桂珍時爲編修，竇蘭泉侍御垿時爲吏部主事，皆從唐公考德問業，先生因與諸公爲師友，日夕切磋，專用力於身心之地。有與諸弟書〔九〕，謂：『始信朋友列於五倫，爲人生不可缺者，誠足樂也。』

先生有即事賦呈唐鏡海先生詩八章〔一〇〕。

先生著讀書記疑。

小序云：『昔陸稼書先生集中有讀呻吟語記疑十餘條，自註云：「呻吟語一書，鞭策身心，箴砭末俗，有功世道非淺，然其間亦有一二可疑者，謹記〔一一〕之以質君子，意在舍瑕取瑜，非敢妄議〔一二〕先儒也。」某亦竊取此意以讀薛文清讀書録與陸桴亭思辨録、李文貞劄記，而輒記所疑，以俟參考，庶或免於僭妄之譏耳。』又讀李文貞劄記記疑小序云：『李文貞生平，事事效法朱子，其所著書皆暗擬朱子，如論、孟有劄記，大學復『古本』，中庸有章段，易有觀象，詩有詩所，以及洪範、參同契、陰符經、楚詞皆有註；榕村劄記擬語類，文集擬大全。其發明道理精確者，亦不爲無功於朱子，然究不免有隱以後世朱子自命之意；因朱子常有駁正程子之語，亦遂有與朱子立異之處，恐不免如王仲淹之學孔子也，此蓋不能不啟後學之疑者。讀劄記，其有不安於心者，偶記數則，以俟知言者折衷焉。』

二十二年壬寅〔一八四二〕，先生年五十歲。

仲弟廷桂卒於京師。無子，以次子應焯嗣其後。次年歸殯霍山。

廷桂字鐵香，先生躬視醫藥，坐守數月，卒不起，傷悼甚。至次年，遣應焯歸其喪。

二十五年乙巳〔一八四五〕，先生年五十三歲。

與再從弟君帆書〔一三〕論學。

來書論邑中人事之變，答曰：『曠觀時勢，正不獨一邑一家矣，所望挽回補救能任斯責者有人耳〔一四〕。』『兄自愧從前虛度歲〔一五〕月，不曾下切實工夫，自欺自誤，幾致空過一生。今〔一六〕幸得親有道，得交畏友，始知愧奮，深信舍「反求諸〔一七〕己」，别無工夫；舍「立心爲己」，别無學問。斷無能及物而不先成己者，斷無能成己而不能及物者。惟能正己於家，斯能任一家之責、挽回一家之氣運；能正己於鄉，斯能任一鄉之責、挽回一鄉之氣運。推之〔一八〕國與天下，莫不皆然，要〔一九〕亦視其〔二〇〕學問之所至而已。其〔二一〕學問之所至，亦視其立志之大小與用功之疏密而已。』夫『所謂學者，固〔二二〕非語言文字之謂也，亦非玄妙高深之謂也；惟以倫常爲本，而致功於性情之地，始於懲忿窒慾、遷善改過，而終於明善誠身耳』。

又有與應熲應煇侄書云：『聞汝兄弟〔二三〕頗負文望，然士先器識，豈可局於鄉曲而不思振拔以自異於流俗乎〔二四〕？夫所謂器識，亦於義利辨之而已。知有義，則所重在禮義廉恥，而所言所行，日就

於〔二五〕高明矣〔二六〕；知有利，則所求惟自私自利，而所言所行，日趨於汙下矣。』

四月，與曾公論省察之學。

是年，曾公爲會試同考官。四月出闈，謂先生曰：『羅椒生極推服蘇賡唐，謂其日以自省者有四，曰：不欺暗室，不侮鰥寡，喜怒不形，物我無閒。』先生曰：『喜怒不形，自是涵養既至之氣象。若日用工夫，以此四字爲期，恐反夾雜私心作用，似不若易「不形」爲「無私」二字，則檢察較爲有據。』

先生是時寓宣武門東城根畫石橋東。庭有古槐一株，四月十一日天明時，有杜鵑集其上，嚦十餘聲始飛去。

二十六年丙午〔一八四六〕，先生年五十四歲。

十月，長子應熾病卒。次年，命應焯歸其喪。

應熾素循謹，師事漢陽劉椒雲學正傳瑩、石埭楊樸庵主政擒藻。喜親正人，聞正言。先生與倭文端、曾文正、何文貞諸公論學、論事，應熾必侍立牖外靜聽，常至夜分。凡經傳註疏及程、朱書，潛心討論。且知功名富貴不足輕重，恥於苟獲，立志爲人。是年，應順天鄉試，挑取謄録。已而臥病，十月五日卯時卒。有子二，兆張、兆學。逾三日，先生亦大病，危而復安。友人多有慰唁之書，先生答曰：『生平每以修身俟命爲究竟，正於此不敢不勉。惟必殀壽不貳，即所以順受其正耳。〔二七〕』先生困苦守節，每欲節省積俸買山葬親，乃遭仲弟及長子之變，益困乏矣，然志節終不移也。

又有病中曾滌生過我久坐詩。

是年又有呈四叔父書〔二八〕。

二十七年丁未〔一八四七〕,先生年五十五歲。

補刑部江西司主事。

先生補缺極遲,家中傳聞先生爲『迂板』。先生己酉有呈四叔父書〔二九〕云:『補缺之遲,乃〔三〇〕適值部中擁擠之時,非由侄〔三一〕迂板所致。』且『世道人心之壞,都由營求奔競之徒多〔三二〕。侄方深惡而痛絶之,自恨無權,不能挽回於萬一,惟思多得一二同志相與維持,亦〔三三〕未始非在下之責也,豈肯效其所爲哉! 若幸得寸進,當以學術人品爲重,庶可望開鄉里之風氣,鼓勵一時之人心。使不論學術人品,則功名愈顯,爲害便〔三四〕愈深。後人無識,以此爲榮,尤而效之,風氣日壞,乃鄉里之憂〔三五〕也』。先是刑部有提牢差使應先生得,先生不謀,同部者欲求得之,以問先生,先生曰:『差事不可推諉,亦不可營求。不求而得,即或不幸因公得過,自心無悔; 求而得之,即因此上進,已覺可恥,況或因此得過,能無悔乎?』其人不聽,後果以脱囚被黜,先生曰:『吾非避處分,但求心安耳。』

先生嘗謂:『人莫病於拙,然拙不足病,拙而不學乃病。人之爲學,特欲復其所固有耳。欲復其所固有,必先去其所本無,故遷善尤重改過,克己乃能復禮。惟改過而後寡過,克己而後寡欲,寡之又寡,以漸至於無,則學莫如用修,修莫如用拙。志病輕拙,則自憤而心重; 氣病浮拙,則自斂而力沈。』故取朱子所述『下士晚聞道,聊以拙自修』之語,名其讀書之室以自詔云。

是年仲夏,有寄呈唐鏡海先生〔三六〕詩二章。

又有答劉椒雲書〔三七〕，謂『辭受取與』，當『以時措從宜爲主』。

二十八年戊申〔一八四八〕，先生年五十六歲。

題補刑部福建司員外郎，總辦秋審處。

二十九年己酉〔一八四九〕，先生年五十七歲。

升刑部河南司郎中，由秋審坐辦充律例館提調。

先生在部多年，勤慎平恕，虛公無我，刑期止辟，不肯稍受意旨有所曲撓，同官憚其嚴毅，服其公正。先生嘗謂：『當官宜盡心公事，仕而優則學，溺職者無論矣。或耽志詩文，或高談性命，公事不肯究心，隨同畫諾，謂之畫黑稿，此與尸位素餐何異？』又謂：『他部所習之事，多係外任所不用。若刑名乃有用之學，異日做外官，亦必以此爲重。盡心公事，正所以歷練世故情僞，增長學識，以此自勵。』後亦以此勵門人。

著讀劉直齋冷語記疑。

小序云：『冷語二卷，乃安邱劉直齋先生晚年日記也。其學確守朱子「中和」初説，而惓惓於心性理氣之辨，生平致功，不外「敬」「義」二字，大端已正矣。至今讀其書，猶可想其日新不已之功，自壯至老如一日也。惟聞有立言未瑩易以啟後人之惑者，嘗與吾友竇蘭泉垿共講所疑，輒效汪雙池先生讀困知記之例，私爲記出，附注於本條之後，以俟當世有道之訂正云。』

咸豐元年辛亥〔一八五一〕，先生年五十九歲。

禮部侍郎曾公國藩疏薦之。

文宗顯皇帝即位，詔各大臣明保人才，於是曾公以先生學宗五子，暗室不欺，深識遠謀，可當大任薦。時刑部尚書周公祖培，亦疏薦之。

是年，有答徐鏡希司馬論學書〔三八〕。

其略曰：『門户之習宜絶，是非之辨不宜絶；攻訐之私當憤，而〔三九〕是非之公不當憤。』又謂『論人宜恕』，『衛道宜嚴』，『立訓以教〔四〇〕後世，尤不可不出於大中至正也』。『某生平深不喜後人指斥先賢，而是非之辨，則不敢誣。嘗謂「非朱子不可辨象山，非陸清獻不可辨陽明」。學者惟當辨之以心、辨之以身，不當辨之以言。不辨以心，則析理或誤於疑似；不辨以身，則制行或入於歧途。若徒以口舌争勝，而無體道之實，斯誠爲標榜之私，爲足羞耳』。

二年壬子〔一八五二〕，先生六十歲。

京察一等。三月，引見，記名，以道府用。初九日，召見，廷對稱旨。十五日，補授直隸保定府遺缺知府。翼日，謝恩，復蒙召見，奉旨改爲直隸候補知府。

先是，刑部右侍郎書元，兼充崇文門副監督，奏獲長興店私酒三十六家，人犯數十名，交部分司審辦。其酒五萬餘，悉付緝役充賞。各堂官知案情未確，書公執爲漏税，欲加嚴懲。承審者擬人予滿杖，

書公猶以爲寬縱。適案犯呈訴問官枉斷，各堂官以控涉本部問官，奏請欽派大臣審辦，奉硃批：『申飭不准回避。』堂官乃改派先生及滿漢八人覆訊，究出：書公家人藉查拏私酒遠至城外，詐贓未飽所欲，始行送部等情。先行奏明大概情形，并請旨轉飭監督交委員及家人歸案質訊。奉硃批嚴斥，又諭以『城外片壤皆國家之地，何分遠近？』旋調全公慶吏部，書公轉左侍郎，以基公溥署右侍郎，調曾公國藩吏部、彭公蘊章工部，以呂公賢基署左侍郎、陸公應穀署右侍郎。

及是召見先生，上問曰：『汝承問私酒案乎？』先生奏曰：『臣係續派覆訊。』上曰：『案情何如？』奏曰：『此案不得謂爲私酒也。長興店離彰義門四十里，歸宛平縣管理，初不歸崇文門。且其所賣之酒係買自各處，有官帖之燒鍋發票可據，亦不得謂爲漏税也。至崇文門之收税，當以城門爲限，既未入城，何名漏税？如必指離城數十里外之酒爲漏税，則何往而非私酒？小民何所遵守？是徒爲差役所影射以啟訛詐之端耳。監督大臣惟以國税爲急，恐有偷漏，不得不任家人爲耳目；家人不能遍歷城外，不得不任差役爲巡邏；差役有定額，復不得不藉白役供驅使，俗名「圓扁子」是也。此輩皆游手無賴之徒，既無工食，甘效奔走，其意果何圖？無非爲利而已。監督本欲整理税務，而不知受朦蔽於家人；家人即不盡欺主營私，而不能不受誑誘於差役；至下授其權於圓扁子，而閭閻之擾累不可問矣。且監督、家人敢於至長興店索詐者，亦由崇文門兼收城外半壁店酒税也。立法未善，故得托以爲辭。去歲九月間，崇文門奏獲「冒充官役妄拏私酒」之案，即係臣審辦。臣以收税惟以城門爲限，始易稽察，無虞偷漏；自以城外收税，遠及離城十八里之半壁店，巡邏難周，實易生弊。定案時，曾奏請飭下「崇文門另議章程」，當日書元閲奏稿，深以此議爲是。可見緝私而遠及長興店，非監督意也。』上聞奏未半，爲之霽顔，連聲應答。

先生復奏曰:『長興店既不得謂爲私酒,即其人無罪可科,所獲之酒自應發還;詐贓之家人,自應按例懲辦,如此乃得其平。』上應而頷之。

遂退出繕稿,未及具奏,旋奉『補授保定府遺缺知府』之旨,復蒙召見,上曰:『汝常讀何書?』對曰:『臣嘗讀程、朱之書。』上曰:『何以學程、朱者多拘迂〔四一〕?』對曰:『此正不善學程、朱之故。程、朱以明德爲體,新民爲用,乃由體達用之學,天下斷無有體而無用者。其用不足,必其體尚多缺陷。凡臨事迂拘不通,正由平日不能如程、朱之格物窮理而徒資記誦,非學程、朱之過也。』上曰:『明之楊大洪此等人,豈可謂非程、朱之學?』對曰:『明朝開國即崇尚程、朱之學,人人奉爲法守,故能培養一代人心廉恥,而節義最著。楊大洪,節義之士也。程、朱非無節義,只是自盡其性分之常,而不得僅以節義名。若節義之士,深以涵養,亦即程、朱之學。但其至性勃發,迫於忠愛,每近激烈,非容納直言之君,不能諒其心。皇上深有取於楊大洪,是崇奬節義之士也,而人心將自此振矣。』上曰:『汝識曾國藩否?』對曰:『曾國藩曾署刑部左侍郎,臣實早與相識。其人勵志不苟,亦是楊大洪一流人才,雖進言近激,而心實無他。』上曰:『汝識倭仁乎?』對曰:『臣亦早與相識,是篤守程、朱之學者。平日專在身心檢察,日自記載以爲考驗,其守道似近迂,而能知大體。』上曰:『其記載所著是何書?』對曰:『非著書,乃每日自省課程。蓋學問不從身心上講求,則根本不立,其用處即不能無弊。昔宋臣程頤進説於君有三:曰立志,曰責任,曰求賢。志不立,則規模不定。皇上高居九重,天下之所瞻仰,意有所嚮,莫不如響斯應。若此志一定,何爲不成?志在堯舜,斯爲堯舜矣。初無難也,任不專,則大臣得以諉其責,群奉皇上以乾綱獨運之隆,稱自處於奉令承教,而得失兩無所預,天下事誰與皇上分其憂?古所謂君逸臣勞,正惟各

受其任，即各專其責也。天下事無大小，首在得人；不急於求賢，則無與共治。然欲得人，必在知人。知人之道，尤歸本於人君之一心。皇上讀書窮理，以裕知人之識，而又清心寡欲，以養坐照之明。深宫寤寐旁求，則輔相得人；輔相進賢待用，則内而部院、外而督撫得人；部院、督撫各擇其屬，則内外司官、州縣無不得人：斯賢才出矣。』上曰：『如某者，才亦可用。』對曰：『小人無才，不足以售其欺；罔上行私之人，其才何所賴乎？』上聞奏默然，先生乃悚然而退。時先生已離部十八日，堂官始以先生所結私酒案具奏，奉硃批：『著再細心審訊。』部中群情悚懼，惟吕公賢基謂：『此案無可再訊，謹申明案情實已確鑿，仍照原擬。』奉旨依議。先生召見後，上告軍機大臣曰：『吴某學問結實。』上之知先生自此始。

先生初次召見後補授保定府遺缺知府，旋以崇文門監督書侍郎元面奏，謂先生審斷私酒案未允，復奉旨改爲直隸候補知府。友人謂先生宜告退，先生曰：『遺缺知府改爲候補知府，上非不用也。若遽告退，恐鄰於負氣之嫌，且非人臣聞命即行之義。』婉言謝之。

六月，署理河間府知府。

河間府，轄十一州縣，民情好訟，京控、省控積案百餘起，羈候審訊者七八十人。先生至，即檢無關輕重之案，原被證佐，釋放七十餘人，班館爲之一空。

七月，奉旨入京。八月三日，復回河間知府署任。

時御史袁公甲三，疏劾定郡王，引先生爲證。先生至京，投親供。旋奉回任之旨。向例署缺無奉旨回任之事，此異數也。先生卸事半月，上控新案十餘起。既復視事，逐日清理其舊案，原被無呈催者，因亦不復差提，以免滋擾。諭各牧令：『當與百姓了事。官盡一點心，百姓即免無窮之累。無庸奔走謁

見，靡費曠職，敬上司不在此。』九月，親歷各州縣察勘，沿途更棚、窩鋪，諭各牧令認真辦理，以安行旅。至景州，訪獲匪徒數人。十月，回署。凡往來車兩食用皆自攜，禁州縣無得預備。至署之日，即提案審訊，刻無暇晷，恐積壓累民也。是年自六月至歲終，境内無盜案，嗣後亦鮮上控、京控者。

十二月十四日，補授河間府知府。

是年，有復沈舜卿先生書云：『來書謂「官場之弊，由士大夫無耻〔四二〕」。』竊謂『欲挽回盡人之無耻，必先視乎一二人之有耻。世有賢豪，固當獨任其責；即吾人同生斯世，亦當分任其責』。『然所謂「有耻」，非徒抱羞惡之隱也，必其一言一行，反之此心而無愧，而後可爲有耻之士。』『至於升沈顯晦，惟當付之時命。若生一分計較，恐即增一念怨尤矣。』

是年有懷人詩五章〔四三〕。

時與倭艮峰副都護、竇蘭泉侍御、吕鶴田少司空、曾滌生少宗伯、何丹谿太史皆散處，又感激時事，作詩懷之。

三年癸丑〔一八五三〕，先生年六十一歲。

遣家屬歸霍山營葬贈光禄公、葉太夫人。

先生爲部曹時貧甚，又連遭仲弟、伯子之喪，益窘，無力歸營葬地。權守河間，眷屬仍寓京師。至是，聞安徽正月十七日粵逆竄陷省城，急遣眷屬自都隨南陵何子永中翰歸霍山，爲贈公、太夫人營葬事。

十月，葬事畢，始奉檄辦理團防。

是時粵逆北竄河南、山西，將入直境，先生集城中官紳議團防，皆欲合稟請兵，先生言：『賊未至請兵，徒然靡費擾民；若待賊近，遠請官兵，不但往來調遣遲不及事，縱隨請隨發隨即到此，而彼恃來援，必多需索，處此危城，何以應付？不飽所願，難資得力。且素非統馭，必不受約束。即不易稽察，使匪徒乘機混入，禍轉不測。惟城内百姓，皆係土著，但得官民一體，嬰城固守，則衆志可以成城。』於是，以故李侍郎家爲公所，不令設局，以節靡費；亦不許招異地及城外人爲勇，恐其無事閒游，有事驚潰，甚且搶劫而去，反足以搖亂人心；兼恐爲賊所得，漏泄城中虛實。於是，乃令於本城内派門頭夫，以資防守、自捐資修城，取府署舊木修整城門，用土築塞，惟留西門一扇爲啟閉；豫備土包百餘，積於門側，爲聞警堵塞之用；城上添蓋更棚以蔽風雨，每一更棚樹大旗一竿，每十垛樹小旗一竿。日間旗幟、器械必令嚴明；夜則每城用二十丁壯防守，俱暗藏火器，不置燈亮，不許喧囂，靜聽口傳暗號。蓋城頭黑暗，賊不能窺我虛實，我可以觀賊之遠近。惟令民間沿户預備燭籠、器械，晝間門頭夫無庸上城，各安本業；晚間親自巡城，并委員及紳士分段稽察，梆鑼不斷。每日巳刻，啟西門一扇，收買柴薪。城門委員三人，稽察柴户姓名、人數，押送出入，以防姦細。有警則梆鑼一呼，晝則門頭夫各執器械，夜則各執燭籠、器械登城，各守所分垛口，不許妄動一步，妄作一聲。於是數月安堵。八月，賊入臨洺關，官紳皆以城大再三求請兵，先生不得已，乃稟請發兵以安民心。總督派兵千五百人至，果多需索滋擾。先生謂紳士曰：『請兵不過聊助聲威以壯民膽耳，所有城上防守，仍當責之官民，不可因兵至而有懈心。』維時河間縣令病，不理事，先生内理民事防務，外辦兵差，皆以一身兼其任。乃於城外空處，擇要以紮外兵；設買賣街，平價以資兵食；不准一兵入城，而每垛口皆添丁壯防守，輪流換班，以免倦怠；加意撫循，以警惰悞。自

臨洺失守，趙州、隆平、栢鄉、深州繼陷，惟饒陽知縣秦大奎力戰保城。九月二十日，諜報粤逆至，離城僅二十餘里。於是西門内聚二千餘人，求開城出走。先生馳至，不准紳士代求，不准求放老弱，婦女出亦不准。坐鎮片時，人心稍定。有欲墜城竊走者，嚴令守堞丁壯以軍法從事。緣賊蹤不遠，開城則人心涣散，姦民必乘機生變；且恐一被賊獲，漏泄城中消息，斷定不開城，百姓始有固志。是日，賊由城西南八里栗子口竄去。二十一日，獻縣失守。督兵大臣勝保過境，縣令猝無以應。先生令民無論大小户，凡有麪肉者，悉送入府署，即給市價以資犒賞。先生忠信素孚。不逾時，士飽馬騰，兵民大悦。車户畏過站，無一至者，先生與民約派家丁，賫函下站交替，車價即日例給，吏役無得扣一錢。又不逾時，車畢至。是夜，城南火光燭天，直撲府城，先生已寢矣，起詣公所鳴鑼，率門頭夫各執械、燭登城，凡無火無械者，不准上。不須臾，城南火光漸遠而滅，先生復寢。其後獲賊諜訊之，言是日賊偵謂城中兵少守單，故乘夜來撲，不料離城十餘里，見城上火光射數里，有千軍萬馬之勢，故不敢至，將偵即時砍死。由是城中守志益堅，紳民尤服先生之起臥如常，從容不迫，爲不可及也。先生念賊來必由臧家橋，飭府經歷乘夜往撤之。二十二日，賊再犯，果至橋而阻。向來直境河水夏長秋消，是年水驟發，故無橋即不得過。先生嘗云：『城之不失，天數，非人力也。』二十五日，賊陷交河東竄，知縣孔慶畦死之。先生詳請優恤。是後賊漸遠，城内安堵，兵亦去。先生每日遣家丁四人，帶勇役分路密查姦細。凡往來可以行走之叉道無不至，有獲必誅僇無貸。先是，奉旨勸捐團防准給議叙。先生因仿照部執照式刊印爲實收，捐户至公所報明捐數及年貌、籍貫、三代履歷，由公所送府請，實收即交捐户，以杜假冒；不假手胥吏，以免需索。

十二月十五日，升授永定河務道總督，奏留河間知府任，辦理防堵事宜。

是時，粤賊林鳳祥、李開方竄擾滄州、青縣、静海，據獨流鎮。勝保統兵駐王家口，僧忠親王統兵駐盧溝橋、長興店。總督以河間爲京城門户，疏稱先生辦理嚴密，且得民心，未便遽易生手；而後任亦故逗留不肯至也。

四年甲寅［一八五四］，先生年六十二歲。

正月十四日，總督奏令署理天津河間河務兵備道，仍留河間知府任防堵。

是時僧忠親王奉旨進兵勝營之前王拔營，粤逆即向西南竄逸，王追擊之，敗賊於邊馬河。賊由獻縣竄陷阜城。先生前數日知賊必至，上狀乞王撥兵，又請兵於總督，於是王撥兵一千人，總督撥兵三百人，至則已失期，阜城失，兵弁住民房，民驚恐。公步行，沿户勸諭，以安撫之。越數日兵去，城中以門頭夫防守如舊制。城門久閉，不許居民妄動一步，鄉民亦多挈家入城，謂城居比鄉居更安静也。賊據阜城兩月餘。四月，過運河竄據連鎮，分股竄據山東高唐州。

三月二十二日，卸河間知府事，仍駐河間防堵。

四月二日，總督又檄先生護理河間府知府。

時總督以河間知府調署大名，故復檄先生護理之。

七月二十六日，升授直隸提刑按察使。八月初十日，始卸護理河間知府事。

時總督因公具謝恩摺請陛見，遂奏留河間防堵，奉硃批：『俟直隸軍務告竣，河間府城撤防後再行來見。』初，先生補授河間府，辦團防時，桂燕山相國來爲直隸總督，例應至省謁見，先生以辦理團防，職

守攸司，棄職守而謁見大府，設有疏虞，何堪自問？其後每奉旨升遷，幕友皆勸先生一行，無自取戾。先生皆以團防爲重，不可，謂：『大府斷不以此爲罪也。即以此爲罪，於心無愧。若懼得罪大府，而棄土地人民，即僥幸無失事，不亦內怍於心乎？』而總督之始終不令離河間亦以此，先生不計也。既升臬司，友人促先生速卸府事，恐又有賊警，先生曰：『事至再辦，豈可諉卸規避？』又勸先生往謁總督，亦不可，曰：『尚未陛見，何可先謁大府乎？』河間詳文至天津道，例用申封。先生既放臬司，仍守知府體制，天津道不安遞回請用咨文，再三言，乃許之。定例屬縣失守本府革職，總督入奏，上以『河間團防有功，足以相抵』，得免。先是，吕文節公奉命辦團練之安徽，奏請先生同行，上以『河間要地需人』，未允所請。後凡屢膺異數，皆受顯皇帝特達之知也。八月，河間知府自大名回任，先生始卸府事，諭河間令但爲覓一寓舍移居，其他無得供應。

是年，有兩與槐杰兩從弟書〔四四〕，令其『耐窮忍餓，閉户讀書，恐懼修省，以盡養親教子之責』。又有示應焯六書〔四五〕，謂予『一日未退，即此〔四六〕身不爲己有』，『承先啟後』，『汝當代我〔四七〕任其責』。惟有『親近賢德，虛心求教，又能讀書窮理，反身體貼實用「動心忍性」工夫』，『要想整理成一人家，必先從自己身上整理起』，非『求置此身於孝弟忠信之內，何以自立』？又有與陳壽卿、何子永二書〔四八〕。子永名慎修，前在京師受學於先生，時避亂霍山。先生語以近誦『「素患難，行乎患難」之〔四九〕語，愈覺有味〔五〇〕，彼〔五一〕放曠與〔五二〕積惰，皆未免於怨尤也，此〔五三〕居易俟命之道，所以〔五四〕必自反求諸身始也〔五五〕』。『蹇之象曰：「反身修德。」困之象曰：「致命遂志。」今亦〔五六〕幸親身體貼〔五七〕一番。陳了翁曰：人須自試，方識自己力量也。』

五年乙卯〔一八五五〕，先生年六十三歲。

二月，奉旨入覲，召見三次。十八日，任按察使事。

正月十九日，連鎮捷音至，林鳳祥、李開方俱就擒，河間府城撤防。二十九日，疏請陛見。旋即辦理府城團防捐輸保案。紳士以先生從弟某，隨先生巡城并經理一切事宜，極爲勞瘁，列名其間，先生塗去之。紳士懇請再三，不允。屬吏餽旅資，不受，嗣是遂無敢致餽者。自備行李車，以俟硃批回即啟行，官紳不知也。河間令聞，追送二十里外始及之。往來車價，俱不令屬吏供給。召見時，問團防所設施，對曰：『城大且破壞，賴紳民日夜巡防。又適值水發，賊不得過，非臣之能也。』

直隸臬署與他省不同，後有餘房數十間，凡浙紹進班學刑名者，皆住此，謂之班裏。東有一總門出人，平時封鎖，以傳桶遞公牘，書吏疲玩成性，公事多積壓。先生至，嚴立限期，凡應轉詳咨復批札各公牘，俱於接文日起，限定五日辦齊，用印發行外府州縣。招解人犯到省，亦限五日内過堂，後五日過院，違限者重責；署内辦公皆定時刻，僕隸不用吸煙、晏起之徒，由是案牘日清。公餘讀書如故，見屬吏必細詢地方情形，并諄諭：『不可用刑取供，惟當悉心熬審。命案以相驗爲入手，緊要之關凶器，比對傷痕，分數要明；當場屍、親供，尤爲緊要，此時子細問清，將來辦案自有把握，可免轇轕再訟。案無論大小輕重，總宜速問速結，延久則必有奸人從中別生枝葉，不惟拖累無辜，而積案愈多，自己亦爲所累。刑名幕友辦命案，謬執救生不救死之俗見，設法開脱凶手。抑知生者犯法反逃法網，忍令死者（舍）含寃地下，要我輩做官何爲？』又謂：『古人教養之政，今牧令皆難行，惟有寓教養之意於聽訟斷獄之中，勤審

速結，使百姓少羈押拖累，即所以養；辦案公平明允，使百姓皆知畏法不可倖逃，即所以教也。』州縣遇人命盜案及服制重情，刑名家總以豫避處分，不肯實辦，多方回護，及案提到司，比對前後，各供矛盾百出，一訊即平反；然各官因處分過重，斷不肯改辦，積習已久。先生遇此事，調本官至省與發審委員同問，令自平反可免處分，於是平反者多，官知實辦無處分，刑名幕友知蒙混不得，罪人知法網不能倖逃，無辜者不能拖累，犯事者亦少矣。時辦軍務，州縣積案甚多，平靜後，招解者絡繹不絶。先生則隨到隨結，無論年節、封印不肯稍逸。有翻供者，但令州縣再取干證，［不］切實供結不肯提省。俗習臬司必與院幕往來餽送節禮，刑部亦必有餽送炭金之事，先生皆絶不與通。有孫某，久居院幕，其弟被人訐告，先生即稟制府，令某出幕，毫不徇情。次年派辦西陵大差，藩庫例發車價銀千二百兩，外發幫項銀千兩。習俗存餘即爲應得之款，先生用存八百兩，繳還藩庫。大計州縣得『卓異』者，執贄以門生禮見，先生概絶之。是年，有與涂朗軒及鄧、葉兩縣尊書〔五八〕，又有與星垣、步方及杰弟書〔五九〕。

六年丙辰〔一八五六〕，先生年六十四歲。

九月，督辦大名賑務。

是年，開州、東明、長垣間，黃水漫溢，廣數百里，饑民遍野。先生捐米五百石，由是直省官均捐賑米。總督疏請賑濟，擬以銀易錢，以大名銀價低也。先生曰：『大名距省九百里，計程十日，一車銀數須易錢二十餘車。即大名銀價低，而省車價二十倍，猶爲合算。』總督以爲然。十月六日，赴大名，盡心區畫，務求實惠及民。及奉升授東藩之旨，賑畢猶不肯遽行，必將各災民妥爲安置，惟恐失所。回至廣平，

聞大名與山東曹州交界處匪徒滋擾，僚友皆謂賑既畢，宜速回，無致如河間久不得離任，先生曰：『天下官辦天下事，如實不得離，亦不能推諉也。』即折回查辦，獲十餘名，訊明首從，僇數人，餘解回籍。由此直境安静。

十一月六日，升授山東布政使。

山東布政使出缺，軍機以劉源灝名進擬，文宗稱先生廉正，故擢用之。

是年，有答涂朗軒、何子永二書〔六〇〕。

七年丁巳〔一八五七〕，先生年六十五歲。

二月八日，卸按察使事。十八日，入覲，召見四次。

先是，户〔六一〕部以大錢壅滯，歸咎直省不肯疏通行使奏，奉諭旨飭下直隸，自七年上忙爲始，兼收三成大錢、三成鈔票完納錢糧，合省皆知勢不能行，而諭旨嚴切，如不奉行，私收實銀，以枉法贓論，總督不敢上陳，懼干阻撓之罪，諄屬先生面奏情形。二十二〔六二〕日召見，上問『直隸能否行使大錢』，先生對曰：『直隸市肆，前曾出示行使大錢二成，今春復推廣行使三成，小民謹奉公令，原屬行使。其實市中買賣，價直百文之物，即索價百二十文。今行大錢三成，即索價加三成，暗中折算，除去三成大錢不計。臣不敢一言欺飾，竊謂此〔六三〕雖名爲行使，實不得謂爲流通。國家立法，必先便於民方可行，必先信於民方能行。現〔六四〕見奉諭旨：「直隸自今歲上忙爲始，錢糧即收三成大錢、三成鈔票。」是十成實銀已遞減去六成，在百姓似宜歡忻鼓舞，急於奉行；乃反懷疑觀望，隱生顧慮者，必有所不便不信也。直隸計

二百餘萬錢糧，若收三成大錢，以京錢四串抵銀一兩計，收二百餘萬串大錢，民間安能驟得如許大錢？將來私鑄必由此充斥，恐誅之不可勝誅。如不收私鑄，則可指爲阻撓；或折收制錢，又干枉法，姦民得以挾制其上矣。倘謂既收大錢，如部文所言，京中必有商販自然流通，將大錢由京運直。竊謂商販所圖者利耳，今以十文制錢買一當十大錢，運至直省，仍賣十文制錢，初無利息，空增運費川資〔六五〕，謂自多興販，必無是理〔六六〕。設有興〔六七〕販，定是私鑄，而影射官錢，其弊何可勝言？至各屬所收大錢，運交藩庫，其〔六八〕運費又將何出？』『取之民，則爲浮收。出自官，必無力賠墊；況藩庫支放，又需車費，此亦窒礙難行之一端矣。官民之情如此，上忙錢糧，恐難照常輸將。直隸乃畿輔重地，畿輔安靜，足以拱衛京師。前此所收銀七票三，支放則銀、票各半，藩庫多此二成實銀，方足以供周轉。即去歲大賑，今春展賑，計用實銀十九萬有零，皆賴此二成實銀撥發，否則豈能以〔六九〕鈔票大錢分給災民乎？今年黃河决口未堵〔七〇〕，直隸水災必重，若議賑恤，費將何出？又東西陵差，借資、民力必先由藩庫墊發，方不至緩不及事。倘無款可撥，必將預取於民，操切太急，恐抗糧抗差，別滋事端，必所不免。』上始而靜聽，繼則連聲相應曰：『據此，無論官運、商運，仍是不行。』對曰：『若能行，自然流通，不待販運。情事實是如此〔七一〕，臣不敢一言欺飾。各處行使大錢，城内行使，城外即不能行使，如何得謂流通？』『窮民日用零星之物，僅值數文，即物價亦必有奇零，市上只有當十大錢，并無當一制錢，豈非不便？今〔七二〕百物騰踴，實由於此。蓋官以一錢爲當十，民以當十爲一錢。』『國家用鈔票大錢，原爲每月〔七三〕搭放兵餉起見，惟多搭幾成制錢放散，則多一成制錢，自能平一成物價。今户、工兩部不肯多鑄制錢，臣曾訪問其故〔七四〕，據云工本太費。』『國家錢法惟無餘利，則私鑄不禁而自息，利權可操之自上。今市上不見制

錢，非是〔七五〕無制錢，乃是市儈居奇，銀一兩換大錢八串、換制錢四串。朝廷多方疏通大錢，立一法即增一弊，皆爲市商所假借以遂其操縱伸縮之計，愈欲重大錢，而大錢愈輕，實由科條太多，朝更夕改，民無適從之故。國家先不自信，何能取信於民？前聞順天府出示「不准挑剔大錢」，姦徒因故持破爛大錢買物，有不收者，即勾通差役，以阻撓大錢向其訛詐。順天府查知前「示」生弊，又出示「准挑剔破爛大錢不用〔七六〕」，遂有借挑剔而不收大錢者，民間遂訛傳不行使鐵大錢，而鐵大錢竟廢而不用。此禁令不一之一端也。見〔七七〕在市上並不見有當十鐵大錢，則民間不用可知，乃户、工二部猶日鑄之〔七八〕，何也？國家設法疏通，報捐則收鐵大錢二成。今方平糶，又全收鐵大錢，將來鐵〔七九〕大錢盡歸於官，只有搭放兵餉一途。兵持鐵大錢無處使用，貧民小貿所得鐵大錢亦成棄物，是兵民交困矣。且御史條陳，各持一説，固有目擊時艱爲民生起見者，亦恐或因皇上意在疏通大錢，揣摩迎合，附和進言，議論紛然，徒足惑人聽聞，亦所不免〔八〇〕。若因之多立章程，流弊愈甚。』上問曰：『直省物價已騰貴否？』對曰：『收三成大錢之謄黄初張，物價實已漸長，直省〔八一〕錢糧舊章，似未可輕改。』『若不早定畫一章程，必多觀望』，『陽奉陰違，諸弊叢生』，『臣實不敢一字欺蒙』。上頷之，遂退出。見大農翁協揆、少農沈公兆霖、樞庭穆公蔭，敬述之，屬其力持此議。至山東，復寄書直省錢方伯炘和。適譚公廷襄新爲直督，知先生此論，陛見時與諸邸會議，遂得停止『收三成大錢』之議。

三月初八日，至山東布政使任。

先生入覲，往返皆自備車輛，牌示沿途州縣無送酒席。歸途訪明良鄉，有工房書吏藉差擾民，遂函告新任臬司究明懲辦。

故事新官到任,厨饌未具,首縣供應三日,先生禁無用酒席,只收尋常飯菜。庫吏循俗例送鋪堂禮,禁止之。明示不准州縣與門包,署内一概公事不准親丁、戚友過問,亦不准與州縣官接見往來。歷任管庫必派親丁、朋友各一人,先生止派家丁二名,以專責成,如誤照例懲辦。賬房日用銀錢,不准折扣,量入爲出,陋規概行禁止。各州縣錢糧數目,飭吏開具批解清摺,以時考其勤惰。候補府州縣及佐雜,飭吏開明先後到省日期,以及正途、雜途,細注其下,以杜書吏蒙混之弊。書吏及署内上下人等出入,派親信家丁司啟閉,登號簿,每夜呈閲。每日辰、巳專辦錢漕公事,午後專辦各屬升遷、調署等事,公餘則讀書。時時留心人才,又致書各府,令開具各屬考語,以證所見之同異。時鈔票已行,又奉部議行使大錢,先生謂『上無益於國,下不便於民』,詳請奏明停止。又奉部議海口立局加抽釐捐,以不便民不肯立。後任委員收捐,果不便,致興訟,卒不行。桂林朱伯韓觀察琦過訪,有與先生書曰:『擔荷時艱,必先簡用良吏。近時民生憔悴,吏治頽惰,一二才能思振之,不免罷精文案,獨先生洞明大體,以簡賢選能,扶翼良吏爲心,宏此遠謨,天下之清可竢。』又曰:『「同不害正,異不傷物」,「太和爲之表,至心爲之内」,先生有焉。』

是月十六日,奉旨署理山東巡撫。七月,回布政使任。

時巡撫陛見故也。俗例接巡撫任者,鹽運司必致送。陋規,先生卻之。亦不入撫署,撫幕束脩皆自捐送。整頓公事,務持大體,不瑣碎。七月回任,時山東有餘勇口糧一項,係前巡撫李公奏准開銷之款,請領時向有折扣。先生明示不准折扣緑營兵弁口糧,奏明不用銀票,兵弁盡得實銀,勇氣百倍。錢漕減去火耗,嚴札加函催提,不派委員,屬吏感之,掃數全解。是時軍需浩繁,賴以協濟各省。時粤賊據江

南，山東與淮、徐接壤，先生擇用精幹有智略之牧令，分布邊境要害。又有湖團，多係被黄水客民聚居開種湖中汙地，因自爲團，以防賊匪之擾。先生委員監之，不肯升科，第收其湖團之用捍禦外賊之入，且以省兵勇防堵之費，由此境内安静異常。先生去後，大府改章，操切過甚，遂大亂。

先生時以保全良吏爲心。有黄良楷者，爲濟東道。爲人伉直，巡撫忌之，奏令帶兵出省防堵。先生再三爲求多與糧餉，每月如數早解，令其士飽馬騰，軍民相安，可以捍禦外賊，亦可以免參劾，果得其力，邊境平静。

是年有答宗誠論學書〔八二〕。

宗誠久慕先生。時避亂山中，因方魯生出游山東，上書以所著俟命録及雜文就正。先生復書略曰：『某生處僻陋〔八三〕，學無〔八四〕師友，只以素〔八五〕性淡泊，不邇〔八六〕聲利，遂妄有意於没世之名，而未知所致力。繼讀朱子之書，知所謂名與利雖有清濁之殊，其爲利心則一，故更以近名爲大戒。因取朱子「論是非不計利害」之語，私鐫一印章以自警。此則〔八七〕生平所以不致見棄於君子者，祇此時自檢點〔八八〕之一念而已。惟自審所學，未足見諸推行，故不敢馳騖於外，而視世之群詫爲才者，亦竊病其無本，而多近浮囂也。竊〔八九〕謂天下〔九〇〕無無體之用，亦無無用之體。有用而無體，其用只爲浮僞〔九一〕；有體而無用，其體必多缺陷。知體用一源，則所當致力者，宜知所先後矣。』奈『踐行不力，初無實得』，『尚將繼此而奉大教，以共砥礪於修途。幸甚〔九二〕』。（是書措修集編次於戊午，誤也。）

八年戊午〔一八五八〕，先生年六十六歲。

有與倭公艮峰、曾公滌生、竇公蘭泉諸書。

先生在山東時，巡撫及臬司、首府縣皆通同一氣，通省、州、縣皆各大府門生，惟先生孤立其間，雖皆有所顧忌，而諸多掣肘，不能大行其志，時事艱難，未能引退，惟寓守正不阿之道於温恭坦易之中，冀稍有補於時而已。時艮峰先生爲盛京侍郎、奉天府尹，致先生書，言仕風之敝，并論居敬窮理之功，仁義之相爲體用。先生答曰：『仕風之敝』，東省亦然，『錮習日深，全由人心陷溺，非振聾啟聵，直從人心挽回，先能激發其愧恥之隱，恐終無望於轉移耳〔九三〕。某自愧誠不能動物，牽制甚多，惟是坦懷相示，存與人爲善之心，開以自新之路，而兼聽并觀，不敢一毫自是，不敢一念忿激，諄諄告誡，猶復狃於故習，然後去其太甚，庶幾有所勸懲而共奮於功名之路耳。然不能自踐其〔九四〕言，實只虛願也』。又曰：『後世人心陷溺之深，皆由「利」之一字中之耳〔九五〕，其受病之淺深，即爲人品之高下所由判。苟不能將此根株拔除凈盡，恐立腳終不堅牢，雖平日砥礪名節，講求經濟』，『識者固早卜其智淺力薄，難期負荷艱鉅，不待猝臨事變而後知其不足恃也』。此『由夙昔〔九六〕立心制行，於「義」字界限，决擇不精，持守不力，其心髓中隱爲「利」字所奪，遂不覺浸淫以至此耳，可懼之甚也。況名與利雖有〔九七〕清濁之分〔九八〕，而其爲利之心則一。今之陷於利者，人或知戒；而以名罔利者，人鮮知戒。至談明體達用之學，而存急功近名之心，則人并不知其爲可戒，學者不先打破此關，恐此生實無駐足之地矣』。時曾公丁内外艱家居，奉旨奪情勦賊。曾公既堅辭，又以書問先生，先生曰：出與不出，當觀所繫之重輕。又曰：『近日根本之地，窘迫異常。所謂救時之策，大抵皆朝不謀夕之計，而外間吏治之壞，人心陷溺之深，舉廉恥之防而共潰决之，反安之，爲固然。』『若不能振聾啟聵，從人心轉移，正無望於挽回〔九九〕阨運也。只此張皇補苴，恐終不能以有所濟耳〔一〇〇〕。』竇公避滇中亂至蜀，以書責先生既不能大行其道，即不當依違遷就，先生答

書略曰：『素位之道，隨時變易，要在能不失其所守〔一〇一〕而已，此精義之學，非可假借以〔一〇二〕自恕也。』『某自壬子出守河間，自度不能有補於時，故預爲引退計，先送〔一〇三〕家屬南歸，而〔一〇四〕獨身赴任』。旋因『逆匪竄入〔一〇五〕轄境，困守危城，已不敢存苟免之心；繼膺進擢，復奉命留駐河間防堵，遂無可退之義矣。迨乙卯春，直省軍務告竣，而家鄉屢遭殘破，道途梗塞，難作歸計；縱使得歸，仍必在籍勸捐辦團；而時勢日艱，事權不一，不過束手待盡，徒死無益，則又勢處於不可退矣。繼則鄉里人民十存一二，或合族顛覆。丙辰冬月，家口始得逃出，兩叔母率諸弟七房親丁數十，流離轉徙，陸續來至東省〔一〇六〕，迄今尚多有未能避出者，但得營救一生存，即多保全一骨肉，而族戚中之或死於饑、或死於病，爲力所不能及者，乃不能不付之於數耳。此似不得比於所識之窮乏而忍膜視之〔一〇七〕也』。『程子云「爲親爲己，只是一事〔一〇八〕」，則見〔一〇九〕在所處之地不容誣矣。前者目擊都中鈔票大錢之弊，寖至物力凋敝，人不聊生，故初蒞東省即奏停鈔票。且幸未行使大錢，未設鈔票官，店民得安業。今復奉海口抽釐加税部文，鄙意徒增騷擾，損下而不能益上，如勢不能止，當以去就爭〔一一〇〕之，不欲自我開厲民之端也。足下以「依違遷就爲今日大病」，是則然矣。思免此病，惟有潔身不出而已。然「不仕無義」，亦非常道也。試思生今之世，一入仕途，無論内外尊卑，其束於條例，困於積習，舉足即相牽制，又何時不在依違遷就中哉？明道先生〔一一一〕當法令繁密之際，未嘗爲應文逃責之事，而亦不病其拘礙，是即處末俗之義也。但此中分寸，辨之宜精界限〔一一二〕，守之宜嚴』。『自問不敢枉己徇人而已』。又曰：『精義之學，在勿忘勿助之間。先難後獲，正不得著意安排，亦無庸出處歧視也。』時又有答王子潔〔一一三〕、江荀璞〔一一四〕、沈舜卿〔一一五〕、宋雪帆〔一一六〕、陳壽卿〔一一七〕、李竹朋〔一一八〕、何圓溪〔一一九〕、李肖

良〔一二〇〕諸書。又有與張魁五軍門書〔一二一〕，論天津夷務當立界限。與大司農公書，論鈔票之弊，以爲『錢糧所收之票，并非出自小民，無非胥吏包攬州縣自爲購買搭解，在小民，初無絲毫之利，而司庫歲〔一二二〕少三十餘萬銀濟用已〔擬〕詳請中丞〔將現在情形據實〕入奏，〔自明年上忙〕停止用票〔將〕錢糧改收實銀〔交部〕。能邀議准，則部餉、兵餉皆可籌解，實銀盡歸實用，内外俱有裨益』。

先生官山東、直隸時，官場積習，往往求都中要人致書乞恩者。先生一秉大公，嘗云：『天理中之人情可許，天理外之人情不可徇也。』又曰：『好惡不可稍溢一分。若治一事而有因人加嚴之意，所守雖正而用心則私，故當許則許，不當許者直言以復之，亦不因彼干求而加惡也。』常愛陸清獻『處處要樹立一界限，事事要斟酌一分寸』二語。

與方魯生論心性之辨。

魯生，桐城人，名潛。不求進取，留心爲己之學。在山東濮州教讀。前年〔一二三〕，寄所著心述〔一二四〕七〔一二五〕册就正，大旨欲滙三教爲一。先生謂其『心精力果』，足以鼓動後學，殊覺可畏。既憫其陷溺之深，復懼其流毒之遠，因答書微見其意。彼此發難，往來辨論，因得窺陸、王之學，全是佛氏之旨，而佛氏之精微，實與吾儒相去一間，特此一間之隔，實有霄壤之分，『所謂彌近理而大亂真也』。方君真有得於禪學，有得於陸、王，其不可及處，在必求自得。書十數往反〔一二六〕，而後豁然大悟，直覺儒、釋之所以同與所以異，復著性述一編，剖析疑似，較然不惑。嗣兩次來訪，先生留居月餘，始知彼前此之弊，祇是徑趨上達，而遺棄下學耳，然於大本大原，實窺見仿佛，故先生極力挽回之，其書有曰：『儒與釋實冰炭之不可同器，儒以理爲形而上者，釋以神爲形而上者，乃彼此本原之所在。』又曰：『老惟虛

靜，故薄禮義；佛惟寂滅，故棄倫常。有是心斯有是事，正不得闢其事而反取其心。』又曰：『篤守程、朱者，必不假借於陸、王；而尊〔一二七〕信陸、王者，每欲附託於程、朱。』又曰：『性體雖屬渾淪，而其中自有條理。』又曰：『覺者氣之靈也，智者理之貞也，不可以覺爲智。』又曰：『性具於心，惟心虛靈，則性昭著。在性，固非得此明覺者無以妙其用，然必此心循乎理而不違，而後所得於天以生者不失，乃可謂之明德，不可以明覺爲明德也。』又曰：『虛靈不昧，正以心言所具之理乃爲性，非可以虛靈不昧者爲性也〔一二八〕。夫性與心原不相離，非心之虛靈亦〔一二九〕無以妙性之用而應萬事〔一三〇〕。若竟認氣爲理，認心爲性，則誤矣。』又曰：『昔人謂，佛氏有見於心無見於性。吾則謂，彼既無見於性，即所謂有見於心者，實未見其全也。』『夫心，櫝也。性，珠也。彼既舍性以言心，則所見僅靈明之妙耳，空而無實者也。使誠洞澈心性之源，將一言心而性即寓焉，未有舍性而可言心者。』『彼知有人心而不知有道心，徒守其昭昭靈靈者而作弄之，正自利之私也。其欲去人欲，乃并天理而去之，則所得適爲人欲矣，豈得同於至誠之無私哉？』又曰：『言無意不如言誠意，言明心不如言正心。』又曰：『中庸盡人合天之學，在「至誠無息」；易傳示人法天之學，在「自强不息」，特患人未能由「不息」以漸至「無息」耳。苟反諸身不誠，是不能以思誠自强求盡其心，即使窺見心體之全量，亦知及而仁不能守〔一三一〕，究何與於「知至」「知終」之數哉？』又曰：『一部中庸，窮神極化，惟是在人生日用上做工夫，即盡性至命與天地參，亦是生前實驗，初無一語及於「心無生滅」之旨』，『願姑置此語於不論，且各人自循下學之功，以求至於〔一三二〕人欲净盡，天理流行，隨處充滿，無少欠缺境地，當自有默契處』。又曰：『吾人立言，總使中人可以勉强企及，而無〔一三三〕使初學滋惑，庶爲無弊。』又曰：『吾人立言，必使學者當下工夫有可用力處，方於人、己

兩有所裨。若論雖高妙，而實使人措其心於渺茫空虛無所歸宿之地，未有不反將眼前切實踐履放過也。』又曰：『講明者，乃踐履所資，然必身親踐履而後所講明，方不落空。彼此所見未合，必有毫釐之差，徒事競辨，無由强合也。盍亦各求之踐履之際，庶終有豁然貫通之日乎？』反復辨論二十餘書，大約先辨其『心即理也』之謬，後辨其『心無生死』之説。先生生平不空談心性，亦從不與人辨論學術，此特因魯生之問難，爲之講明焉耳。

校閲倭艮峰先生日記

艮峰先生始猶認太極爲獨偏於静，先生云：『太極静而體立，固爲未發之中而動而用，行即爲中節之和；其發而善，正由本體無不善，所謂體用一源也。若認太極爲獨偏於静，未免〔一三四〕分體用爲兩橛，而别有所謂本體之善〔一三五〕矣。』又曰：『言〔一三六〕主静，亦〔一三七〕必以敬爲工夫，敬則自静也。故朱子特〔一三八〕於太極圖説註中補出「敬」字，其慮深矣。』又曰：『敬貫動静，即全體工夫。』共訂正十有八條。

秋充鄉試提調。

十二月初一日，葉夫人卒。

葉夫人孝敬仁慈，勤儉整肅，居平喜讀小學，一言一動，皆合禮法。前由京師回籍葬親，至丙辰霍山大亂，無地可避，始挈家於十月十三日至直隸臬署。七年三月十八日，復至山東。途中一切自備，入城，各州縣尚不覺也。在署中，衣食如居山鄉。卒後，先生不受屬吏奠禮，出殯不用一切浮文。時安徽未復，不能歸葬，遂權厝於諸城仉林。

九年己未〔一八五九〕，先生年六十七歲。

夏，禱雨。秋，充鄉試提調。

山東自黄河改道，加以粵逆之擾，物力凋耗。先生整飭吏治，剔除弊政，在任三年，時和年豐。是年春雨少，夏旱，先生步禱數日，沛然大雨，闔境安恬。

先生雖能詩，而恥以詩名。外任後絶筆不爲詩，巡撫賦喜雨詩三十韻，盡押三肴中險韻，屬道州何子貞編修和之。編修素以詩名，時主濼源書院講席，屬先生同和。初不知先生能詩也，見先生所和，大奇之。於是復用前韻，至再至三，欲勝先生，而卒不可勝，始大服。又怪問先生：『如此好詩，何以在京中全無人知？且必常作，何以不告也？』先生曰：『是何足言？且實不常作也。此不過不得已而奉和耳。』

先生自治雖嚴，而待人則恕。兩爲鄉試提調，一切供應由藩司發款，皆有定章，委員採買各物，皆有贏餘，先生照向章發給，毫不折扣。採買回，向例必送藩司一分，先生亦不准。每辦鄉試一次，藩司有贏餘銀二萬兩，先生亦絲毫不取，仍存司庫。

先生取與，一毫不苟。官山東時，有屬吏送吕新吾集，版本極佳，先生卻之，曰：『此投予之所好也，不可開此迎合之漸。』然待人則仁厚異常。官直隸、山東時，適值安徽大亂，凡士子避亂北來者，先生必爲安置，或資給之，初不形於言色。

洪琴西、何子永、涂朗軒及宗誠先後至署，先生公暇即爲講論實學。

先是丁巳夏先生以書招宗誠教讀，是年二月十五日始至。子永，名慎修，南陵舉人。朗軒，名宗瀛，六安舉人，前在京師久從先生問學者，至是因避亂，挈眷來依。先生命余教其二孫：長兆張，即朗軒女壻也；次兆學，即子永女壻也。先生日間公事畢，從容讀書自若。每晚必至書齋講論，或即與予對案讀書，至二鼓後始就寢。子永、朗軒寓城外，間數日必來會講。洪琴西，名汝奎，涇縣舉人，在都中亦嘗從先生游，以會試過東省，講問十餘日而去。方魯生，時主膠西書院講席，八月亦來署，講論月餘。

辨正宗誠輔仁録、志學録、俟命録。

宗誠以所著就正，先生有書輔仁録（一三九）三條，書志學録（一四〇）七條，書俟命録（一四一）四條，皆辨析精微之言。

辨正楊剛齋條辨、竇蘭泉小學序。

剛齋與蘭泉講學於蜀，寄以請正，先生有書楊剛齋條辨竇蘭泉小學序後（一四二）一篇。

九月初六日，奉旨降補直隸按察使。十月六日，至直隸任按察使事。

時肅順管理户部，以爲山東藩司所辦歷前任奏銷事不實，劾奏降級。或謂不辨者無事，代辨者被劾，屬先生請巡撫奏明，先生笑曰：『是非當内省於心，外付諸公論耳，可自辨耶？』上知先生清廉，令無庸陛見即赴新任，遂行。途中車馬仍自備，禁州縣迎送，無得妄費；家屬隨後至直，仍不令州縣知也。

先生氣象，簡重寬宏，從容不迫，終身無疾言遽色，雖有逆境，處之如平常。在山東，上下不能盡合己志，先生素位而行，積誠相感，從無一言歸咎於人，即與家人父子、至交密友，亦無一語道及上下僚友之過。至是，一見邸鈔降調，即换頂戴，凡楹聯中有『方伯』稱謂，盡撤去之。次日，巡撫來見，大詫異，

謂：『尚未奉到明文，何爲急换頂戴？』先生曰：『邸鈔斷不誤也。』途中與宗誠偕行，在輿則讀書，早晚舍館接見州縣後，即與宗誠講論，一切無異平時。至保定，寓古蓮池。接篆後，除上院會客而外，即日提招解案審訊，不待進署然後過堂，深恐積壓累民也。先是，僧忠親王辦海防，飭山東沿河州縣，採買大柏樹、椿數千株，而尺寸不符，州縣皆將被劾。先生知沿河州縣實無大木可買，非州縣之罪也，因自請議處，願爲州縣受過，忠親王意乃解。

先生在官，一日必了結一日之事，以故遇升擢降調，被命即行。

與何子永書〔一四三〕論學。

時子永客濰縣，先生與書略曰：『平日讀書窮理，且〔一四四〕尤必以涵養爲要。蓋涵養者，變化氣質之方也。學者窮理而不涵養，則所講求之理不爲我有。居恒〔一四五〕論説雖極詳明，及至〔一四六〕用時每難相副，其或離或合〔一四七〕，仍不外氣質用事而已。』又有與李肖良書〔一四八〕曰：仕途之始，以『擇交其〔一四九〕首』；『盡職其〔一五〇〕要，而尤以淡泊明志爲本。平日致謹於進退取與之間，以自養其〔一五一〕廉恥，且必〔一五二〕愛惜分陰，專心讀書以明〔一五三〕理，反躬實踐以畜德，内外交養，知行并進，久之不懈，自然體立而用行矣』。

是年，又有與曾公三書〔一五四〕、答邵位西書〔一五五〕。又因宗誠請，作召見恭紀、陛見恭紀、書陸小雅宋刻蘭亭後〔一五六〕、書姚惜抱范蠡論後〔一五七〕四文。

十年庚申〔一八六〇〕，先生年六十八歲。

三月，赴張家口會同副都統審案。

先生早思告退，無以爲歸。是春，因前署山東巡撫三月餘，部議派各任攤賠勇糧一款，需攤銀三千六百餘兩，又派捐海防軍需一千兩，不得不藉養廉以爲彌補。三月，口北道某，勸捐過激，商民鼓譟，致受傷。總督奏聞，奉上諭令先生會同副都統審辦。先生至，明訪暗察，不數日弋獲十餘人。有某道，所用玉器、火刀鐮爲據，歷歷供明，副都統不肯復審，節次推諉，必須捐足四萬兩然後復審。先生忠信孚於民商，民立捐四萬兩，都統猶復延宕，許至中秋後覆訊。未幾，因犯越獄矣。當時拏獲十餘人，請都統入奏，不肯會銜，先生單銜具奏，自請議處，然後奏結。

先生有與宗誠書〔一五八〕云：『張家口查辦事件，適處其難，都統操守既好，公事亦明白，惟有廉正自喜，才能自負之意。某自在京爲司官及涖任山左直省〔一五九〕，尚有人知者，幸不爲其鄙棄。且凡事推功讓能，開誠布公，坦懷相與，尤爲其所器〔一六〇〕重。』『惟其案已經某問定，伊不肯因人成事，故多方駮難，既不能爲〔一六一〕翻案文章，又不能别開生面，遂〔一六二〕爲此延宕日月之計』。『某增此番閱歷，又知人情萬有不齊，無非氣質之難化，而在我之誠不能動物，固難取必於立談之際』也。

時天津海防决裂，省城震驚，先生有責兆張書〔一六三〕曰：『常時讀書，在變時用，如何「生死有命」四字，全信不及。大局既壞，關乎世運，豈一人一身之計〔一六四〕？我既〔一六五〕是見〔一六六〕任官，豈有妄動之理？』『總是自己先亂，故外寇得入』，『惟守定義所當爲，乃〔一六七〕爲盡人事，不得以私心趨避爲盡人事』。

先生度居庸關，有詩〔一六八〕。

八月，宗誠爲先生編拙修集成。

先生與宗誠書〔一六九〕論學。

先生自少好學窮理，務求躬行心得，不事著述。往在京師，間有劄記及讀書記疑，皆隨手日録，或批於所讀書之上方；其他與友人論學、論事諸書，皆因事因人而發，間有存稿，不自收拾。宗誠授讀之餘，遍讀先生所藏諸書，因鈔録之，并搜尋先生手書草稿，編爲十卷，寄呈先生。適曾公以書招宗誠南歸，先生自張家口至書宗誠曰：『每念近世人心，得先生之砥節礪行，束脩自飭，宜足以振勵末俗矣。然私謂先生不爲無用之學，凡事必求能見諸施行，但恐體未立而先求用，行己未成而先求及物，每臨事斷理，必非明睿所照而極力探索而得。既由探索，必入計較；計較深，則利害明而權術生，方以吾之急求濟事乃仁心也，則心地工夫，恐不免易於自恕矣。某之守定朱子「論是非不論〔一七〇〕利害」一語者，竊謂處季世末俗，惟此語真能截斷衆流，其拙法只是以「志士不忘在溝壑」劄〔一七一〕定脚跟，再以「勇士不忘喪其元」爲進境，必充之至「行一不義、殺一不辜而得天下不爲」，方爲能盡得〔一七二〕朱子一語分量。惟窮理克己，銖積寸累，以終吾身而已。良金美玉，乃天下之寶，必當與天下共寶之。蓋〔一七三〕金不經鎔冶，則無以去渣滓而成爲精金；玉不經攻錯，則無以去瑕疵而成爲美玉。某之愛重先生之才，而思有以效其親慕之心，亦若是而已。昔朱子論范文正之取人，非僅尚德，兼能取才，此規模所爲宏遠也。竊謂用人與相士異，相士與取友尤異。蓋用人在節取，故使貪使詐，愈見其大；而相士在得真，故觀由察安，不厭求詳。若以節取之心相士，則所得不過跅弛不羈之士，非可以得當世非常之士。至取友以輔吾仁，舍「道義」二字不足語此。倘藉口文正之宏遠，而以節取爲格外之優容，竊病其居心不厚而視友道太薄矣。往者嘗〔一七四〕見石他山評駁俟命録中「自叙」一則〔一七五〕，譏彈之語頗覺近誣，而〔一七六〕先生當

日〔一七七〕受之不辨，且往謝焉，心竊以爲有古人之風。蓋能受過者，正不必分疏是非，道義本自無窮，徙義日新者，固宜如斯〔一七八〕也。某性迂直』，『尚祈反覆以盡相與之義』。宗誠侍先生兩年，無日不受甄陶之益。至明年正月八日，始啟行南旋。

九月，至古北口督辦兵差、文報、糧臺。十月，回署。

先是，八月八日，文宗巡幸木蘭，古北口爲入熱河大道，總督帶兵萬餘駐紮，王公大臣赴行在者絡繹不絕，故奏派先生往辦糧臺。初五日起程。十月，總督奏調藩司至天津會辦通商事宜，因奏令先生回省彈壓巡防。先生自往張家口、古北口，皆自備資斧，毫不使州縣供應。藩司以先生辦理糧臺，例應支銷正款，解銀千兩與之。先生歸，除古北口火食車價，仍存八百餘兩，繳還藩庫；其張家口來往食用，仍自備，不絲毫假借也。

與曾公及胡宮保書〔一七九〕言兵事。

時曾、胡二公進兵安徽，先生與曾公書略云：『此日大軍所臨，正宜爲得尺得寸之計，收復一城，必謀所以善其後以固根本，然後再圖進取。』又深稱曾公『近不課功效之多寡〔一八〇〕，但課每日之勤惰』二語。與胡公書略曰：『古今能成大功大名者，必不急功近名，惟能將急功近名之心消除净盡，而後其功名之成就必更光明俊偉，非復漢唐以下之人物規模所可擬矣。』近日讀滌生先生來書，『深喜其客氣消除，有不求近功之意，竊服其學問以閱歷而進，且卜其將來足任艱鉅，事功所成者必遠大也』。又極稱胡公『爲生民〔一八一〕培元氣，爲斯世養人才』，深得出治之本〔一八二〕。

是年，又有寄應塤侄二書〔一八三〕、從子應藩字説、長孫兆張字説、次孫兆學字説。

十一年辛酉〔一八六一〕，先生年六十九歲。

有與曾公論根本書〔一八四〕。

是年七月，文宗升遐，穆宗方沖齡，先生憂念時艱，寢食不安。九月二十九日，兩宫聖駕恭奉梓宫抵京。三十日，拏問怡王、鄭王及肅順。初六日，分别正罪，邪黨盡行查辦，敗裂以去，天下人心稱快。御史董元醇疏請太后垂簾，添派親王輔政，揀選大臣爲師傅，先生喜曰：『此誠中興之氣象也。』因致書曾公，『乞特上一疏，專保艮峰倭公爲師傅〔一八五〕，以固根本』，以爲『萬不可放過此關』。某『卧病未愈，每伏枕合目，即夢與閣下陳論此事，且一日數次也』。又嘗謂『用人行政，要以君心爲本；欲格君心而培養元德，要以師傅爲第一義，非第一人不足以當斯任〔一八六〕』。『此乃根本之地，不容稍有夾雜。即師傅之學問心性，不容稍有假借，庶不致别留病根。惟艮峰先生〔一八七〕之學，以誠爲本，工夫一以慎獨爲歸，其積誠必足以格正〔一八八〕君心，而杜漸防微，必能預絶非幾，而且力破功利之漸，其用處必不致或滋流弊』。

與宗誠書〔一八九〕論學。

是年正月，宗誠南旋，爲捻匪阻於中州，嚴渭春中丞留司幕府章奏。仍與先生書論學，先生復書曰：『屢承開示以某守得太謹，非不思自改其短，但限於氣質非能驟化也。程子曰〔一九〇〕：「若有所得，須放開，不然只是守〔一九一〕。」朱子解云：真有得，自然放開〔一九二〕。深以上蔡之意在「放開」爲有病。蓋學至充實，始有光輝。其守之隘，正是未能充實耳；當求之於充實，不能求之於光輝也。若不致

力於充實,遽欲勉强放開,竊恐未能展拓或先失其所守矣。大抵人之氣質各有所偏,鮮能合於中和。先生得仁之氣爲多,故心熱情厚,或偏於慈,似宜衷之於義。某得義之氣較多,故心冷情淡,或失於嚴,似宜充之以仁。』某『志大才疏』,『幼讀程、朱之書,知君臣朋友之倫皆關吾性分,故〔一九三〕不敢寄情物外。且深知性分至實,故信性之爲體不容參以虚無,而辨之極嚴。亦深知必體立而後用行,故於日用酬應之際,凡稍涉干求,稍近名利,不敢開枉尺直尋之漸,寧失之隘,而不敢或寬;寧失於迂,而不敢或巧。非不知推行不去,然既無明道先生本領,不爲應文逃責之事,而於世俗條例初無窒礙,只得謹守規矩,還吾本色而已。蓋欲以明德爲體,而不矜語靈明;以新民爲用,而不馳騖管、商。志非不大矣,而未至充實,則無光輝,未能體信,故難達順,此才所以疏而鮮實用也,實非守之太謹之過也』,『亦惟窮理修身,或求進於旦暮焉耳』。

是年,與宗誠有七書〔一九四〕。

答蘇菊邨問學書〔一九五〕。

菊邨名源生,河南鄢陵拔貢生,篤行好學,以所著中州文徵、大學臆説就正,先生有二書答之。又有書大學臆説明德條後〔一九六〕二則,書中州文徵獨知説證獨説後〔一九七〕二則,皆剖析理氣心性之辨。菊邨爲先生校訂拙修集數則,先生亦服膺之。

西華于錦堂來問學。

錦堂字絅齋,河南陳州府西華縣諸生,少好正學。嘗學於河内李文清公,以爲未足也。宗誠客河南撫署,錦堂過訪論學,頗相契。欲往盛京見艮峰先生,宗誠告以先生之學即艮峰之學也,錦堂遂負笈徒

步千餘里見先生。先生時甚病，一見，病若失，遂留與講論一月，嘗稱其『篤行好學，勇於任道』。在署日讀朱子書，得證所疑，頗收切磋之益。

是年，河南巡撫嚴公樹森特疏薦先生。

嚴公前年爲湖北按察使，聞巡撫胡公林翼道先生之賢，陛見時特謁先生於保定，退而歎曰：『真大賢也。擬諸形容，真有孟子所謂「仁義禮智根於心。其生色也，睟然見於面，盎於背，施於四體(一九八)，四體不言而喻」之氣象乎。又真有子夏所謂「望之儼然，即之也温，聽其言也厲」之氣象乎。』及爲河南巡撫，先疏薦之，欲與同事。既因疊奉諭旨求賢，乃特疏以先生及鄭公敦謹，薦稱先生『誠慤無僞，方正不阿，深識遠謀，有爲有守。前在山東藩司任内，奉公潔己，不染一塵，清正之聲，至今載道。是其德行聞望，早已孚信於衆人；其清節亮貞，又可挽回乎風氣。若畀以節鉞，使治安静之區，整頓地方，培養元氣，行見綱舉目張，民安吏懾，實足以保全完善，漸致富强』。是時山、陝完善之地，巡撫皆不得人，嚴公慮其釀亂，故薦先生與鄭公也。時左都御史羅公惇衍，亦疏薦先生『爲清官之首』云。

同治元年壬戌〔一八六二〕，先生年七十歲。

正月，調授山東按察使。

先生去直隸時，僚屬知先生負債且無川資，欲餽贐而不敢言。先生以署中用餘米、炭抵債主，仍自備車價以行。時東省大亂之後，殘破五十餘州縣，餘匪未净，兖、沂一帶，匪徒出没，各州縣戒嚴，秋審展限，人犯停解，案牘清簡。先生惟加意巡防，稽察姦宄；養廉及辦公費俱減成，僅足與刑名幕友束脩，署

中幾有在陳之厄，先生讀書不倦，口不言貧，惟加節省而已。聞上召用艮峰倭公爲師傅，居宏德殿，先生喜動顔色，每逢自京來者，必諄諄垂詢聖學何如，以爲憂喜。

與艮峰倭公書〔一九九〕論學。

其略曰：『近日朝政清明，首登進先生及李文園先生於左右，以爲培植根本，大計具見，一旦得行其所學，以爲啟沃之資，知必有以大慰天下仰望之至願，而不僅收效於旦夕間矣。尚冀益懋純修，積誠感格，以副夙昔相期許之私忱。』又曰：『學問不外「知行」兩字，而知必以知性爲至，行必以復性爲歸，不由格致，何能知性？不能知性而言復性，雖躬行實踐，其本原必不能無毫釐之差而終致千里之謬。』先生嘗謂艮峰始由王學入手，後來確守程、朱『居敬』『窮理』之訓二十年。讀其日記〔二〇〇〕有云：『學術當恪守程、朱，以外皆旁蹊小徑，不可學也。』又云：『天下未嘗無人〔二〇一〕，待朝廷大氣轉移之。大氣謂何？誠而已矣。』又曰：『後人以姚江爲有用之道學，此功利之見也。詭遇獲禽而以爲良工，何以異是？』其言如此，是其本體無少夾雜，其用處必能破除功利之見，誠豪傑之士也。

與曾公書〔二〇二〕論學。

其略曰：『近奉來字，知破竹之勢已成〔二〇三〕，東南半壁，可企指日肅清，天下幸甚。』『閣下位愈高而心愈下，功日大而心日小。』『危懼難安之心，形諸寤〔二〇四〕寐，此古大臣憂勤惕厲之真心，誠「吾無間然」矣。』『竊念閣下受倚畀之重，凡有進退，必以閣下之所獎拔爲向背，是天下安危，一方得失，即係閣下之片言，於此欲以副天下之責望，正未易易。』『以某迂見，謂處此無他，亦惟尊賢取友，以誠其身，而居敬窮理，以清其好惡之源而已。大學之「一個臣」好賢能容，非徒養休休之度，而必歸之能惡以成其能好

之，仁人非徒有舉而無効也。朱子謂仁者無私，然後好惡當於理〔二〇五〕，特無人欲之私易，而無天理之私難，是不得恃聰明之、用生質之美而不深之以學也。不深以學，未免氣質用事。凡氣節、文章、經濟一有偏重，即有所蔽，而有時流於不自覺，是即天理中之私也。誠無私而當理，又何難舉一人而天下勸，効一人而天下懲哉？所謂取人以身也。抑又有進者，凡求賢必能以身下之，毋曰聊儲以備國家之驅策而已〔二〇六〕；必先取以輔吾仁以成吾德，斯大德、大才之賢，出而擇之自精，用之自當，而神於器使矣。』又曰：『欲挽回世運，正在一「學」字，且無人而〔二〇七〕不宜學也。君非學無以爲出治之本，宜急謀選師傅，以培養君德；臣非學無以爲撥亂之本，又願閣下益懋所學，以期「正己〔而〕物正〔二〇八〕」，想同此志也。來諭謂都中景象日益清明』，『誠爲至論。某則謂天下如人一身，必血脈貫注，斯百體從令。朝廷乃腹心之地，有一絲之血脈不流行，將手足即有偏廢不運之虞』。『非急得一二見微知著、洞悉治本之士，以資朝夕贊襄，恐内外之氣脈猶未流通，幽隱之事機猶虞否塞』。『至南中收復之地方』，『似宜選〔二〇九〕擇潔己愛民、安静勿擾之吏，與民休息』。

與洪琴西書〔二一〇〕論學。

其略曰：『承諭「頹波難挽，人材不振」，誠〔二一一〕有慨乎其言。竊謂世運之轉移在人材，而人材之奮興關乎風俗，風俗之盛衰係乎人心，人心之邪正由於學術，此學不明，固無望人心之興起而天心之來復也。朱子云凡事有本末，救之於其本，雖若迂緩而實易爲力；救之於其末，雖若切近而實難爲功。此理先須見得到，又須信得及，尤須守得定。每與艮峰先生縱言及〔二一二〕此，未嘗不同發一長太息也。平居講學，要當以絶利一源爲先務，必由淺而深，由粗而精，充類至盡，始爲究竟。名與利雖有清濁之

分,其實亦利也。正誼而謀利,明道而計功,亦利也。利之根株不斷,則體無由立,惟不能先難後獲,斯趨捷徑而依歸陸、王者,利心也。利之萌芽不絶,則用無由行,惟不能不急功近名,斯尚權術而效法管、商者,利心也。此孟子一生,忍飢受餓,只守得不肯枉尺直尋之界,而後人反以枉尺直尋爲根本,豈不可嘆?吾人學無根柢,倏至事權已加,固不能以學未至而不應,亦祇以吾力之所能及者盡心爲之,然要必大本大原之道懸置心目之間,凡事一折衷於義而不敢放過,尤必〔二一三〕尊賢取友以勤攻吾短,庶或收集思廣益之驗。若放過一步界限,即於事不能徼倖有濟。』『今時内外上下,非無美質,只是氣質用事,而所少者學耳。足下既〔二一四〕與朗軒同志相契〔二一五〕,尚祈共相砥礪於修途〔二一六〕,而於居敬窮理益加之意焉。』又書曰:『某學本迂疏,於當今群材奮興之時無能爲役,惟疏遠愚忱,耿耿不昧。』『前此以中興之機,必以慎選師傅、養成君德爲根本第一義〔二一七〕,謂非艮峰先生莫稱斯任』,『今幸如願』。『又以爲更須精擇左右』,『非得一二見微知著、通達治體之士,日資贊襄,則中外之氣不能流通,幽隱猶多否塞,未有不先正本根而能風動四方者,似亦不得以老生常談視之也』。

是年有與宗誠三書〔二一八〕。謂:『某得聞惟温尋〔二一九〕舊業,玩味「四書註」,兼及五經。亦時與魯生先生〔二二〇〕有講論之樂。』緣是年延魯生課孫也。

又有書朱魯岑集後一文,答李肖良〔二二一〕一書。

二年癸亥〔一八六三〕,先生年七十一歲。

二月,授大理寺卿。

先生久思告退，始以降調直臬不應告退；繼因攤賠勇糧，無力彌補，後以文宗巡幸木蘭，中外震驚，義不可退；旋以穆宗沖齡即位，時事方艱，更無可退之義矣。至是，升授大理寺卿。單車就道，沿途州縣皆不知也。向例外官進京，至蘆溝橋必譏察行李，多所留難。先生至，皆知其清苦，不問而去。

四月，升授刑部右侍郎，權户部左侍郎，兼管三庫事務。賜紫禁城騎馬。

先生往歲居憂時，恪遵古禮，苫塊中沾受潮濕，遂患痰嗽之證，幸少藥輒愈。後在河間，心力交瘁，忽患眩暈，氣體稍虧。時事艱難，義既不可遽退，而上下同志者少，又不能盡行其志，雖安命樂天，素位而行，而憂國憂民之心，無一日去諸懷抱。至是，部務紛煩，又幸與倭公艮峰、李公文園同朝，時倭公以大學士爲師傅，李公以尚書掌軍機，雖各有分位，未能越俎，而道義相契，可以密相贊襄，切磋德業，海內稱爲『三大賢』，都中凡有志正學之士，皆以三公爲依歸焉。先生嘗謂：『李公德行粹然，惟學術尚未能純一耳。』

批楊仲乾讀〔二二二〕傳習録拙語。

仲乾名德亨，安徽石埭恩貢生。好學篤行，和合朱、陸。以所著屬宗誠質正於先生，先生與宗誠書曰：『千古學術分途，實判於「性即理也」「心即理也」二語，此即儒釋之辨，所謂毫釐之差，千里之謬也。聖學之傳，始於精一。精則擇於二者之間，不容參以似是之非；一則要於至當之歸，不容兼收而并蓄矣。今楊君〔二二三〕既指陽明之學源〔二二四〕本告子以靈覺爲性』，又稱其致良知『是從「智之德」「是非之心」引入』。『竊謂智屬性，故是非之心爲智之端；而良知屬心，故虛明靈覺即作用之性』。『且於智言是非，必知其是而是之，知其非而非之，乃爲智之端，非徒以知食、知色一切有覺而遂可謂之智。

若〔二二五〕良知家以心之體爲無善無惡，是無是非矣，何得謂是〔二二六〕從「是非之心」引入耶？楊君〔二二七〕又謂「心即理，惟聖人爲然」。又謂「陽明〔二二八〕以爲，纔著意思便過，不及便是私」，「所説皆聖人分内事」等語〔二二九〕，竊謂〔二三〇〕此亦曲爲假借之論也〔二三一〕。聖人心與理一，亦謂〔二三二〕能盡其性之謂耳〔二三三〕，非謂心即理也，故「從心所欲」而必曰「不踰矩」。聖人無意，謂無私意耳，非不著意思之謂也。』『陽明所云「念念去人欲，存天理」，似無可訾〔二三四〕議，然以「纔著意思便是私」之語推之』，『恐其〔二三五〕去人欲乃一切放下，存天理乃寂守虚明耳』。『陽明説良知即天理〔二三六〕，佛氏之本來面目即吾儒之良知，則所謂存天理者，特認取本來面目耳，而〔二三七〕竟儕之孔、孟、程、朱，指爲聖聖相承，同任道統，抑異矣』。『且楊君嘗以陽明、二曲之書引誘後進〔二三八〕，爲入門〔二三九〕而不嚴爲去取，恐初學未得其益先受其害，幾何不使人共趨捷徑而病程、朱爲支離哉』？

三年甲子〔一八六四〕，先生年七十二歲。

復曾公書〔二四〇〕論學。

其略曰：『古人成一事，正非易易，其險阻艱難之備嘗，當危疑震撼之交，而能不易其所守者？惟始終出以静鎮而已，此敬慎之心法也。猶憶昔在京寓共論「貞固幹事」〔二四一〕之旨，某謂貞固之分量，正未易企，吾人當先以能耐自持，閣下聞之〔二四二〕爲之擊節。今學不加修，所見仍如斯也。』『願閣下當事勢拂逆之際，一以「耐」字持之，庶不致潛萌懈念，稍激忿心，有累一簣之功；亦惟求盡其在我，而置利害毁譽於不計而已。不必求諒於人，而此心之光明俊偉初不容掩，日久論定，自有以取信於天下後世矣』。

七月，上金陵告捷請加敬懼疏〔二四三〕。

是年六月十七日，金陵告捷。先生見微知著，懼上下内外以爲天下已安已治矣，因上疏請『益加敬懼，持之以恒，永固長治久安之基』。其略曰：『竊臣恭讀本月初三日上諭：「自古君臣，安不忘危，治不忘亂，即令今日已治已安，猶當戒慎恐懼，不自滿假，等因。欽此。」方今江寧克復，元凶授首，四方指日蕩平，普天臣民，同深慶幸，乃聖心猶戒慎恐懼，不自滿假，諄戒統兵大臣、督撫等及内外大小臣工，慎始圖終，無荒無怠，此誠四海臣民，萬世無疆之福也，而臣竊有慮焉：萬方之治亂在朝政，百工之敬肆視君心，事不貴文貴其實，下不從令從所好，敢爲皇太后、皇上敬陳之。夫治亂決於敬肆，敬肆根於喜懼。從古功成志遂人主，喜心一生，而驕心已伏，宦寺即有乘此喜而貢其諂媚者矣，左右即有因此喜而肆其蒙蔽者矣，容悦之臣即有迎此喜而工其諛佞者矣，屏逐之姦即有窺此喜而巧其夤緣者矣。諂媚貢則柄暗竊，蒙蔽肆則權下移，諛佞工則主志惑，夤緣巧則宵小升。於是受蠱惑，塞聰明，惡忠讜，遠老成，從前戒懼之念一喜敗之，此後侈肆之行一喜開之；方且矜予智，樂莫違，逞獨斷，快從欲，一人肆之於上，群小煽之於下，流毒蒼生，遺禍社稷，稽諸史册，後先一轍，推原其端〔二四四〕，只因一念之由喜入驕而已。軍興以來，十數省億萬生靈，慘遭鋒鏑，即倡亂之民，莫非朝廷赤子，大兵所加，盡被誅夷。皇太后、皇上體上天好生之心，必有哀矜而不忍喜者，況旗兵乏食，根本空虛；新疆缺餉，邊陲摇動；兼之外夷偪處，窺伺要求；邪教〔二四五〕肆行，人心煽惑，豈惟不可喜而實屬可懼。假使萬幾之餘，或有一念之肆，雖綸音告戒，而群臣第奉爲故事，多方且視爲具文，積習相沿，徒爲粉飾，將仍安於怠惰廢弛矣。是非堅定刻苦，持之以恒，積數十年之恭儉教養，有未易培國脈復元氣者。夫上行必下效，内治則外安，而其道莫大

於敬，其幾必始於懼。懼天命無常則不敢恃天，懼民情可畏則不敢玩民，懼柄暗竊則諂媚必斥，懼權下移則蒙蔽必照，懼志易蕩則諛佞必遠，懼邪易升則夤緣必絶，凡皆本於一心之敬而已。蓋懼者敬之始，敬者懼之實。敬則大智愈明，神武愈彰〔二四六〕，天之明命常顧於目，民之怨咨如聞於耳。一人篤恭於上，盈廷交儆於下。群帥知懼，必協力以靖餘氛，殘寇無難盡掃；大吏知懼，必竭心〔二四七〕以圖善後，災黎將慶再〔二四八〕生，而宵旰勤勞，仍復其難其慎，日與二三大臣開誠布公，集思廣益，無欲速，無見小，一切撫綏培養、安内懷遠之要，無不次第籌其萬全，庶幾至誠無息，久道化成，紹祖宗富有之大業，開子孫無疆之丕基，是皆由皇心之敬成，而實由皇心之懼始也。要之存亡決於敬肆，敬肆根於喜懼。唐太宗身平群雄，貞觀之治軼於漢文，而以驕矜致悔。明皇親定大亂，開元之治等於太宗，而以泰侈召禍。若夫帝舜之治，至於地平天成，大禹猶戒以無傲無慢，而虞書首曰「欽」，此所以成中天之運也。武王之治，通於九夷八蠻，召公猶訓以玩人玩物，而丹書首曰「敬」，此所以永八百之祚也。喜而肆者如彼，懼而敬者如此。易傳曰：「危者使平，易者使傾。」「懼以終始，其要無咎。」詩曰：「敬之敬之，天維顯思，命不易哉。」可弗以爲永鑒與？』疏上，即日奉上諭申戒天下。原摺存弘德殿，用資省覽。

冬，赴察哈爾查辦事件。

時届嚴冬，冒犯風雪，痰嗽復發。差竣旋都，幸就痊。

四年乙丑〔一八六五〕，先生年七十三歲。

春，赴通州驗收漕米。復命轉户部左侍郎兼署吏部右侍郎。

漕米積弊甚深，先生逐日親詣河干，感受暑熱，暈眩頻發，猶力疾從公稽察積弊。

夏，兩宮皇太后特旨召見大臣八人議政事，倭公及先生皆與。冬，復調補刑部右侍郎。

五年丙寅〔一八六六〕，先生年七十四歲。

春，因病乞假，予告歸里。

先生去官，無川資，賣所乘車馬，而去霍山初無田廬，因先至山東諸城養疴。先是葉夫人權葬諸城時，買有墓地頃餘，稍充食米，城中賃屋以居。宗誠五月從曾公於濟寧幕府，特往諸城謁先生，見所居僅能容膝，布衣疏食，晏如也。朝夕兀坐一書室，温習舊業。因與先生登超然臺，講論數日始去。

六年丁卯〔一八六七〕，先生年七十五歲。

南歸謁墓，遇曾公於清江浦，遂同至金陵。

初，曾公及今相國李公、涂朗軒聞先生養疴諸城，皆遣使請至金陵，先生未允。後因與曾公至契，將南歸謁墓後，再往見之。乘小車至清江，適曾公自徐州反金陵，道遇先生，遂邀先生同登金、焦二山。以撚匪未平，出没無常，未可即歸霍山，留居金陵，與曾公一月數往還講論。曾公嘗言：『與竹如先生同處，先生終日端坐不動，予自覺不能及。』又曰：『竹如先生從不規諫我某事，而自覺得其益不少。』又曰：『竹如先生知人之識不可及。』勝克齋咸豐初上疏直言中朝，無不稱之，即某亦謂其才可用，獨竹如先生始終不以爲可恃。』又曰：『吾平生所見前輩及同輩之德，未有如竹如先生者也。』先生居金陵，不受

一人餽贈,惟曾公、李公、涂君資其食用乃受之。江蘇巡撫、上海道、廬州知府,延主書院講席,皆不應。江蘇、安徽欲創一專講正學之書院,請先生主之,先生亦不可,曰:『士人來此商量學術,予未嘗不竭誠以告,互相切磋。若特樹一幟,以講學爲名,大不可也。』

與艮峰倭公書〔二四九〕論學。

時倭公以同文館一事致起波瀾,先生致書與倭公論出處,其略曰:『先生身繫天下之望,群深仰企。昨朱久香學使謂:「但得先生一日在朝,必有一日之益。」曾滌生〔二五〇〕相國則〔二五一〕謂:「首輔、師傅、翰林掌院、户部總理,皆第一清要之席,非僅以備員者。」天下之推許既深,即天下之責望交重,知必有以大慰舉世之心,而〔二五二〕始足副天下之責望矣。某竊謂君子自靖之道,必有素定規模,其始之趨時在知幾,其終之立本在立誠。周子常言「幾」即精義之學也;張子常言「豫」即利用之事也,惟「精義入神」,乃能「利用安身」耳。胡康侯云出處進退,「如人飲水,冷暖自知」,非他人所能代謀者〔二五三〕。然局外之論,固不能窺,自靖者之用心,而亦未始不有助於内勘之嚴也。』後戊辰,又有書〔二五四〕曰:『接讀〔二五五〕初次復函,以『自己學養不至,激成變局』云云,『固徵遇事反求律己之嚴。竊謂義所不可,豈容放過?似當以自己誠不能動物,内勘不當以有所激,自悔用心一誤,將必如老子之「和光同塵」〔二五六〕而後可當。時深以此語爲疑』,嗣讀二次復函,『此心始爲之涣然冰釋矣。某在外見邸鈔不全,不悉事之曲折,又傳聞異辭』,兹乃知情,『與富鄭公所處〔二五七〕不同。且以三朝恩遇,天子沖齡,爲心則所以竭誠自靖者,初不求諒於人,而此外之紛紜,殊不足計較矣』。

石埭楊仲乾日就問學。

先生居金陵，凡有志好學之士無不願見，惟仲乾移居先生寓右，朝夕相從問難。先生嘗與宗誠書〔二五八〕，稱其：『近日篤行〔二五九〕好學，省察之嚴，徙義之勇，實某〔二六〇〕所欽佩。自到江〔二六一〕寧後，專心讀近思録，每一卷必熟讀成誦，再三玩味，始下筆〔二六二〕記出所疑之故，某有所見，不敢自隱，反復駁難，以暢其旨。伊彙鈔成帙，存以備考。并自言：「勘出從前學問，亦不免一雜字，非彼此印證，幾致自以爲是，誤用工夫。今立志一刀兩斷，將前日所見，全行放下，只算從今日始下手實做工夫。」其言實於某大有警發，真畏友也。』

校訂方植之先生漢學商兑、書林揚觶二書。

植之先生二書，先生平日極其推重，稱爲『砥柱中流之豪傑』。亂後板燬，宗誠命植之先生孫濤，遵植之先生續刻刊誤本增删繕寫，請先生校之。先生復删節數處，盱眙吴仲宣制府在蜀刊行。植之先生所著跋南雷文定、昭昧詹言，先生皆極推服焉。

批閲宗誠經説。

時宗誠依曾公幕府，常就先生問學，因以所著經説質正於先生，先生有論讀論孟筆記二則、論讀論孟記疑一則、論大學條貫四則、論春秋辨正一則。

七年戊辰〔一八六八〕，先生年七十六歲。

批閲方魯生毋不敬齋全集。

自跋於册後云：『余識魯生，見其心精力果，勇於自任，而學於源頭上終未清楚。數年來，苦口爲之

辨明「心」「性」,魯生恍然自悟其失,於心述大加删削,復著性述一册,實是見得分明,剖析詳細,而仍不肯舍其舊學。平心以求,其病之所在,非熟處難忘,實是見處未透。蓋見得佛氏主「心」,實由明「心」見「性」以至命,已至聖人地位,特失在不知一「理」字,而認「心」爲「性」耳。吾儒主「性」,實由窮「理」盡「性」,便是聖人地位,亦不能缺盡心一段工夫。既嘗專精於心地,自以爲即得聖人一半精詣,既辨得「心」「性」分明,則以吾儒之主「性」,合之釋氏之主「心」,便成一渾淪大物事,此所以病。余不敢直下承當,而終不能自化其成見也。聞魯生卧病危殆,急鈔録此番議論寄去,而其家人竟匿不使見。憶平日寄書率多苦口之言,魯生非但不以爲忤,而卒亦未嘗不稱善,使此次竟不得於魯生生存之日獲進余言,抑亦他日之遺憾也。』又曰:『心與性,一而二、二而一者也。魯生之弊,其始認「心」爲「性」,在「心」「性」二字分不開。既與辨明「心」「性」,其終言「性」而時恐遺卻「心」,又在「心」「性」二字合不攏。究之,仍是不知「性」,其蔽一也。』

校訂理學宗傳辨正。

理學宗傳辨正,河南永城劉虞卿先生所著。先生名廷詔,爲孟津縣教諭。其學確守程、朱,不惑於異説。倭艮峰先生極賞之,屬爲校訂。先生因參按語二十餘條,而以羅羅山、陽明學辨附焉。其第一條按語爲全書之綱領,其言曰:『自佛法入中國,其教大行,而賢智之士多陷入其中。然儒釋之辨,猶易明也。迨張子韶以改頭换面之術,爲以似亂真之計,而後之陽儒陰釋者,遂一附於孔孟之傳,以爲藏身之固,其離合出入之際,務在愚一世之耳目,而使之恬不覺悟以入釋氏之門,此人心之大變也。故昔之辨儒釋也易,今之辨儒釋也難。然則何以辨之?抑惟仍以程、朱之言辨之而已。程子曰:「聖學本天,釋

氏本心〔二六三〕。」程、朱曰：「性即理也。」陸、王曰：「心即理也。」此學術邪正異同之辨也。惟以性爲理，故篤信孟子之性善，以溯原於皇降之衷，而始於知性，終於復性，由窮理盡性以至命，誠本天之學也。惟以心爲理，故力主告子之外義，而視善爲外鑠之緣，必始除事障，終除理障，由明心見性以求悟，誠本心之學也。此毫釐之差，而千里之謬也。今宗傳序〔二六四〕既以「道之大原出於天」爲言，乃附陸、王於程、朱，以爲宗傳之正統，果謂其學出於天乎？抑謂本心之學無異於本天乎？是書何以作耶？」

評閱王船山先生遺書。

王先生名夫之，湖南舉人，明亡隱居不仕。遺書三百餘卷，曾中丞國荃所刻也。先生謂宗誠曰〔二六五〕：『船山先生直是遁世無悶、獨立不懼之學，其直往直來〔二六六〕之氣，真能推倒一時，開拓萬古，追蹤横渠而深契程、朱心源；又博極群書，不遺細微，每因一事一言而隱探道要。世人讀其通鑑論〔二六七〕，震於其議論之奇闢，視同武王，非聖人之論，粗矣。即謂其身經國變，借古人以抒〔二六八〕忠憤，則涉於偏亦猶淺也。非得程、朱之心源，固不能得其立論之根柢；非溯程、朱之心源，即不能折衷其用意之離合也。』

與宗誠書〔二六九〕論學。

略曰：學問之道『非專心致志，終不能有所成就。即小有所成，終不能深造自得，以其雜也。昔東萊謂學須絶利一源，朱子聞之，稱誦不置。然東萊終不能將一「雜」字掃除净盡，故所造終不能及朱子之精深。今足下欲〔二七〇〕棄去雜事、雜學，固是制之於外以安其内工夫，然〔二七一〕亦猶其次也。首宜〔二七二〕在心神之所注無或旁騖，所謂用志〔二七三〕不紛乃凝於神矣〔二七四〕。』

與艮峰倭公書〔二七五〕論出處。

其略曰：『明季東林氣節，固不免入於〔二七六〕矯激，本朝力挽其失，亦不免有矯枉過正之弊，而風會所趨，降至今日，遂如山傾河决，一往不反，欲求一能立定脚跟作中流砥柱者，正未易覯，甚有立身行己群推爲正人君子，而平心考其終身之所成就，恐〔二七七〕究未盡脱鄉原〔二七八〕之積習，雖未敢妄發於口，而反之此心，實有不能代爲解免者矣。蓋群處頹波之中，而事幾之乘間不容髮，苟非平日實致力於孟子之「知言」「集義」，則剛大之氣易餒，而非一日〔二七九〕所能襲取者矣〔二八〇〕。在今日大廷，惟先生與蘭孫先生負天下之望。』蘭孫先生前此守禮而不肯奪情〔二八一〕，『外間人心，一時翕然歸重』。夫『以一事合義，而致天下之衆譽，亦可以一事偶然放過，而滋天下之物議』。『蓋天下之仰望日隆，即責備日重，則兩先生之〔二八二〕所以大慰天下之責望者，正不可不深自〔二八三〕祗懼也』。

自校正拙修集。

自序曰：『余稟〔二八四〕質素鈍，其弊每失之因循。幼讀書家塾，嘗於敝簏中檢得五子近思録讀之，若有所警發，遂慨然有志於學。長嬰〔二八五〕世務，又鮮明師畏友以啟其嚴憚之心，而此志寖廢。迨通籍後，始得朱子文集、大全，讀而好之，日久漸有味乎其言，雖涉歷中外，疲精案牘，其書固未嘗不日陳於座右，而其言亦未嘗不日縣於心目之間也。然自反初無實得，即偶有記録，亦隨手散失。咸豐己未，余於山東藩署延方君存之課兩孫。時方君魯生館於濮州，以所著心述七册寄眎。魯生，固以心學倡於桐者也。余因通書，極論心性之辨，至數十往返。方君存之見其稿，以爲剖析儒釋之界，無所假借，不可棄去，并搜得余平日讀書記疑各條，及與友人論學語、劄記、家書各種，編爲十卷，嗣有所得，因續附其間。

同治戊辰，余旅寓金陵，與楊君仲乾居密邇，朝夕過從，得講所疑，相〔二八六〕樂也。偶出存之所編以相質，屬其重爲删訂，卷數仍如〔二八七〕其舊。極知鈍拙，見聞不無所囿，惟感二君切劘之意，不忍棄置；亦欲隨時覽觀，以驗吾學之進退，且即己所嘗言者仍足以自警焉云爾。』

八年己巳〔一八六九〕，先生年七十七歲。

二月，回霍山省墓，遂得足疾。

先是，戊辰撚匪始肅清，曾公調督畿輔。先生二月回霍山省墓，遍視松楸，不肯肩舁至墓前，年老體重，步行過勞，祭畢，早起，忽覺氣體違和，遂致蹉跌，左足不良於行。四月，反金陵醫治，稍愈。先生先寓鳳池書院，曾公去，乃賃小廬移居，湫隘偪仄，間以葦席處之，怡如也。由是不出寢室者二年。

十年辛未〔一八七一〕，先生年七十九歲。

涂朗軒刊先生拙修集及所校理學宗傳辨正。

時曾公復總督江南，見其所居太狹，爲搆屋三重以居之。先生性定神完，語言簡默，事過不留於心；俯仰一室，常自愉樂，家務瑣屑，置不問，惟君國要務常縈念慮。與楊仲乾、洪琴西、何子永、陳虎臣、陳松如、甘愚亭，常常論學如故，每告仲乾曰：『工夫須從隱微處截斷利念，否則學問長，弊病亦隨之而長矣。』

十二年癸酉[一八七三],先生年八十一歲。

閏六月朔,先生卒。

六月二十七日晡,先生欲澡身,家人止之,不可,勉從之。是夕,發熱,汗作。次日,飲食如常。二十九日,復發熱,痰湧,閉目無語,亦毫無痛楚。至閏月朔辰時,卒。兩江總督李宗羲代上遺疏入,上震悼,特旨加恩,照侍郎例賜恤。先是十一年倭公、曾公卒於位,至是先生卒,海内賢士君子,同聲哀悼,以爲碩德盡矣。先生德性渾成,少私寡欲,氣象温良而嚴毅,和厚而齊莊。居常處變,從容安静,不動聲色,雖或與異己者同事,掣肘詆毁,惟積誠自盡,曾不形之於色,憾之於心。生平從未見其有一言之躁率,一語之矜伐,胸次坦然浩然,光明洞達,故雖僮僕、吏役、武夫、走卒皆知先生之不欺也。其守身,必嚴於進退、取與之義;其論學,必明於理氣、心性之辨,而尤以辨義利爲喫緊一關。處己教學,知人論世,皆以此爲權衡,自少至老,操持罔間。嘗作楹聯銘於座右曰:『是事有當盡之分,此心無可苟之時。』又書聯語勉宗誠云:『要客氣消除得盡,將身心整頓起來。』又一聯云:『要鞭辟近裏著己,毋苟且徇外爲人。』蓋先生終身守孔子『下學』之訓,專以窮理克己爲工夫,故學問所詣,已極於純一不雜、誠一無僞之地。先生所著拙修集,論者比之張楊園、陸清獻,時賢中惟湘鄉羅忠節公羅山先生所著諸書可與先生比肩云。先生二子:長應熾,早卒。孫兆張,以蔭生用知縣;兆學,監生,早卒。次子應焯,監生,嗣先生仲弟後。

光緒元年乙亥[一八七五]四月十四日,葬先生於霍山之東六安州界復覽山麓。大學士合肥李公鴻章撰墓志銘。

二年丙子〔一八七六〕十一月十一日，奉旨入祀直隸省及河間府名宦祠。

以大學士直隸總督李鴻章據官紳稟詳具奏，禮部議准故也。

三年丁丑〔一八七七〕八月初十日，奉旨入祀山東省名宦祠。

以署山東巡撫李元華據官紳稟詳具奏，禮部議准故也。

四年戊寅〔一八七八〕四月二十九日，奉旨入祀鄉賢祠。

以安徽巡撫裕禄會同兩江總督沈葆楨據官紳稟詳具題，禮部議准故也。

八月，李公鴻章刻先生年譜於直隸。

敘〔二八八〕曰：『同治中，霍山吴侍郎竹如先生卒於金陵，疆吏以聞，特詔褒恤。未幾，畿輔之民追述功德，請祀名宦，予據以入告，得旨報可。先生守河間功最偉，郡人至今懷之；而綜先生生平，則自其官刑曹時以正直著聲，厥後論酒案之公私、陳大錢之利弊、金陵收復疏戒滿盈諸大端，尤爲時所稱頌。蓋其篤志勵行，守朱子「論是非不計利害」之言，而出之以誠敬；遇事不爲苛激，而〔二八九〕亦無所依違，故能承聖主之知，孚朝野之望；即嫉先生者，亦終敬先生之爲人而不敢侮也。道光中，吾鄉官京師爲後進宗仰者，先生而外，莫如旌德吕文節公、歙縣王子槐侍郎。先生之學以朱子爲宗〔二九〇〕；旌德則博綜群書，實事求是〔二九一〕；歙縣則究心當世之務，所以爲學與誨人者不必一其途〔二九二〕，而其〔二九三〕

勤勤肫肫必軌於正之心則未嘗有異〔二九四〕。其後或以節顯，或以治行嘉謨，類皆有所表見於世。然則人烏可以不學哉？爲學之方雖未必盡同，要期於成己以成物而已〔二九五〕。中丞涂公嘗刻先生所著拙修集，今方君存之復彙輯言行爲年譜，予以畿輔先生舊治也，刻而傳之，以慰邦人之懷舊德者。』

九年癸未〔一八八三〕，涂朗軒復校刊拙修集續編。

宗誠少有意於問學，即聞霍山吴竹如先生之爲人，心竊嚮慕之。其後授經先生山東直隸官舍，日親其德，讀其書，見其言行政事、氣象威儀，與其親故遊處最久，又得聞其孝友恬退之至性，學問師友之淵源，出處進退、秉禮守義之大節，深識遠謨，忠言至計，事君之誠，仁民之篤，啟牖後進之勤，以及學術之正，守道之堅，克己之密，待物之恕，無不知之真而見之悉也。既嘗爲編訂其書曰拙修集者十卷，光緒元年復得先生從弟廷樾、孫兆張所爲行述，宗誠因彙輯其生平事言以爲年譜，節相合肥李公見之，既校刊於直隸。今朗軒制軍告歸，寓安慶，爲先生續編遺書，因取前譜，重加訂正，附刻集後，以爲定本云。

癸未十月，桐城方宗誠謹識。

〔一〕與陳雨蕖往還詩：拙修集續編有寄陳雨蕖、同陳雨蕖冒雨游莫愁湖因成長歌、同陳雨蕖冒雨游鍾山、攜酒重登天柱峰書陳雨蕖留題詩後、癸未秋杪喜陳大雨蕖過我時將泛舟洞庭即送其行、奉和陳雨蕖見寄四首等九首。

〔二〕和童穎夫詩：拙修集續編有童穎夫邦傑在姑蘇得見太常仙蝶作詩紀異寄以索和次韻奉酬詩一首。

〔三〕送二弟鐵香還桐：拙修集續編題作『送二弟鐵香還桐五首』。

〔四〕感賦詩三章：拙修集續編題作『仲冬即事感賦三首』。
〔五〕春暮有感用姚鏡塘師送春原韻：拙修集續編題作『春暮有感即用姚鏡塘師法源寺送春韻』。
〔六〕送沈舜卿先生歸省：拙修集續編題作『送沈舜卿先生歸省時由御史改官員外郎』。
〔七〕寄仲弟鐵香：拙修集續編題作『寄仲弟鐵香八首』。
〔八〕志士不忘在溝壑：此乃孟子萬章下之名言，非朱子語。
〔九〕與諸弟書：拙修集家書題作『庚子都中與執夫子垣兩弟書』。
〔一〇〕章：拙修集續編作『首』。
〔一一〕記：陸隴其三魚堂集讀呻吟語疑作『志』。
〔一二〕議：三魚堂集讀呻吟語疑作『議論』。
〔一三〕與再從弟君帆書：拙修集家書題作『乙巳與君帆弟書』。
〔一四〕耳：拙修集無此字。
〔一五〕歲：拙修集作『日』。
〔一六〕今：拙修集無此字。
〔一七〕反求諸己：論語衛靈公：『君子求諸己，小人求諸人。』孟子離婁上：『行有不得者，皆反求諸己。其身正而天下歸之。』孟子公孫丑上：『不怨勝己者，反求諸己而已矣。』諸，拙修集作『一』。
〔一八〕推之：底本脱，今據拙修集乙巳與君帆弟書校補。
〔一九〕要：底本脱，今據拙修集乙巳與君帆弟書校補。
〔二〇〕其：底本脱，今據拙修集乙巳與君帆弟書校補。
〔二一〕其：底本脱，今據拙修集乙巳與君帆弟書校補。
〔二二〕固：底本脱，今據拙修集乙巳與君帆弟書校補。

〔二三〕兄弟：拙修集作『弟兄』。
〔二四〕而不思振拔以自異於流俗乎：底本脱，今據拙修集校補。
〔二五〕於：拙修集作『乎』。
〔二六〕矣：底本脱，今據拙修集校補。
〔二七〕生平……正耳：見拙修集與方存之茂才書。
〔二八〕呈四叔父書：拙修集題作『丙午都中呈四叔父書』。
〔二九〕呈四叔父書：拙修集題作『己酉呈四叔父書』。
〔三〇〕乃：底本脱，今據拙修集己酉呈四叔父書校補。
〔三一〕侄：底本脱，今據拙修集己酉呈四叔父書校補。
〔三二〕營求奔競之徒多：拙修集己酉呈四叔父書作『此輩』。
〔三三〕亦：底本脱，今據拙修集己酉呈四叔父書校補。
〔三四〕便：拙修集無此字。
〔三五〕憂：拙修集己酉呈四叔父書作『大不幸』。
〔三六〕寄呈唐鏡海先生：拙修集續編題作『丁未夏仲寄懷唐鏡海先生時年七十初度』。
〔三七〕答劉椒雲書：拙修集題作『答劉椒雲學正書』。
〔三八〕答徐鏡希司馬論學書：拙修集題作『答徐鏡希司馬書』。
〔三九〕而：底本脱，今據拙修集校補。
〔四〇〕立訓以教：拙修集作『立教以訓』。
〔四一〕何以學程、朱者多拘迂：予告刑部右霍山吳公侍郎墓志銘作『學程、朱者何以多迂拘』，清史稿本傳作『學程、朱者每多迂拘』。
〔四二〕來書……無恥：拙修集作：『來書所示官場之弊，謂：「士大夫無恥如此，安得不江河日下？」』

〔四三〕章：拙修集作『首』。

〔四四〕書：拙修集家書有甲寅河間與槐杰兩弟書、甲寅與槐杰兩弟書。

〔四五〕示應焯六書：拙修集家書有甲寅五月十二日寄示侄應焯、甲寅六月二十九日寄示侄應焯、甲寅七月十三日寄示侄應焯、甲寅八月十八日寄示侄應焯、甲寅九月十三日寄示侄應焯、甲寅嘉平望日寄示侄應焯。

〔四六〕即此：底本作『一』，今據甲寅嘉平望日寄示侄應焯校改。

〔四七〕我：底本脱，今據甲寅嘉平望日寄示侄應焯校補。

〔四八〕二書：拙修集卷八有復陳壽卿太史書甲寅與復何子永中翰書。

〔四九〕之：底本作『二』，今據復何子永中翰書校改。

〔五〇〕愈覺有味：復何子永中翰書作『深覺此章字字有味』。

〔五一〕彼：底本脱，今據復何子永中翰書校補。

〔五二〕與：底本脱，今據復何子永中翰書校補。

〔五三〕也此：底本脱，今據復何子永中翰書校補。

〔五四〕所以：底本脱，今據復何子永中翰書校補。

〔五五〕也：底本脱，今據復何子永中翰書校補。

〔五六〕亦：底本脱，今據復何子永中翰書校補。

〔五七〕貼：底本改作『驗』，今據復何子永中翰書校改。

〔五八〕兩縣尊書：拙修集卷八有答涂朗軒孝廉書乙卯、復本縣鄧葉兩縣尊書乙卯。

〔五九〕與星垣步方及杰弟書：拙修集卷十有乙卯新正五日與星垣步方兩弟書、乙卯與杰弟書。

〔六〇〕二書：拙修集卷八有答涂朗軒孝廉書丙辰、復何子永中翰書丙辰。

〔六一〕户：拙修集陛見恭紀丁巳作『農』。

〔六二〕二：底本訛作「三」，今據拙修集陛見恭紀丁巳及皇朝經世文續編户政二十六錢幣下校改。

〔六三〕除去三成……謂此：底本脱此十八字，今據拙修集陛見恭紀丁巳及皇朝經世文續編户政三十一錢幣中校補。

〔六四〕現：底本作「見」，今據拙修集陛見恭紀丁巳及皇朝經世文續編户政三十一錢幣中校改。

〔六五〕初無利息空增運費川資：底本訛作「空增運費初無利息」，今據拙修集陛見恭紀丁巳及皇朝經世文續編户政三十一錢幣中校改。

〔六六〕謂自多興販必無是理：底本改作「商販誰肯爲之」，今據拙修集陛見恭紀丁巳及皇朝經世文續編户政三十一錢幣中校改。

〔六七〕興：底本訛作「商」，今據拙修集陛見恭紀丁巳及皇朝經世文續編户政三十一錢幣中校改。

〔六八〕其：底本脱，今據拙修集陛見恭紀丁巳及皇朝經世文續編户政三十一錢幣中校補。

〔六九〕以：拙修集陛見恭紀丁巳及皇朝經世文續編户政三十一錢幣中無此字。

〔七〇〕堵：拙修集陛見恭紀丁巳及皇朝經世文續編户政三十一錢幣中作「塞」。

〔七一〕情事實是如此：底本脱，今據拙修集陛見恭紀丁巳及皇朝經世文續編户政三十一錢幣中校補。

〔七二〕今：底本脱，今據拙修集陛見恭紀丁巳及皇朝經世文續編户政三十一錢幣中校補。

〔七三〕每月：底本脱，今據拙修集陛見恭紀丁巳及皇朝經世文續編户政三十一錢幣中校補。

〔七四〕臣曾訪問其故：底本脱，今據拙修集陛見恭紀丁巳及皇朝經世文續編户政三十一錢幣中校補。

〔七五〕是：底本脱，今據拙修集陛見恭紀丁巳及皇朝經世文續編户政三十一錢幣中校補。

〔七六〕不用：底本脱，今據拙修集陛見恭紀丁巳及皇朝經世文續編户政三十一錢幣中校補。

〔七七〕見：拙修集陛見恭紀丁巳及皇朝經世文續編户政三十一錢幣中作「現」。

〔七八〕之：拙修集陛見恭紀丁巳及皇朝經世文續編户政三十一錢幣中作「鐵大錢」。

〔七九〕鐵：拙修集陛見恭紀丁巳及皇朝經世文續編户政三十一錢幣中省此字。

〔八〇〕亦所不免：底本脱，今據拙修集陛見恭紀丁巳及皇朝經世文續編户政三十一錢幣中校補。

〔八一〕直省：底本脱，今據拙修集陛見恭紀丁巳及皇朝經世文續編户政三十一錢幣中校補。

〔八二〕是年有答宗誠論學書：拙修集卷八題作『與方存之茂才書』。
〔八三〕陋：柏堂師友言行記卷二作『鄉』。
〔八四〕學無：柏堂師友言行記卷二作『幼鮮』。
〔八五〕素：柏堂師友言行記卷二作『賦』。
〔八六〕邇：拙修集與方存之茂才書作『近』，柏堂師友言行記卷二作『好』。
〔八七〕此則：底本脱，今據拙修集與方存之茂才書校補。
〔八八〕點：拙修集與方存之茂才書作『束』。
〔八九〕竊：拙修集與方存之茂才書、柏堂師友言行記作『嘗』。
〔九〇〕天下：拙修集與方存之茂才書、柏堂師友言行記作『世』。
〔九一〕浮僞：拙修集與方存之茂才書作『詐僞』，柏堂師友言行記作『權詐』。
〔九二〕幸甚：拙修集與方存之茂才書作『也』。
〔九三〕耳：底本脱，今據拙修集答倭艮峰先生書戊午校補。
〔九四〕其：底本作『所』，今據拙修集校改。
〔九五〕耳：底本脱，今據拙修集校補。
〔九六〕夙昔：底本脱，今據拙修集校補。
〔九七〕有：底本脱，今據拙修集校補。
〔九八〕之分：底本作『不同』，今據拙修集校改。
〔九九〕挽回：底本作『轉移』，今據拙修集校改。
〔一〇〇〕耳：底本作『也』，今據拙修集校改。
〔一〇一〕所守：底本作『正』，今據拙修集復竇蘭泉侍御同年書校改。

〔一〇二〕以：拙修集無此字。

〔一〇三〕先送：底本脱，今據拙修集校補。

〔一〇四〕而：底本脱，今據拙修集校補。

〔一〇五〕入：底本脱，今據拙修集校補。

〔一〇六〕至東省：底本作『東』，今據拙修集校改。

〔一〇七〕之：拙修集無此字。

〔一〇八〕爲親爲己只是一事：二程集河南程氏粹言論學篇作：『爲己爲親，非二事也。』（中華書局，一九八一年七月，第一一八七頁）二程遺書伊川先生語四作：『爲己爲親，也只是一事。』

〔一〇九〕見：拙修集作『現』。

〔一一〇〕争：拙修集作『决』。

〔一一一〕先生：拙修集無此二字。

〔一一二〕界限：底本脱，今據拙修集校補。

〔一一三〕王子潔：拙修集卷八有復王子潔刺史書戊午。

〔一一四〕江筍璞：拙修集卷八有答江筍璞比部書戊午。

〔一一五〕沈舜卿：拙修集卷八有答沈舜卿先生書戊午。

〔一一六〕宋雪帆：拙修集卷八有答宋雪帆閣部書戊午。

〔一一七〕陳壽卿：拙修集卷八有答陳壽卿太史書戊午。

〔一一八〕李竹朋：拙修集卷八有答李竹朋太守書戊午。

〔一一九〕何圓溪：拙修集卷八有答何圓溪太守書戊午。

〔一二〇〕李肖良：拙修集卷八有答李生肖良孝廉書戊午。

〔一二一〕與張魁五軍門書：拙修集卷八題作「答張魁五軍門書戊午」。
〔一二二〕歲：底本脱，今據拙修集與大司農公書校補。
〔一二三〕前年：據拙修集卷七與方魯生上舍論學書一丁巳，吴廷棟收到方魯生所寄著述在丁巳年六月，故此「前年」當爲「去年」之訛。
〔一二四〕心述：據與方魯生上舍論學書一當作「心述述餘」。
〔一二五〕七：與方魯生上舍論學書一作「六」。
〔一二六〕十數往反：拙修集叙作「數十往返」。
〔一二七〕尊：底本作「篤」，今據與方魯生上舍論學書三校改。
〔一二八〕所具之理……爲性也：與方魯生上舍論學書五作「而以所具之衆理乃爲性，非如足下竟以虚靈不昧者爲理爲性也」。
〔一二九〕亦：底本脱，今據與方魯生上舍論學書五校補。
〔一三〇〕而應萬事：底本脱，今據與方魯生上舍論學書五校補。
〔一三一〕知及而仁不能守：論語衛靈公：「子曰：知及之，仁不能守之，雖得之，必失之。知及之，仁能守之，不莊以涖之，則民不敬。知及之，仁能守之，莊以涖之，動之不以禮，未善也。」
〔一三二〕於：與方魯生上舍論學書十二無此字。
〔一三三〕無：與方魯生上舍論學書十三作「毋」。
〔一三四〕未免：倭文端公遺書卷四作「宜其」。
〔一三五〕而别有所謂本體之善：底本脱，今據拙修集書倭艮峰先生日記後、倭文端公遺書校補。
〔一三六〕言：底本脱，今據拙修集書倭艮峰先生日記後、倭文端公遺書校補。
〔一三七〕亦：底本脱，今據拙修集書倭艮峰先生日記後校補。
〔一三八〕特：底本脱，今據拙修集書倭艮峰先生日記後、倭文端公遺書校補。
〔一三九〕書輔仁録：拙修集卷六有書方存之茂才輔仁録後。

〔一四〇〕書志學録：拙修集卷六有書方存之茂才芼溪志學録後。

〔一四一〕書俟命録：拙修集卷六有書方存之茂才俟命録後。

〔一四二〕書楊剛齋條辨竇蘭泉小學序後：拙修集卷六題作『書楊剛齋孝廉條辨竇蘭泉侍御小學序後』。

〔一四三〕與何子永書：拙修集卷八題作與何子永中翰書己未。

〔一四四〕且：底本脱，今據與何子永中翰書己未校補。

〔一四五〕居恒：底本脱，今據與何子永中翰書己未校補。

〔一四六〕及至：底本脱，今據與何子永中翰書己未校補。

〔一四七〕其或離或合：底本脱，今據與何子永中翰書己未校補。

〔一四八〕與李肖良書：拙修集卷八題作答李生肖良比部書己未。

〔一四九〕其：底本作『爲』，今據答李生肖良比部書己未校改。

〔一五〇〕其：底本作『爲』，今據答李生肖良比部書己未校改。

〔一五一〕其：底本脱，今據答李生肖良比部書己未校補。

〔一五二〕必：底本作『以』，今據答李生肖良比部書己未校改。

〔一五三〕明：底本作『窮』，今據答李生肖良比部書己未校改。

〔一五四〕與曾公三書：拙修集卷八題作寄曾滌生先生書己未、答曾滌生先生書己未、寄曾滌生先生書己未。

〔一五五〕答邵位西書：拙修集卷八題作與邵位西比部書。

〔一五六〕書陸小雅宋刻蘭亭後：拙修集卷六題作書陸小雅鴻臚所贈宋刻蘭亭後。

〔一五七〕書姚惜抱范蠡論後：拙修集卷六題作書惜抱集范蠡論後。

〔一五八〕與宗誠書：拙修集卷九題作『與方存之茂才書庚申』。

〔一五九〕爲司官及蒞任山左直省：底本作『及外任』，今據拙修集卷九與方存之茂才書庚申校改。

〔一六〇〕器：與方存之茂才書庚申作『契』。
〔一六一〕爲：與方存之茂才書庚申作『做』。
〔一六二〕遂：與方存之茂才書庚申作『故』。
〔一六三〕責兆張書：拙修集卷十題作『示兆張兆學兩孫書』。
〔一六四〕大局……之計：底本脱，今據示兆張兆學兩孫書校補。
〔一六五〕既：底本脱，今據示兆張兆學兩孫書校補。
〔一六六〕見：示兆張兆學兩孫書作『現』。
〔一六七〕乃：底本脱，今據示兆張兆學兩孫書校補。
〔一六八〕有詩：拙修集續編詩有度居庸關。
〔一六九〕與宗誠書：拙修集卷九有與方存之茂才書庚申。
〔一七〇〕論：與方存之茂才書庚申作『計』。
〔一七一〕劄：盛康輯皇朝經世文編續編學術師友改作『立』。
〔一七二〕得：底本脱，今據與方存之茂才書庚申校補。
〔一七三〕蓋：底本脱，今據與方存之茂才書庚申校補。
〔一七四〕者嘗：底本脱，今據與方存之茂才書庚申校補。
〔一七五〕中自叙一則：底本作『一節』，今據與方存之茂才書庚申校改。
〔一七六〕譏彈之語頗覺近誣而：底本脱，今據與方存之茂才書庚申校補。
〔一七七〕當日：底本脱，今據與方存之茂才書庚申校補。
〔一七八〕斯：底本作『是』，今據與方存之茂才書庚申校改。
〔一七九〕與曾公及胡宫保書：拙修集卷九有答曾滌生先生書庚申、復曾滌生先生書庚申及答胡潤芝宫保書庚申。

〔一八〇〕多寡：底本作『遲速』，今據答曾滌生先生書庚申校改。

〔一八一〕生民：底本訛作『斯世』，今據答胡潤芝宮保書庚申校改。

〔一八二〕深得出治之本：答胡潤芝宮保書庚申作『則尤操出治之要』。

〔一八三〕二書：拙修集卷十有寄應熉侄書與示應熉侄書。

〔一八四〕與曾公論根本書：拙修集卷九有與曾滌生先生書辛酉。

〔一八五〕倭公爲師傅：與曾滌生先生書辛酉無此五字。

〔一八六〕用人行政……斯任：見拙修集卷九與方存之學博書辛酉。

〔一八七〕先生：底本脱，今據與方存之學博書辛酉校補。

〔一八八〕正：底本脱，今據與方存之學博書辛酉校補。

〔一八九〕與宗誠書：拙修集卷九題作『與方存之學博書辛酉』。

〔一九〇〕曰：與方存之學博書辛酉作『云』。

〔一九一〕若有……是守：朱子語類卷一百一作：『才得後便放開，不然只是守。』

〔一九二〕真有得自然放開：朱子語類卷一百一作：『得了，自然開，如何由人放開？』

〔一九三〕故：底本脱，今據與方存之學博書辛酉校補。

〔一九四〕七書：均見載於拙修集卷九。

〔一九五〕答蘇菊邨問學書：拙修集卷九有與蘇菊邨學博書辛酉二篇。

〔一九六〕書大學臆説明德條後：拙修集卷六題作『書蘇菊邨學博大學臆説明德條後』。

〔一九七〕書中州文徵獨知説證獨説後：拙修集卷六題作『書蘇菊邨學博中州文徵獨知説證獨説後』。

〔一九八〕其生色……四體：底本作『睟面盎背』，今據孟子盡心上校改。

〔一九九〕與艮峰倭公書：拙修集卷九題作『寄倭艮峰中堂書壬戌』。

〔二〇〇〕日記：見倭文端公遺書卷五。

〔二〇一〕人：底本作『才』，今據倭文端公遺書卷五、郭嵩燾日記咸豐九年初五日校改。

〔二〇二〕與曾公書：拙修集卷九題作『復曾滌生宮保中堂書壬戌』。

〔二〇三〕字……已成：底本作『書知』，今據復曾滌生宮保中堂書壬戌校改。

〔二〇四〕痞：底本訛作『夢』，今據復曾滌生宮保中堂書壬戌校改。

〔二〇五〕仁者無私然後好惡當於理：論語八佾第三：『子曰：唯仁者能好人，能惡人。』朱熹集註：『蓋無私心，然後好惡當於理，程子所謂「得其公正」是也。』

〔二〇六〕而已：復曾滌生宮保中堂書壬戌無此二字。

〔二〇七〕而：復曾滌生宮保中堂書壬戌無此字。

〔二〇八〕正己而物正：孟子盡心上：『有大人者，正己而物正者也。』

〔二〇九〕選：底本脱，今據復曾滌生宮保中堂書壬戌校補。

〔二一〇〕與洪琴西書：拙修集卷九有復洪琴西孝廉書壬戌、答洪琴西孝廉書壬戌。

〔二一一〕誠：復洪琴西孝廉書壬戌無此字。

〔二一二〕及：復洪琴西孝廉書壬戌作『至』。

〔二一三〕必：底本脱，今據復洪琴西孝廉書壬戌校補。

〔二一四〕既：底本脱，今據復洪琴西孝廉書壬戌校補。

〔二一五〕相契：底本脱，今據復洪琴西孝廉書壬戌校補。

〔二一六〕於修途：底本脱，今據復洪琴西孝廉書壬戌校補。

〔二一七〕第一義：底本脱，今據答洪琴西孝廉書壬戌校補。

〔二一八〕三書：拙修集卷九有與方存之學博書壬戌、答方存之學博書壬戌、復方存之大令書壬戌。

〔二一九〕尋：復方存之大令書壬戌作『焨』。
〔二二〇〕先生：底本脱，今據復方存之大令書壬戌校補。
〔二二一〕答李肖良：拙修集卷九題作『答李生肖良比部書壬戌』。
〔二二二〕讀：底本脱，今據拙修集與方存之大令論楊仲乾明經讀傳習録拙語書癸亥校補。
〔二二三〕楊君：與方存之大令論楊仲乾明經讀傳習録拙語書癸亥無此二字。
〔二二四〕之學源：底本作『原』，今據與方存之大令論楊仲乾明經讀傳習録拙語書癸亥校改。
〔二二五〕若：底本脱，今據與方存之大令論楊仲乾明經讀傳習録拙語書癸亥校補。
〔二二六〕是：與方存之大令論楊仲乾明經讀傳習録拙語書癸亥無此字。
〔二二七〕楊君：與方存之大令論楊仲乾明經讀傳習録拙語書癸亥作『拙語』。
〔二二八〕陽明：與方存之大令論楊仲乾明經讀傳習録拙語書癸亥作『先生』。
〔二二九〕等語：底本脱，今據與方存之大令論楊仲乾明經讀傳習録拙語書癸亥校補。
〔二三〇〕竊謂：與方存之大令論楊仲乾明經讀傳習録拙語書癸亥無此二字。
〔二三一〕也：與方存之大令論楊仲乾明經讀傳習録拙語書癸亥作『耳』。
〔二三二〕謂：與方存之大令論楊仲乾明經讀傳習録拙語書癸亥無此字。
〔二三三〕耳：與方存之大令論楊仲乾明經讀傳習録拙語書癸亥無此字。
〔二三四〕皆：底本脱，今據與方存之大令論楊仲乾明經讀傳習録拙語書癸亥校補。
〔二三五〕恐其：與方存之大令論楊仲乾明經讀傳習録拙語書癸亥作『是』。
〔二三六〕良知即天理：王守仁答顧東橋書：『致吾心良知之天理於事事物物，則事事物物皆得其理矣。』
〔二三七〕而：底本脱，今據與方存之大令論楊仲乾明經讀傳習録拙語書癸亥校補。
〔二三八〕進：與方存之大令論楊仲乾明經讀傳習録拙語書癸亥作『學』。

〔二三九〕爲入門：底本脱，今據與方存之大令論楊仲乾明經讀傳習録拙語書癸亥校補。

〔二四〇〕復曾公書：拙修集卷九題作『復曾滌生中堂書甲子』。

〔二四一〕貞固幹事：易乾文言：『利物足以和義，貞固足以幹事。』

〔二四二〕聞之：底本脱，今據復曾滌生中堂書甲子校補。

〔二四三〕金陵告捷請加敬懼疏：方浚師蕉軒隨録卷二吴侍郎奏疏云：『同治甲子秋七月，克復江寧捷至，霍山吴公有請加敬懼持以恒永一疏，得旨嘉獎，並發交弘德殿，俾資省覽，一時傳抄疏稿，幾於紙貴。』

〔二四四〕原其端：葛士浚皇朝經世文續編卷十一作『其故』。

〔二四五〕邪教：皇朝經世文續編作『異端』。

〔二四六〕彰：底本作『張』，今據拙修集追憶恭紀附金陵告捷請加敬懼疏甲子及皇朝經世文續編校改。

〔二四七〕心：底本作『力』，今據金陵告捷請加敬懼疏甲子及皇朝經世文續編校改。

〔二四八〕再：皇朝經世文續編作『更』。

〔二四九〕與艮峰倭公書：拙修集卷九題作『寄倭艮峰中堂書丁卯』。

〔二五〇〕滌生：底本脱，今據寄倭艮峰中堂書丁卯校補。

〔二五一〕則：底本脱，今據寄倭艮峰中堂書丁卯校補。

〔二五二〕而：底本脱，今據寄倭艮峰中堂書丁卯校補。

〔二五三〕胡康侯……代謀者：宋史儒林胡安國：『朱震被召，問出處之宜，安國曰：「子發學易二十年，此事當素定矣。世間惟講學論政，不可不切切詢究，至於行己大致、去就語默之幾，如人飲食，其飢飽寒温，必自斟酌，不可决諸人，亦非人所能决也。吾平生出處皆内斷於心，浮世利名如蠛蠓過前，何足道哉。」』

〔二五四〕有書：拙修集卷九有『復倭艮峰中堂書戊辰』。

〔二五五〕接讀：復倭艮峰中堂書戊辰原作『接讀去歲陽月』。

〔二五六〕和光同塵：老子第四章：『挫其鋭，解其紛，和其光，同其塵。』

〔二五七〕所處：復倭艮峰中堂書戊辰作『情事』。

〔二五八〕與宗誠書：指拙修集卷九之與方存之大令書戊辰。

〔二五九〕行：與方存之大令書戊辰作『志』。

〔二六〇〕某：底本脱，今據與方存之大令書戊辰校補。

〔二六一〕江：與方存之大令書戊辰省此字。

〔二六二〕下筆：底本脱，今據與方存之大令書戊辰校補。

〔二六三〕聖學本天釋氏本心：二程集遺書附師説後作：『聖人本天，釋氏本心。』

〔二六四〕宗傳序：即指孫奇逢理學宗傳序。

〔二六五〕謂宗誠曰：見拙修集卷九與方存之大令書戊辰。

〔二六六〕直往直來：與方存之大令書戊辰作『獨往獨來』。

〔二六七〕世人讀其通鑑論：與方存之大令書戊辰作『但』。

〔二六八〕抒：與方存之大令書戊辰作『攄』。

〔二六九〕與宗誠書：拙修集卷九題作『與方存之大令書戊辰』。

〔二七〇〕今足下欲：與方存之大令書戊辰作『余謂』。

〔二七一〕然：與方存之大令書戊辰無此字。

〔二七二〕宜：與方存之大令書戊辰無此字。

〔二七三〕志：與方存之大令書戊辰作『智』。

〔二七四〕矣：與方存之大令書戊辰作『也』。

〔二七五〕與艮峰倭公書：拙修集卷九題作『復倭艮峰相國書』。

〔二七六〕於：底本脱，今據復倭艮峰相國書校補。

〔二七七〕恐：底本脱，今據復倭艮峰相國書校補。

〔二七八〕原：復倭艮峰相國書本作「願」。

〔二七九〕非一日：復倭艮峰相國書本作「臨時」。

〔二八〇〕者矣：復倭艮峰相國書本作「耳」。

〔二八一〕蘭孫先生前此守禮而不肯奪情：復倭艮峰相國書原作「先生固推蘭孫先生之誠切沈毅謂不僅有君德矣而」。

〔二八二〕之：復倭艮峰相國書作「必思」。

〔二八三〕深自：復倭艮峰相國書作「自深」。

〔二八四〕稟：拙修集叙作「秉」。

〔二八五〕嬰：拙修集叙作「攖」。

〔二八六〕相：清黄嗣東輯道學淵源録聖清淵源録吴廷棟作「甚相」。

〔二八七〕如：底本脱，今據拙修集叙校補。

〔二八八〕叙：黄彭年陶樓文鈔卷八題作「吴竹如先生年譜序代」。

〔二八九〕而：陶樓文鈔無此字。

〔二九〇〕之學以朱子爲宗：陶樓文鈔作「確宗程、朱」。

〔二九一〕則博綜群書實事求是：陶樓文鈔作「遠紹許、鄭」。

〔二九二〕一其途：陶樓文鈔作「必一途」。

〔二九三〕其：底本脱，今據陶樓文鈔校補。

〔二九四〕未嘗有異：陶樓文鈔作「一」。

〔二九五〕哉爲學之方雖未必盡同要期於成己以成物而已：陶樓文鈔作「爲學之方亦何必盡同哉」。

附録

一、吴廷棟列傳

吴廷棟，安徽霍山人。道光六年，由拔貢朝考，以七品小京官用，分刑部。九年，期滿，奏留以主事用。十年丁父憂，十二年丁母憂，十五年服闋。

二十九年，二月補官，四月升員外郎，八月升郎中。咸豐二年二月，京察一等，記名以道府用。三月，授直隸保定府遺缺知府。十二月，補河間府知府。經編修何桂珍疏〔一〕薦，略言：廷棟『秉性忠貞，見理明決，處危疑而不懼，臨利害而不摇。考其生平言行，一一不負所學』。『若投以艱鉅之任，必能盡心竭力，死生以之』。

三年，升永定河道。四年，正月署天津道，三月署清河道，六月升按察使。時逆匪竄擾直省，廷棟率屬倡捐，籌備餉儲；復疊次捐資，辦理河工，先後下部優叙。六年，升山東布政使。七年，署巡撫。九年，因山東積欠，地丁完少欠多，部議降一級調用。旋降補直隸按察使，并因前在山東布政使任〔二〕，秋審情實，失入孟傳冉一犯，鐫級留任。時編修張錫榮，復以廷棟儒術湛深，具疏保薦。

十年，張家口因辦理釐捐不善，聚衆滋事，上命偕察哈爾都統慶昀查辦，并准廷棟專摺奏事。尋查明張家口巡役范成，因詐贓未遂，妄拏布商指爲漏税，監督治昌不察虚實，苛罰銀兩，均鞫實覆奏，治昌

等褫職發遣有差。十一年，調山東按察使。同治二年，正月授大理寺卿，四月擢刑部右侍郎，十月署户部左侍郎。

三年七月，調户部左侍郎，兼管三庫事務，署刑部右侍郎〔三〕。

是時金陵告捷，詔諭臣工有『安不忘危』之訓。廷棟謂：『事不貴文貴乎〔四〕實，下不從令從所好』，請『持之以恒』，爲『長治久安之基』。疏言：『治亂決於敬肆，敬肆根於喜懼。從古功成志遂人主，喜心一生，而驕心已伏，宦寺即有乘此喜而貢其諂媚者矣，左右即有因此喜而肆其蒙蔽者矣，容悦之臣即有迎此喜而工其諛佞者矣，屏逐之奸即有窺此喜而巧其夤緣者矣。諂媚貢則柄暗竊，蒙蔽肆則權下移，諛佞工則主志惑，夤緣巧則宵小升。於是受蠱惑，塞聰明，惡忠讜，遠老成。從前戒懼之念一喜敗之，此後侈肆之行一喜開之；方且矜予智，樂莫違，逞獨斷，快從欲，一人肆之〔五〕於上，群小煽之〔六〕於下，稽諸史册，後先一轍。推原其端〔七〕，只因一念之由喜入驕而已。軍興以來，十餘省億萬生靈慘遭鋒鏑；即倡亂之民，莫非朝廷赤子，大兵所加，盡被誅夷。皇太后、皇上體上天好生之心，必有哀矜而不忍喜者。』『假使萬幾之餘，或有一念之肆，雖綸音告戒，而群臣第奉爲故事，多方且視爲具文，積習相沿，徒爲粉飾，將仍安於怠惰廢弛矣。是非堅定刻苦，持之以恒，積數十年之恭儉教養，有未易培國脈復元氣者。夫〔八〕上行則下效，内治則外安，而〔九〕其道莫大於敬，其幾必始於懼。懼天命無常則不敢恃天，懼民情可畏則不敢玩民，懼柄暗竊則諂媚必斥，懼權下移則蒙蔽必照，懼志易蕩則諛佞必遠，懼邪易侵〔一〇〕則夤緣必絶，凡此皆本於一心之敬而已。蓋懼者敬之始，敬者懼之實。敬則大智愈明，神武愈彰，天之明命常顧於目，民之怨咨如聞於耳。一人篤恭於上，盈廷交儆於下。群帥知懼，必協力以靖餘氛，殘寇無

難盡掃；大吏知懼，必竭心以圖善後，災黎得慶再〔一一〕生，而宵旰勤勞，仍復其難其慎，日與二三大臣，開誠布公，集思廣益，無欲速，無見小，一切撫綏培養、安內懷遠〔一二〕之要，無不次第〔一三〕籌其萬全，庶幾至誠無息，久道化成，紹祖宗富有之大業，開子孫無疆之丕基。是皆由皇心敬成，而實由皇心之懼始也。要之，存亡決於敬肆，敬肆根於喜懼。唐太宗身平群雄，貞觀之治軼於漢文，而以驕矜致悔；明皇親定大亂，開元之治等於太宗，而以〔一四〕泰侈召禍。若夫帝舜之治，至於地平天成，大禹猶戒以無傲無慢，而虞書首曰「欽」，此所以成中天之運也。武王之治通於九夷八蠻，召公猶訓以「玩人」「玩物」，而丹書首曰「敬」，此所以永八百之祚也。喜而肆者如彼，懼而敬者如此，易傳曰「危者使平，易者使傾」，「懼以終始，其要無咎」；詩曰「敬之敬之，天維顯思，命不易哉」，可弗以爲永鑒與〔一五〕？』疏入，上優詔嘉納，并命將廷棟疏存弘德殿用資省覽〔一六〕。

十月，以察哈爾商都牧群護軍那穆濟、勒多爾濟等控告總管舒濃棟魯普剋扣兵餉、挑缺受賄各款，舒濃棟魯普復呈揭翼長察連泰欠交餉銀、私用駒價等情，上命廷棟偕刑部尚書綿森往按，得實，并究出協領舒都爾古等收受陋規各節，請分別斥革，發遣如律。因偕綿森臚陳牧群馬政積弊，請飭〔一七〕力加整頓；嚴禁攢扣兵餉、馬駒變價及兵丁挑缺出銀添補馬群諸弊；其各衙門陋規，請永遠裁革。疏入，得旨均如所請。尋賜紫禁城騎馬。四年，二月署吏部右侍郎。旋命赴通州會同倉場侍郎鍾岱查驗海運漕糧，疊充驗放揀發朝審大臣。十一月，調刑部右侍郎。五年，因病奏請開缺，允之。

十二年，卒。遺疏入，諭曰：『前任刑部右侍郎吴廷棟，由部曹簡放外任，洊擢藩司，内轉卿貳，均能廉謹〔一八〕自持，無曠厥職。於同治五年，因病開缺，寓居江寧省城。方冀調理就痊，長承恩眷，茲聞溘

逝，軫惜殊深。吴廷棟著加恩照侍郎例賜恤，任内一切處分，悉予開復；應得恤典，該衙門察例具奏。』尋賜祭葬。

——清國史大臣畫一列傳後編卷二十四

二、吴廷棟列傳

吴廷棟，字竹如，安徽霍山人。道光五年拔貢，授刑部七品小京官，洊遷郎中。廷棟少好宋儒之學，入官益植節厲行，蹇蹇自靖。咸豐二年，京察一等。時侍郎書元兼崇文門副監督，獲販私釀者三十六人，承審者以漏税擬滿杖。已而覆訊得書元家人詐贓狀，部臣據以入奏。文宗疑書元孤立，降旨切責，會廷棟召對，上詢是獄。廷棟從容敷奏，且詳陳治道之要，言利之害，君子小人之辨，上首肯，獄竟得解。因詢廷棟『讀何書』，廷棟以程、朱對。上曰：『學程、朱者每多迂拘〔一九〕。』對曰：『此不善學之過〔二〇〕。程、朱以明德爲體，新民爲用〔二一〕，天下未有〔二二〕有體而無用者。』『皇上讀書窮理，以裕知人之識；清〔二三〕心寡欲，以養坐照之明。寤寐求賢〔二四〕，内外得人，天下何憂不治〔二五〕？』上韙之。

尋出爲直隸河間知府。粤匪北犯畿輔，廷棟練民兵巡防，民倚以爲固。内閣學士勝保督師至河間，責供張甚急，知縣王灴迫於應付，自刎不殊。廷棟詣大營陳其事，勝保矍然，飭部下聽命。連擢永定河道、直隸按察使。以河間京師門户，廷棟善守禦，得民心，仍留知府任。四年，軍事定，乃之按察使任。六年，遷山東布政使。時部臣奏請畿内賦税兼收大錢、鈔票各三成，上下交病，總督譚廷襄不敢言。會廷棟入覲，面奏：『大錢、鈔票，實不流通。立法必先便於民方可行，必先信於民方能久。今條科太多，

朝夕更改，國家先不能自信，何以取信於民？』上首肯者再。既而廷襄入朝，遂奏罷前議。山東吏治久窳，廷棟獎廉懲貪。方議海口立局收貨捐，持不可。八年，坐奏銷遲誤，降補直隸按察使。十一年，復調山東。同治二年，入爲大理寺卿，尋擢刑部侍郎。

三年，江南平，廷棟上疏，略曰：『萬方之治亂在朝政，百工之敬肆視君心。事不貴文貴其實，下不從令從所好。夫治亂決於敬肆，敬肆根於喜懼。自古功成志遂人主，喜心一生而驕心已伏，宦寺有乘其喜而貢諂媚者矣，左右有乘其喜而肆蒙蔽者矣，容悦之臣有因此而工諛佞者矣，屏逐之奸有因此而巧夤緣者矣。諂媚貢則柄暗竊，蒙蔽肆則權下移，諛佞工則主志惑，夤緣巧則宵小升。於是受蠱惑，塞聰明，遠老成，惡忠鯁，從前戒懼之念一喜敗之，此後侈縱之行一喜開之；方且矜予智，樂莫違，逞獨斷，快從欲，一人肆於上，群小扇於下，流毒蒼生，貽禍社稷，稽諸史册，後先一轍。推原其端，祇一念由喜入驕而已。軍興以來，十數省億萬生靈慘遭鋒鏑，即倡亂之奸民，何一非朝廷赤子？大兵所加，盡被誅夷。皇太后、皇上體上天好生之心，必有哀矜不忍喜者。況旗兵乏食，根本空虛；新疆缺餉，邊陲摇動；兼之强鄰偪處，邪教肆行，豈惟不可喜而實屬可懼。假使萬幾之餘，或有一念之肆，臣工效之，視彰癉爲故事，輕告戒爲具文，積習相沿，工爲粉飾，將仍成爲叢脞怠荒之局矣。是非堅定刻苦，持之以恒，積數十年恭儉憂勤，有未易培國脈復元氣者。夫上行必下效，內治則外安，而其道莫大於敬，其幾必始於懼。懼天命無常，則不敢恃天；懼民喦可畏，則不敢玩民。懼者敬之始，敬者懼之終。大智愈明，神武愈彰，懼紹祖宗富有之大業，開子孫無疆之丕基，是皆由皇心之懼始而敬成也。易曰：「危者使平，易者使傾，懼以終始，其要無咎。」詩曰：「敬之敬之，天維顯思！」可弗以爲永鑒歟？』疏上，優詔嘉納，命存其疏於弘

德殿以備省覽。皇太后召對時，諭曰：『皇帝沖齡踐阼，國家大事，汝宜直言無隱，以無負先帝知遇。』廷棟感激出涕。五年，以衰病乞休，許之，歸寓江寧。十二年，卒，年八十有一。遺疏入，詔褒其廉靜自持，賜恤如例。直隸、山東皆祀名宦祠。

廷棟學以不欺爲本。官臬司時，畿輔連有逆倫獄，總督慮一月頻入奏干上怒，廷棟曰：『此吾儕不能教化之過，待罪不暇，敢欺飾耶？』及去官，僑居清貧，不受餽遺。著有拙修集十卷。

論曰：李棠階、吴廷棟正色立朝，不負所學，翕然笙磬同音，而棠階尤平實持大體，可謂體用兼備矣。

——清史稿卷三百九十一

三、吴廷棟傳

吴廷棟，字彦甫，號竹如，晚號拙修老人，霍山人也。道光乙酉拔貢。朝考以七品京官分刑部，洊遷郎中。廷棟四歲，母葉氏授之經，教以天爵之爲貴，功名富貴儻來物，必求學問以濟之，以是篤好宋儒學。既入官，益植節厲操，蹇蹇自靖，用純體賅，而標鑒遐明。

咸豐壬子，京察一等。召對，上問廷棟：『讀何書？』曰：『程、朱也〔二六〕。』上曰：『學程、朱者迂而不周務〔二七〕。』廷棟曰：『此不善學者之過也，非程、朱之咎也。程、朱以明德爲體，新民爲用，天下未有體備而用不周者。皇上讀書窮理，裕知人之識；清心寡欲，養坐照之明，寤寐求賢，内外得人，天下何憂不治？〔二八〕』上頷之。出知河間府。太平軍北犯畿輔，廷棟練民兵守捍，民倚以爲固。内閣學士勝保

督師至河間，責供張甚急，知縣懼獲罪，自刎不殊。廷棟詣大營陳其事，勝保矍然，飭部下聽命。連擢永定河道、直隸按察使，以河間京師門户，廷棟善守禦，得民心，仍留知府任。甲寅，乃受按察使篆。丙辰，遷山東布政使。時部臣奏請畿内賦税兼收大錢、交鈔各三成，官民兩病，總督譚廷襄不敢言，會廷棟入朝，面奏：『大錢、交鈔，市不通利。凡法必先便於民，民乃悦；必先信於民，法乃久。今者科條繁，又朝令而夕改之。國家先不自信，何以服民？』上首肯者再。既而廷襄入覲，遂奏罷前議。戊午，坐前任積欠七百餘萬，責廷棟不能開源彌補，遲誤奏銷，降補直隸按察使。辛酉，復調山東。同治癸亥，入爲大理寺卿，尋擢刑部侍郎。

甲子，江南平。時穆宗年幼，兩宫垂簾聽政，廷棟上疏〔二九〕曰：『萬方之治亂在朝政，百工之敬肆視君心。事不貴文貴其實，下不從令從所行。夫治亂決於敬肆，敬肆基於喜懼。自古戡亂定功，人主之所喜也。喜心生而驕已伏，宦寺乘其喜而貢諂媚，左右窺其喜而肆蒙惑，屏逐之臣因其喜而巧夤緣。夫諂媚貢則主德摇，蒙惑肆則國柄替，夤緣巧則小人道長、君子道消。行見塞聰蔽明，老成忠鯁，雖有法語正辭，卷舌而不得吐。人之言曰：「予無樂乎爲君，惟其言而莫予違也。」一人肆於上，群小結於下，毒流蒼生，禍貽社稷，蓋喜不與驕期而驕至，稽諸史册，後先一轍。軍興以來，億萬生靈慘遭鋒鏑；即倡亂之民，何一非朝廷赤子？兵鋒所加，盡受誅戮。皇太后、皇上，體上天好生之心，必有哀矜而不忍喜者，況旗兵乏食，根本空虚，新疆缺餉，邊陲摇動，兼之强鄰偪處，邪教肆行，豈惟不可喜？實應長慮卻顧而繼之以懼。不幸萬幾之餘，宥密之地，肆志一萌，臣工從而效尤，始而粉飾太平，終成叢脞怠荒之局，是非堅定刻苦，持之以恒，積數十年憂勤恭儉，有未易培國脈而復元氣者矣。夫表端斯影直，内治則外安，而

其道莫大於敬，其幾必始於懼。懼天命之無常，抑懼民巖之可畏，則敬天勤民，不敢自逸，其道在於君心而已。易曰：「危者使平，易者使傾。」「懼以終始，其要無咎。」詩曰：「敬之敬之，天惟顯思，命不易哉。」』上優詔嘉納，存其疏於弘德殿，以備省覽。

越二年丙寅，廷棟乞休，詔許之。其後穆宗年稍長，多失德，從宦豎爲微行，諸大臣唯阿少匡救，或相結納爲朋黨，穆宗遂以惡疾崩。孝貞太后已先殂落，孝欽荒於園囿，貂璫行權，忿德宗驟擢新進，變祖宗法，幽之瀛臺，始殺戮士大夫以立威斷，卒釀庚子之禍，國祚斬矣。廷棟之言，隱然若有先識也。廷棟既罷官，歸寓江寧。癸酉卒，年八十有一。遺疏聞，詔褒其廉静，賜恤如例。直隸、山東皆祀祠名宦。

廷棟之學，以慎獨不欺爲本。與倭仁、唐鑑、曾國藩、何桂珍爲道義交。著有拙修集十卷。

——皖志列傳稿卷五

四、吴廷棟傳

吴廷棟，字竹如，安徽霍山縣人。官至刑部侍郎。與倭艮峰、曾滌生兩相國爲講學友。著有拙修集十卷。其自叙曰：

余秉質素鈍，其弊每失之因循。幼讀書家塾，嘗於敝簏中檢得五子近思録讀之，若有所警發，遂慨然有志於學。長攖世務，又鮮明師畏友以啟其嚴憚之心，而此志寖廢。迨通籍後，始得朱子文集、大全，讀而好之，日久漸有味乎其言。雖涉歷中外，疲精案牘，其書固未嘗不日陳於座右，而其言亦未嘗不日

懸於心目之間也。然自反，初無實得，即偶有記録，亦隨手散失。咸豐己未，余於山東藩署，延方君存之課兩孫。時方君魯生館於濮州，以所著心述七册寄眎。魯生固以心學倡於桐者也。余因通書，極論心性之辨，至數十往返。方君存之見其稿，以爲剖析儒釋之界無所假借，不可棄去；并搜得余平日讀書記疑各條及與友人論學語、劄記、家書各種，編爲十卷。嗣有所得，因續附其間。同治戊辰，余旅寓金陵，與楊君仲乾居密邇，朝夕過從，得講所疑，甚〔三〇〕相樂也。偶出存之所編以相質，屬其重爲删訂，卷數仍如其舊。極知鈍拙，見聞不無所囿，惟感二君切劘之意，不忽棄置；亦欲隨時覽觀，以驗吾學之進退，且即己所嘗言者仍足以自警焉云爾。

——道學淵源録聖清淵源録第三十

五、吴先生廷棟傳

［拙修學案］

拙修恪守程、朱，信道彌篤，於儒釋之辨，剖析毫芒。同治中興，與艮峰、强齋同心獻替，憂盛危明，音諧笙磬，洵爲不負所學矣。述拙修學案。

吴廷棟，字彦甫，號竹如，霍山人。道光乙酉拔貢。刑部七品小京官，洊升郎中。少好宋儒之學，入官益植節勵行，蹇蹇自靖。

讀律精熟，獄經手判，如山嶽不可動。崇文門監督奏獲長興店私酒三十六家，株連數十人下部鞫

治，侍郎書元兼充副監督，欲重比，同官多不直之，先生覆審得税局員丁詐贓狀，奏請歸案質訊，文宗疑書元孤立，仍右之。會先生京察召對，被詰問，面陳：『收税當以城門爲限，長興店距城四十里，不得謂之漏税。』上乃悟，遂受知。

未幾，簡授直隸河間知府。粤匪犯畿輔，屬邑被擾。修城，練民團，督之防守，民心以固。郡當要衝，屹然賴爲保障。連擢永定河道、直隸按察使，以軍務未竣，仍留河間府任事。

平擢山東布政使，入覲。時行鈔票、大錢，部章屢更，信用既失，强以督責，官吏商民交困。面奏其不能流通之故，言甚切至，上意動。疆吏疏申其説，得允停止。尋署山東巡撫，以奏銷遲滯，部議降級，左遷直隸按察使，調山東按察使。

同治初，召授大理寺卿，擢刑部侍郎。兩宫垂簾聽政，嘗面諭曰：『汝受先帝知最深，皇帝沖齡踐阼，汝老臣，於國家大事宜直言毋隱。』先生感泣。江寧克復，朝野以中興爲慶。上疏請加敬懼，兩宫嘉納，命存其疏於弘德殿備省覽。尋以老病乞休，僑寓江寧。同治十二年卒，年八十有一。

著有拙修集十卷。先生湛深宋五子書，尤服膺朱子。所守在義利之關，尤不假借者在儒釋之辨。每退食私室，端坐如塑，不輕出一語。及遇政治之得失、人心風俗之邪正，上下古今，不厭不倦。退休江寧，貧甚，不受餽。遺世，尤稱其清節。

——清儒學案卷一百五十九

六、光禄大夫刑部右侍郎吴公神道碑銘代〔三一〕

清　方宗誠撰

國朝自平湖陸清獻公以正學清德爲仁廟名臣，論者謂其學之精純，實直接程、朱之統。越百餘年，而有少司寇霍山吴公承清獻之後而獨有得於程、朱論學之宗，其行身〔三二〕居官，清風直節，又足與之相埒，天下知與不知，皆不稱其官而稱其德，尊之曰『竹如先生』云。

公諱廷棟，字彦甫，一字竹如，安徽霍山人，生長桐城。曾祖均、曾祖妣孫氏，祖鉢、祖妣龔氏，父正潮、妣葉氏，三世皆以公貴，誥贈光禄大夫，妣皆贈一品夫人。公生於乾隆癸丑〔三三〕五月十八日。端重渾厚，聰明内涵。十餘歲時，偶得近思録，讀而好之，雖從科舉師，而超然不溺於文藝之末，功名富貴，泊如也。

道光乙酉，以選拔科貢太學。丙戌，朝考一等，以七品京官簽分刑部學習。庚寅、辛卯，丁内外艱。又以承重孫丁龔太夫人艱。服闋，入都學習。期滿，改官主事廣西司行走。丁未，始〔三四〕補江西司主事。明年，升福建司員外郎。己酉，升河南司郎中。植節嗜學，潛心職守，長官重其才，而尤賢其無一營求，遇優差，示意公，而公若爲不知也者。咸豐壬子，京察一等。曾公國藩、周公祖培亦特薦引見，記名以道府用。召見，詢〔三五〕在刑部承審私酒案，敷陳反復，毫無瞻徇；且進言治道之要與君子、小人之辨，獄得平反，而文宗皇帝之知公守正不欺，自此始。旋放直隸保定府遺缺知府，補授〔三六〕河間府。河間俗好訟，京控、省控案充斥，公爲之，訟簡刑清。時粤賊北竄，府當東道之衝，公日夜團練巡防，不震不

懟，深得民心。賊屢窺，末〔三七〕由入。癸丑冬，升授永定河務〔三八〕道。甲寅春，署理天津河間兵備道。七月，擢授直隸按察使。總督以河間京師門户，公防守嚴，不得驟離河間府任，及乙卯軍務平，始任按察使事。丙辰，大名災，稽察振務，實惠及民，盜賊斂跡。冬，升授山東布政使。明年，入覲。時直隸奉嚴旨行使大錢，官民苦之〔三九〕，總督不敢言。公因上問，乃反復開陳並及鐵錢、鈔票之弊，且曰：『國家立法，必先使於民而後〔四〇〕可行，必先信於民而後〔四一〕能行。』於是文宗益賢公，而直隸行使大錢之議遂寢。其後布政山東，亦請巡撫疏明不行使大錢、停止鈔票與海口加税抽釐，民免紛擾。爲布政使三年，署理山東巡撫三月，專以察吏安民爲心。己未，以代補歷任虧歉〔四二〕未足，部議降一級調用，特旨改授直隸按察使。同治元年壬戌，調山東按察使。公治獄勤明，尤慎重服制之案，每平反冤獄，不使有司受過，故人樂從。癸亥，内遷大理寺卿。夏，升刑部右侍郎，調户部左侍郎，兼管三庫事務，又兼署吏部右侍郎。乙丑，復調刑部右侍郎。丙寅春，因病乞假，予告回籍。公霍山無田廬，曾文正公洎〔四三〕鴻章延之至金陵，遂寓金陵七年。以癸酉閏六月朔卒，年八十有一。

公學，務實踐不爲空言，篤守孔子『下學』『上達』〔四四〕之序，程、朱『居敬』『窮理』〔四五〕之訓。生平進退、取與必嚴義利之介〔四六〕，嘗鐫朱子『論是非不論〔四七〕利害』之〔四八〕語爲印章以自檢。於身心事物之間，順逆常變，守之如一；視聽言動，從容中禮。當官盡職，不立異，不苟同，尤不喜急功近名。所與同官，上下多薰蕕異趣，而公毫不以賢智先人，律己嚴，待物恕，常存與人爲善之心，潛移而默誘之，故雖異己者，終無不感其誠而服其德，善政亦因之以行。或疑公依違遷就，及觀義所不可，雖王公不能奪也。其論天下治亂，每以君德人才爲根。初，文宗皇帝召見時，方勵精圖治，而疑學程、朱者爲拘迂，公

對曰：『此不善學之過也。程、朱以明德爲體，新民爲用，天下斷無有體而無用者，皇上讀書窮理以裕知人之識，清心寡欲以養坐照之明，寤寐求賢，内外得人，天下何患不治？』其後穆宗沖齡即位，公上書宰相，請舉倭文端公任師傅，培養元德，而時詢聖學之進退以爲喜憂。金陵告捷，天下方謂中興大業成矣，公獨憂之，以爲治亂决於敬肆，敬肆根於喜懼，從古功成志遂人主，喜心一生而驕心已伏，宦寺、左右容説之臣，屏逐之姦，皆將乘此喜而貢其諂媚，肆其欺蒙，巧其夤緣，害將何所不至？因上疏請加敬懼，持之以恒，永固長治久安之基。上嘉納，存弘德殿省覽，並申戒天下。

蓋公之學所藴畜者甚深，志量尤極宏遠，其所欲忠於君、施於天下國家者，固無涯而靡已也，見於政事者，特其淺焉者耳。然公知命樂天，雖不能盡行其志，而無愠無悶，惟闇然自修，終其身於學焉而已，故世亦罕知其所至也。公居恒不以講學立名。始在京師，與唐確慎公、倭文端公、曾文正公、何文貞公、竇蘭泉侍御，切磋砥礪，而與倭文端性行尤相近。其後再官京師，倭文端公時以首輔爲師傅，河内李文清公以尚書掌軍機，海内翕然望治，稱爲『三大賢』。公亦深服文清公之德行，而論學則與文端爲最契。公不事著述。退居金陵時，文端公屬校訂〔四九〕理學宗傳辨正八卷；桐城方宗誠輯公讀書札記及與人論學書爲十卷，曰拙修集，六安涂宗瀛爲刊行。其於理氣心性之辨，格致存養之功，皎然如日月之明，聖人復起，殆無以易也。

妻葉夫人，先公卒，權葬諸城。二子：應熾，早卒。應焯，嗣公仲弟後。公卒之二年，孫兆張奉公櫬歸葬霍山之東六安州界復覽山麓。應焯以書來，屬爲墓碑文〔五〇〕。公與先光禄公同官刑部，鴻章少從官〔五一〕京師，即得親公言行，義不可辭。公之德行、學術、政事，方宗誠所撰年譜載之詳矣，兹不具，著

其大者〔五二〕。

銘曰：維學有統，維道有宗。卓哉徽國，伊洛是從。千五百年，上纘鄒魯。精理微言，昭晰萬古。異學差謬，小儒和同。不有真知，孰開其蒙？洪維聖清，重儒崇道。哲人挺生，爲國大老。曰潛曰見，未究厥施。闇然下學，終身以之。精純如金，温良如玉。斯文在兹，賴公以續。同時真儒，惟有羅山。體立用行，伯仲之間。峨峨霍山，雅稱南嶽。惟嶽降神，生此先覺。歸神天柱，存順没安。我銘其幽，永世弗刊。

——方宗誠方柏堂遺書柏堂集後編卷十三

七、予告刑部右侍郎霍山吴公墓志銘

清　方濬師撰

本朝理學名臣最著者曰睢州湯公、平湖陸公。湯公師夏峰，和同婺源、餘姚。陸公則專宗婺源，一以明體達用爲本。百數十年，繼陸公而得婺源真脈，厥惟霍山吴公。

公在宣宗朝官京師，四方學者即知宗仰之。文宗登極，知公名，得召見，首問公『讀何書』，公以程、朱對。又問：『學程、朱者何以多迂拘〔五三〕？』公對：『程、朱以明德爲體，新民爲用』，『天下斷無有體而無用者』。『凡臨事迂拘〔五四〕，正由平日不能如程、朱之〔五五〕格物窮理而徒資記誦，非學程、朱之過也〔五六〕』。又問明臣楊漣及侍郎曾國藩、倭仁等公，一一具奏。上頷之，荷『學問結實』之褒。由是嚮用，凡有遷擢，皆出特簡。迨穆宗奉兩宫太后垂簾聽政，公在九列中，年高德劭，值奏事日，腰輿入朝，白

鬚飄蕭，目光炯炯四射，望之尊嚴若河嶽然。一日入對，兩宫面諭曰：『汝受先帝恩最深，皇帝沖齡踐祚，汝老臣也〔五七〕，國家大事，汝宜直言無隱，毋〔五八〕負先帝之知〔五九〕。』公伏地感激出涕，至不能起立。公時年已七十三矣，素患眩疾，久不愈，陳情乞假，九重憐念，准開缺調理，遂僑寓江寧。未幾，左體偏枯，而精神食飲如舊。同治十二年六月初一日某時，偶覺體中不適，沐浴端坐而薨。遺疏入，上軫恤有加，賜祭、賜葬逾常儀。嗚呼，君臣遇合，終始爲難，如公遭際，夫豈偶然哉？

光緒改元二十九日，公子應焯扶靈輀歸霍山，卜三月二十八日葬公於縣東鄉虎皮尖之原。應焯子兆穀，濬師婿也。應焯先期寄狀來，屬爲埋幽之文。公之出處，濬師知之頗詳，雖不交，其奚敢辭？

謹案，公姓吳氏，諱廷棟，字彦甫，號竹如，晚自號拙修老人，籍安徽六安直隸州霍山縣。世有隱德。曾祖迺成公諱均，祖東安公諱球，父信泉公諱正潮；曾祖妣孫氏，祖妣龔氏，妣葉氏，三代皆以公貴，誥贈至光禄大夫户部左侍郎加三級，妣皆贈至一品夫人。

東安公家貧，服賈於桐城縣之新安鎮。卒後，信泉公復承父志，隨其叔祖垠，仍居新安。已而公生，容貌端慤，言笑不苟。鄰有質庫，公嘗嬉戲其中，司事某欲試之，聞公來，以碎金散置於地，自匿帳中，公入門見金，即揚聲止步不入。某起詢之，公謂：『金在地而不見人，脱遺失，豈能自白？』某大驚歎。

葉太夫人，博通書史，治家嚴肅。公四歲，即授以經籍，過目成誦。有過，手撻之，公泣，太夫人曰：『汝頭有鯁骨，痛吾手矣。』公捧母手，撫摩再四，曰：『母再撻兒，可用絓細裹也。』太夫人爲之霽顔。公每欲著好衣，又欲以功名顯，太夫人訓之曰：『人以衣服愛汝慕汝，是汝徒以衣服重矣。功名者，儻來之物，無學問濟之，何貴乎功名耶？』公恍然曰：『兒知之，天爵爲貴。』太夫人曰：『然。』蓋公生平得力於

母教最多，識者謂不在廬陵、眉山下云。

年十九，就桐城商籍應試，邑侯拔置第一。無賴子輩，譁於衆，將興訟。公坦然不與校，不應府試而歸。旋補霍山庠生。次年，食餼。道光乙酉，受知湖州張小軒先生，鱗舉選拔貢生。丙戌，朝考一等，引見，以七品小京官用簽分刑部廣西司行走。在部四年，讀律益精熟。丁信泉公憂回里，旋接丁葉太夫人憂。甲午服闋，入都供職。又十五年戊申，補江西司主事。次年，升福建司員外郎、河南司郎中。公自分廣西司，在司辦事幾二十年，案經手判，屹如山嶽不可動。坐辦秋審處，提調律例館，各堂官倚重如左右手。當是時，山陰譚端慤公，與公同總秋讞，天下呼爲『二竹』焉。

庚戌春，文宗詔舉賢才，周文勤公、曾文正公首以公姓名上。咸豐辛亥郎中俸滿截取，壬子京察，均蒙恩記名。旋簡授直隸保定府遺缺知府，補河間府知府。癸丑冬擢直隸永定河道，甲寅正月復奉諭署理直隸天津道，閏月升直隸按察使，均以軍務未竣，仍留河間府任臬司兼郡守，前此所僅見也。乙卯正月，連鎮奏凱。二月，交卸郡篆入都。召見三次，垂詢守城事甚悉。六年冬，山東布政使缺員，上難其人，政府以劉源灝曾任東藩爲請，聖意遲回久之，諭曰：『何如吴廷棟乎？』遂得旨補授。公具摺乞覲，許之。丁巳正月，再入都。召見四次，敷陳事宜極懇，至從未宣播，外人無由知也。三月，抵濟南。五月，東撫崇恩公述職疏上，硃諭：『著來見。山東巡撫著吴廷棟署理。』時濬師官中書，是日適輪值圓明園，親詣軍機房領旨發鈔。上向用公方殷，亟欲以公代崇公，政府有奏公資格淺者，故崇公仍回本任。戊午，奏銷遲滯，户部嚴議，降一級調用，實皆前任事，公不置辯。將作歸計，而降補直隸按察使之命下，并敕公速赴新任。公於是再領提刑者三載，自外擢，惟斯任爲最久。派赴張家口，審辦口北道賽某受傷

案。又派辦古北口糧臺。又派往天津查辦事件。

辛酉，穆宗臨御，調補山東按察使。同治癸亥，特旨擢大理寺卿，旋升刑部右侍郎，派赴察哈爾查辦事件。調户部左侍郎，兼管三庫事務，賜紫禁城内騎馬。署吏部右侍郎，派赴通州驗收漕米。乙丑，復調刑部右侍郎。聖眷優渥，將畀正卿，而公病不及待矣。

公宦轍不出畿輔、山左，使車來往，兩省士民垂髮戴白滿其前，若忘其爲尊官者。

守河間時，四郊兵燹，州邑陷賊者踵相接。公處以定静，修城垣，設民團，晝理餉糈，夜則登陴巡邏。故帥勝保督兵至，知縣王灴迫於應付，自刎不殊。公憐之，纂偶車牛，親赴大營陳説。勝保重公，即飭麾下聽命倉場。侍郎慶祺公繼至，兵丁占住民房，頗騷擾。公沿民居，步行勸諭，并與各官弁約，曉以利害，人心乃定。典史程某，隨慶侍郎委員王錫籌辦捐輸事，程乘間詐索舉人孔某銀。公遴知之，立提訊得實，程畏罪自盡。嗣是大小官吏，悉遵約束。

直隸臬司署後，有屋數十楹，俗稱曰『班裏』，爲書吏之親戚學習公牘所，人多，闌防不謹。公嚴行沙汰，於署東立一總門，派人守視，出入皆有常度。一應官文書，隨閱隨辦，立限五日内即發各府、州、縣；解囚亦立限五日内，覆訊詳院，積壓需索之弊一清。公慮囚不輕用刑，但悉心熬審。遇可疑之案，地方官規避處分，改供朦混，往往自相矛盾。公飭承審官來省與發審委員再加研鞫，寬其處分，而平反者尤夥。嘗定爰書，大府非之，屢申屢駁。公親齎面陳大府，卒如公議。總督幕友孫姓之弟，謀奪良家女被控，當事者以總督故，爲緩頰，公曰：『徇私情而壞風化，豈長吏之所爲？』嚴懲如例，總督無如何也。屬邑連出逆倫案，總督某公，以一月之内頻入奏，恐干上怒，公曰：『此吾儕大僚不能教化百姓之過，待罪

之不暇，敢再欺飾耶？』某公失色，公言笑如平常。大名各屬被黄水泛濫，居民田廬悉成澤國，奏請發帑銀振濟，議者擬由省易錢，可以不致折減。大名至省九百餘里，一車費至京錢八十緡，公謂：『葷錢與葷銀同一價，一車銀可抵二十餘車之錢，以此籌算，孰得孰失？』力排其議。旋奉旨赴大名督辦振務，所全活者數十萬人。

當行使大錢之壅滯也，户部奏請直隸錢糧兼收大錢、鈔票各三成，奉旨責成總督奉行，通省惶駭，迄無善策。適公擢東藩入覲，蒙垂詢現辦情形，公對：『名爲行使，實不流通。』『立法必先便於民方可行，必先信於民方能行。今條科太多，朝夕更改，國家先不自信，何能取信於民？』上始而静聽，繼而連聲相應，曰：『據此，無論官運、商運，仍是不行。』公復以『不可操之太急』對，上稱善。會譚端慤公以制府入朝，乃奏罷前議，而公至山東，亦陳請巡撫奏明停止。

山東吏治浸壞，公奬廉懲貪，首劾曹州府某官場，以肅司庫。有餘勇口糧，經前撫奏准開銷，各屬請領者，司中輒折扣入己。公如數給發，既奏停大錢、鈔票，緑營弁兵養廉口糧，除照新章減成，餘皆予以實銀，通省感戴。州縣應徵銀兩，向多遲延拖欠，委員守催，則又但取差費。公擇其最疲玩者嚴飭之，分限報解，逾期立予撤任，故雖委員不至，而上下忙錢漕均掃數清完。

初，有海口立局收捐之議，民情不順。公力持不可。繼公任者，鋭行之，遂搆訟。人益服公先見，其貳刑部也。諸司官遇疑獄，輒詣公剖决，公不憚煩瑣，娓娓相告，如師之課弟子。每謂：『相驗，首重比對兇器、傷痕分數及屍屬當場口供，此時入細，後來必有把握。』又謂：『鞫獄，無論大小輕重，速問速結，稍涉延閣，必有匪人從中別生事端，不惟羈押拖累無辜，而自己亦爲案累。』又謂：『辦事不可稍有所懾。

昔年承審崇文門監督書公孥獲私酒一案，上意頗震怒，予時召對，從容爲上言之，事竟得解。彼時若稍依違，必爲衆口指摘矣。』

軍興以來，司農告匱，公綜理庫款，量入爲出，精於理財者歎爲不及。爲政獨持大體，不屑毛舉細，故甲子克復江寧，公上『敬懼持恒』疏，奉旨交存弘德殿，用資省覽。都城内外，覓公疏稿者，幾於紙貴。某編修陳奏事發，公與廷議，説者謂富韓國於韓、歐陽，兩公敷陳時，有異同，均不失爲名臣。公之心，實堪共白焉。

公體氣充實，標鑒遐明，每退食私室，端坐如塑，不輕出一語；及遇政治之得失與夫人心風俗之邪正，上下今古，不厭不倦。湛深宋五子書，由雒閩而上溯鄒魯，取諸家撰述，辨晰毫芒，求其性分所固有，職分所當爲，期於古人相合。其他天文、術數之學，靡不窮原竟委。於醫，則抉河間、丹溪兩家閫奥；於地理，則合楊、曾、廖、賴而得其精微，在公視之，皆以爲餘事也。著拙修集十卷，涂閬仙方伯宗瀛，爲刊行之。詩一卷，法律直追韓、杜，濬師亦將爲校刊。公居恒所守在義利之關，尤不肯借假者在儒釋限界。服官四十年，清操絶俗。引疾後，歸無一椽寓居，日食不給，處之晏然。倭文端公、曾文正公，并年小於公，事之如兄，敬之等嚴師。文端弟令淄川，公輒訓戒之無私語。文正督兩江，念公貧，一日，值中秋節，欲以三百金贈，攜以往。晤對良久，微詢公近狀，公答以『貧，吾素也，不可干人？』文正唯唯，終不敢出金而去。此文正見濬師時親言之者。嗚乎！可以風矣。

公生乾隆五十八年癸丑五月十八日辰時，享年八十有一。夫人葉氏，公母太夫人姪也。勤儉慈惠，主持中饋，俾公無内顧憂。公之孝於親，友於昆弟，河潤九里，澤周三族，夫人實佐助之。先公十六年

卒，葬山東諸城縣亮甲山。子二人：長應熾，先卒。次應焯，候選布政司理問，出嗣公弟廷桂。孫兆張，三品廕生，候選知縣；兆學，先卒，均應熾出。兆傳、兆書、兆英、兆毅、兆鍾，均應焯出。孫女五人，曾孫□人，曾孫女二人，謹叙次於左，用備國史採擇。并係之以銘曰：

家經户史，漢砭宋鍼。究厥指歸，心慣口瘖。塵障功利，霧塞心性。不楊則墨，惟狂罔聖。仰仰吴公，徽國鄉人。格物窮理，體晐用純。上據素功，出佐明主。主知公學，結實足取。銅符始綰，石畫罕儔。賊首屢梟，民志賴鳩。侯燕侯魯，來旬來宣。三月臺寄，萬頸企延。民口有碑，公面此鐵。矧伊胸懷，冰壺不熱。持平廷尉，司寇秋官。五宅三居，屏申黜韓。邦典計吏，食貨陳書。公兼司之，弊杜用舒。朝廷視公，股肱心膂。中外望公，臯夔伊吕。王臣蹇蹇，匪敢乞身。二豎弗去，一疏陳情。文母厘念，特頒温旨。戀戀國門，迢迢梓里。梓里莫歸，言尋鍾山。誅茅結屋，圖書是躭。左圖右書，被服儒者。冬雪立門，春風拂廈。蓮溪花妥，鹿洞雲迷。天不憖遺，哲人其萎。宰樹覭髳，瀼臺并久。我泐貞珉，千秋不朽。

——方濬師退一步齋文集

八、吴竹如侍郎舊聞十則

民國 姚永樸撰

霍山吴竹如侍郎廷棟，自其祖東安先生銶客於吾邑，及考信泉先生正潮猶未歸，故公母葉太夫人爲桐城人。公幼時，『四書』皆太夫人所授。嘗欲服新衣，太夫人諭曰：『服美欲以悦於人也，不知人以衣

而愛敬汝,是汝以衣重矣,汝自己人品在何處?將來得科名官爵,人以科名官爵敬愛汝,是汝以科名官爵重矣,人品又在何處?』公平生不恥惡衣惡食,於富貴澹然無所戀,皆自此始。

公娶葉夫人,太夫人之姪也,與公終身無戲言,亦無忤容。每公退食,輒相對端坐。公每歎爲益友焉。

公官部曹時,堂官知其賢,將保送優差,顧欲其一言相託,公若不知也者。堂官異之,曰:『他人求者接踵,而吴君獨不願,何也?』或問公,公曰:『堂官爲部拔才,如某才,堂官自用之;如不才,求亦無益。』堂官益異之。公嘗言:『此日立身行己之道,即他日濟世澤物之本,不可不慎。分所當爲,不可稍存畏難之隱,而生諉謝之心;分所不當爲,更不可稍萌冒進之私,而懷見長之意。』其於部事,勤慎不懈,曰:『當官宜盡心公事,彼卑污者無論矣,或耽志詩文,或高談性命,於公事不肯究心,隨同畫諾,謂之畫黑稿,與尸位素餐何異邪?』

公爲河間府知府,值粤賊北竄,乘夜來撲,公督兵民持火登埤,賊見光射數里,知有備,乃退。旋復來,公預撤河橋,賊阻水不得渡,城賴以全。

公陳臬直隸,開藩山左,每赴新任,途中車馬皆自備,禁州縣迎送;家屬隨後往,不令人知。凡一日必了結一日應辦之事,以故遇升擢降調,被命即行。

公氣象簡重,新繁嚴渭春中丞樹森嘗謁之,出語人曰:『吾欲形容吴公德容,惟子夏所謂「君子三變」[六〇]或近之耳。』

公口不言人過,疑易爲所紿。然勝克齋保早歲敢言,衆咸稱之,公獨謂不足恃。及事敗,或詢之,公

曰：『吾始見其好著華服，一日必易數次，世豈有沾沾於一身而志在天下者乎？』

公初在京師，凡外官循例餽冰敬、炭敬，皆卻之。每日止食肉二兩。晚年罷官居金陵，尤清苦。曾文正公嘗因中秋節過訪，攜三百金將周之。先詢近狀，公曰：『貧，吾素也。何敢干人？』文正竟不敢出金而去。

公坐時肩背竦直，雖逾時，手足亦不妄移。曾文正公嘗言在京師時，與公對坐久，頗覺倦，而公神采方焕然，因歎主敬之功之密云。

公嘗撰聯語云：『要客氣消除得盡，將身心整頓起來。』又云：『要鞭辟近（裹）裏著己，毋苟且狥外爲人。』又有堂聯云：『君子道存居室，正尊卑、嚴内外、敦敬讓、崇勤儉，祇造端夫婦；家人誼重反身，戒忿慾、飭言行、慎威儀、節好惡，庶式穀兒孫。』

——舊聞隨筆卷二

〔一〕何桂珍疏：何文貞公遺書卷一題作『請特用諸臣疏』。

〔二〕任：拙修集國史本傳作『任内』。

〔三〕署刑部右侍郎：據清代起居注册同治朝同治三年七月『十一日己酉』條所載，吴廷棟被調任户部左侍郎兼管三庫事務後，其刑部右侍郎即命譚廷襄接任，後譚廷襄因故未到任，復於本月十三日仍改由吴廷棟兼署。

〔四〕乎：吴廷棟金陵告捷請加敬懼疏作『其』。

〔五〕之：底本脱，今據金陵告捷請加敬懼疏校補。

〔六〕之：底本脱，今據金陵告捷請加敬懼疏校補。
〔七〕原其端：葛士濬皇朝經世文續編卷十一作『其故』。
〔八〕夫：底本脱，今據金陵告捷請加敬懼疏校補。
〔九〕而：底本脱，今據金陵告捷請加敬懼疏校補。
〔一〇〕侵：金陵告捷請加敬懼疏作『升』。
〔一一〕再：皇朝經世文續編作『更』。
〔一二〕安内懷遠：底本脱，今據金陵告捷請加敬懼疏校補。
〔一三〕次第：拙修集國史本傳無此二字。
〔一四〕以：底本脱，今據金陵告捷請加敬懼疏校補。
〔一五〕是皆由……永鑒與：拙修集國史本傳脱。
〔一六〕將廷棟疏存弘德殿用資省覽：清代起居注册同治朝同治三年『七月十六日甲寅』條作『吴廷棟摺著交弘德殿用資省覽』。
〔一七〕飭：拙修集國史本傳作『敕』。
〔一八〕謹：底本作『静』，今據清代起居注册同治朝同治十二年『七月十八日』條校改。
〔一九〕學程朱者每多迂拘：拙修集召見恭紀、年譜作：『何以學程、朱者多迂拘。』予告刑部右霍山吴公侍郎墓志銘作『學程、朱者何以多迂拘』。
〔二〇〕此不善學之過：拙修集召見恭紀作『此正不善學程、朱之故』。
〔二一〕新民爲用：拙修集召見恭紀作：『新民爲用，乃由體達用之學。』
〔二二〕未有：拙修集召見恭紀作『斷無』。
〔二三〕清：拙修集召見恭紀作『而又清』。
〔二四〕寤寐求賢：拙修集召見恭紀作『深宫寤寐旁求』。

〔二五〕内外……不治：拙修集召見恭紀作『則輔相得人、輔相進賢待用，則内而部院、外而督撫得人。部院、督撫各擇其所屬，則内外司官、州縣，無不得人。斯賢才出矣。』

〔二六〕程朱也：拙修集召見恭紀、年譜作『臣嘗讀程、朱之書』。

〔二七〕學程朱者迂而不周務：拙修集召見恭紀、年譜作：『何以學程、朱者多迂拘。』予告刑部右霍山吴公侍郎墓志銘作『學程、朱者何以多迂拘』。

〔二八〕此不善學……不治：引文與拙修集召見恭紀、年譜不盡同。

〔二九〕疏：即金陵告捷請加敬懼疏，引文略有出入。

〔三〇〕甚：拙修集叙無此字。

〔三一〕光禄大夫刑部右侍郎吴公神道碑銘代：拙修集題作『墓志銘合肥李鴻章撰』。

〔三二〕身：拙修集作『己』。

〔三三〕癸丑：拙修集作『癸丑年』。

〔三四〕始：拙修集無此字。

〔三五〕詢：拙修集作『詢及』。

〔三六〕授：拙修集無此字。

〔三七〕末：拙修集作『莫』。

〔三八〕務：拙修集無此字。

〔三九〕苦之：拙修集作『洶懼』。

〔四〇〕而後：拙修集陛見恭紀丁巳及皇朝經世文續編户政三十一錢幣中作『方』。下同。

〔四一〕而後：拙修集作『始』。

〔四二〕歉：拙修集作『短』。

〔四三〕洎：拙修集作『及』。

〔四四〕下學上達：論語憲問：『子曰：不怨天，不尤人，下學而上達。』

〔四五〕居敬窮理：論語雍也：『仲弓曰：「居敬而行簡，以臨其民，不亦可乎？居簡而行簡，無乃大簡乎？」子曰：「雍之言然。」』周易説卦：『昔者聖人之作易也，幽贊於神明而生蓍，參天兩地而倚數，觀變於陰陽而立卦，發揮於剛柔而生爻，和順於道德而理於義，窮理盡性以至於命。』

〔四六〕介：拙修集作『界』。

〔四七〕論：拙修集、與方存之茂才書作『討』。

〔四八〕之：底本、拙修集均作『二』，今據與方存之茂才書校改。

〔四九〕校：拙修集作『校訂』。

〔五〇〕屬爲墓碑文：拙修集作『屬志其墓』。

〔五一〕官：拙修集作『宦』。

〔五二〕著其大者：拙修集作『著其大者以銘諸幽』。

〔五三〕學程朱者何以多迂拘：拙修集召見恭紀作：『何以學程、朱者多迂拘。』清史稿本傳作『學程、朱者每多迂拘』。

〔五四〕迂拘：拙修集召見恭紀作『迂拘不通』。

〔五五〕之：底本脱，今據拙修集召見恭紀校補。

〔五六〕也：底本脱，今據拙修集召見恭紀校補。

〔五七〕汝老臣也：清史稿本傳無此四字。

〔五八〕毋：清史稿本傳作『以無』。

〔五九〕之知：清史稿本傳作『知遇』。

〔六〇〕君子三變：論語子張：『子夏曰：「君子有三變：望之儼然，即之也温，聽其言也厲。」』